Martin Urban

ACH GOTT, DIE KIRCHE!

Protestantischer
Fundamentalismus
und 500 Jahre
Reformation

dtv

Dieses Buch ist auch als E-Book erhältlich.

Ausführliche Informationen über
unsere Autoren und Bücher
www.dtv.de

Originalausgabe 2016
© dieser Ausgabe: dtv Verlagsgesellschaft mbH & Co. KG, München
© Martin Urban 2016
Das Werk ist urheberrechtlich geschützt.
Sämtliche, auch auszugsweise Verwertungen bleiben vorbehalten.
Dieses Werk wurde vermittelt durch die Literaturagentur
Dirk Rumberg, Ultreya GmbH
Umschlaggestaltung: dtv
Satz: Greiner & Reichel, Köln
Druck und Bindung: Kösel, Krugzell
Gedruckt auf säurefreiem, chlorfrei gebleichtem Papier
Printed in Germany · ISBN 978-3-423-26118-0

Inhalt

Vorwort
von Gerhard Roth   9

Einleitung   15

I. Eine hoffentlich falsche Prognose   19

II. Wir sind alle Ideologen – und wir sind alle von gestern   23
Zehn Prozent Beobachtung, neunzig Prozent Deutung – Gefangen im Weltbild der Vorfahren – Glaubensstarke Zeugnisse von Unwissenheit – Denken ist anstrengend – Die Freude an der Mühsal – Das Pfauenrad des Frommen – Der andere Blick – Die Bilder unserer Ahnen – Vorstellungen täuschen die Erinnerung

III. Wie der Geist im Kopf entsteht   37
Geist als neuronale Leistung – Die falsche Idee eines Dualismus – Keine Wirkung ohne Ursache – Entzauberung und Wiederverzauberung der Welt – Erklärung der »neuen Unübersichtlichkeit« – Lose Reden über das Unvorstellbare

IV. ... und niemand geht hin   49
Das Kirchenpersonal wird konservativer – Tendenziell autistische Parallelgesellschaften – Die entthronte Königin der Wissenschaften – Gewünscht ist der schlichte Glaube

V. Das Konzept Gott   55
Theologisches Geschwätz – Gelobt sei Gott! – »Gott spricht noch heute« – Wenn Bibel und Wirklichkeit nicht übereinstimmen – Der Gott der Evangelikalen – Was passiert im Religionsunterricht? – Der Kuschelgott – Der Gott der EKD

VI. Falsche Hoffnungen 67
Die Idee einer Heilsgeschichte – Keine Gerechtigkeit

VII. Jesu Tod und die Folgen 73
Der Glaube an das Absurde – Die Deutung als Opfer – Der gewissenlose Gott – Eucharistie und Abendmahl – Die biblische Spur der Menschenopfer – Ein Verlust an Kultur – Die Vergottung Jesu

VIII. Die Begründung der Fundamente 85
Die Deutung und Bedeutung Jesu – Fehldeutungen aus dem Alten Testament – Ein Theologen-Streit – Der Mythos der drei Tage – Der Mythos der Trinität

IX. Historisch-kritische Forschung – und Gegenbewegungen 95
Eine Folge der Aufklärung – Die Textgestalt hat eine Geschichte – Der Kulturprotestantismus im Deutschen Reich – Die Diffamierung der Geschichte – Kirchliche Sinndeutungen im 20. Jahrhundert – Vom Ungeist des Antisemitismus geprägt – Kirche der Feiglinge – Sachgemäße Deutungen – Nicht angekommen

X. Der Pfarrer auf der Kanzel 107
Kritik an der Predigt – Mission und Gewalt – Der Väter-Glaube wird nicht in Frage gestellt

XI. Der Glaube der Fundamentalisten 113
Niemand will Fundamentalist genannt werden – Allianzen der Glaubenswächter – Gemeinsamkeiten aller religiösen Fundamentalisten

XII. Die Angst vor der Evolution 119
Einbruch in eine spiritualisierte Welt – EKD kontra Kreationismus – Kreationisten helfen Islamisten

XIII. Verblichene Hoffnungen 125
Nahtod-Erfahrungen passieren im Kopf – Spontanheilungen sind etwas Natürliches – Der Heiler Jesus – Ockhams Rasiermesser bleibt nützlich

XIV. Schlagworte als Waffen 131
Der katholische Relativismus – Messen mit zweierlei Maß – Die Angst vor dem Zeitgeist – Zeitgemäß von Anbeginn

XV. Die Welt der Naturwissenschaftler 139
Die feindliche Gegenmacht – Naturwissenschaftler als Ideologen – Der furchtbare Irrtum – Eugenik in der evangelischen Kirche – Wissenschaftliche Beschreibung des Unvorstellbaren – Wirklichkeit und Information – Der objektive Zufall – Bilder vom Ur-Anfang – Ein gigantischer Infraschall-Knall – Alles oder nichts? – Grenzen menschlicher Begabung

XVI. Die Welt des Aberglaubens 155
»Ausdruck einer großen Dummheit« – »Wir sind nicht Herr unserer Überzeugungen« – Die Notwendigkeit der Skepsis – Der Geist der Pfingstler – Exorzismus als Waffe – Gefühlsbestimmt muss nicht gefühlsstark sein – Die Suche nach dem Sinn – Des Kaisers neue Kleider

XVII. Beleidigungen des Verstands 167
Glauben an den Vater – Die Macht der Vorstellung – Analog ist nicht identisch

XVIII. Das Konzept Kirche 175
Die Vorgeschichte – Ein gutes Geschäft – Das katholische Selbstverständnis – Kirche von unten

XIX. Die Kirche und die Moral 181
»Umkehr« zu »Buße« verfälscht – Geistlicher Missbrauch und mehr – »Barmherzige Schwestern« – mitleidlos

XX. Die Kirche und die Familie 187
Mit Spannungen leben – Das Phantombild der christlichen Familie – Die Attacken der Evangelikalen – Die Verbündeten der Evangelikalen – Der angebliche Wille Gottes – Machtkämpfe unter Anglikanern – Fromme Gewalt – »Es gibt weder christliche Physik noch christliche Moral« – Die Frage der Glaubwürdigkeit

XXI. Die Kirche, die Aufklärung und deren Feinde 201
Die Angst vor der Zugluft – Die Entwicklung Dietrich Bonhoeffers – Die Angst vor der Vernunft – Die bequemere Lebensweise – Die lauten Frommen

XXII. Was ist und was bleibt? 209
Das Prinzip Hoffnung – Fundamentalistischer Glaube macht unfrei – Die Kirchen sind nicht jesuanisch, sondern dogmatisch – Zunehmende Unbestimmtheit – Die Frage der Geschichtsmächtigkeit – Vieldeutig wie Kunstwerke – Man nennt es Stalking – Religiös ohne Erkenntnis

XXIII. Die Zukunft der Kirche 223
Spiel mit alten Bildern – Der Sprung in der Schüssel – Martin Luther hieß die Bürger Schulen bauen – Ausbildung zu Fundamentalisten – Die Bevormundung der Hochschul-Theologie – Eine zweifelhafte Studie – Schlachtruf Ökumene – Plädoyer für eine Bildungsoffensive – Die Notwendigkeit von Ideologie-Kritik und -Selbstkritik

XXIV. Konsequenzen 241
Mein Glaube – Meine Kirche

XXV. Ein sehr persönliches Nachwort 247
Frühe Erfahrungen – Meine Klage über die Kirche

Quellennachweis 255

Register 265

Vorwort
von Gerhard Roth

Der islamistische Fundamentalismus verbreitet seit einiger Zeit im vermeintlichen Namen Allahs, »des einen Gottes«, überall auf der Welt Schrecken und Tod. Oft vergessen wir dabei, dass der Fundamentalismus, also die fanatische Überzeugung, im Besitz der Wahrheit über das Wesen und den Willen Gottes zu sein und deshalb radikale Herrschaft ausüben zu dürfen, bereits im Christentum zu finden ist: Über zwei Jahrtausende fand sie ihren Niederschlag in furchtbaren Glaubenskriegen, Unterdrückung und im missionarischen Kolonialismus.

Wie Martin Urban, von Hause aus Physiker, im vorliegenden Buch mit großer theologischer Sachkenntnis und in aller Deutlichkeit darstellt, ist auch dieser christliche Fundamentalismus keineswegs tot, sondern in allen Gegenden der Welt populär und strebt auch innerhalb des deutschen Protestantismus und Katholizismus weiter nach politischem und kulturellem Einfluss. Warum aber begeben sich so viele Menschen in unserer scheinbar so aufgeklärten Gegenwart in eine derartige geistige und psychische Abhängigkeit?

Wir Menschen bestehen aus widerstrebenden Tendenzen. Hierzu gehören unter anderem Aufregung und Ruhe, Bindung und Selbstbestätigung, Unterwerfung und Kontrolle, Versorgung und Autarkie, Harmonie und Kritik. Von frühester Kindheit an gehört es zu den Herausforderungen der Persönlichkeitsentwicklung, zwischen diesen polaren Tendenzen ein »leb-bares«, wenngleich immer bedrohtes Gleichgewicht zu finden. Wird dieses Gleichgewicht gefunden, so sprechen wir von einem »in sich ruhenden« und toleranten Menschen. Das sind aber offenbar nicht viele. Die Mehrzahl der Menschen strebt nach Ruhe, Bindung Unterwerfung, Versorgung und Harmonie.

Religionen waren stets darauf ausgerichtet, dieses Streben zu bedienen. In einer unübersichtlichen und beunruhigenden, ja verängstigenden Welt liefern sie einfache Erklärungen, Sinndeutung, verlässliche Verhaltensregeln, Bindung und vor allem Trost und Zuversicht für die größte Bedrohung in unserem Leben, nämlich das Sterben und den Tod. Sie sind deshalb bis heute so erfolgreich, weil sie damit das vermitteln, was bereits das Kleinkind am nötigsten braucht: Schutz, Bindung und Tröstung. Damit begeben sich Kleinkind und Erwachsener in eine tiefe geistige und psychische Abhängigkeit. Aus dieser Abhängigkeit führt nur der Prozess der Erziehung zur Mündigkeit, d.h. der *Aufklärung*, wie es der Philosoph Immanuel Kant thematisierte.

Martin Urban zeigt, wie notwendig und zugleich schwer es ist, einen solchen Weg zur Mündigkeit zu gehen. Er akzeptiert auf der einen Seite die Aussagen des historischen Jesus, indem diese das »Reich Gottes« zum Gegenstand haben. Zum anderen aber wehrt er sich in sehr kompetenter Weise vehement gegen alle Umdeutungen und Verfälschungen, die das jesuanische Evangelium in den Händen der christlichen Kirchen erfahren hat. Dies betrifft so ziemlich alles, was auch heute noch als »Kern« der christlichen Lehre verstanden wird, nämlich das vermeintliche Doppelwesen Jesu als Mensch und Sohn Gottes, sein Opfertod und seine Auferstehung, die zur Grundlage der zentralen Verheißung wird: »Wer an mich glaubt, der wird ewig leben« (Johannes 6:47). Die historisch-kritische Bibelforschung hat nachweisen können, wie wenig vom kodifizierten »Neuen Testament« als halbwegs gesichert übrig bleibt. Wie Urban darstellt, gelten die Bemühungen der Evangelisten (von denen niemand Jesus selbst erlebt hat) dem Ziel, Jesus Christus als Erfüller alttestamentarischer »Weissagungen« darzustellen, um ihn den damaligen Juden akzeptabel zu machen. Das ging nur mithilfe von Fehlinterpretationen und Fehlübersetzungen. Berühmtestes Beispiel ist die von Jesaia (7:14) angeblich vorausgesagte Jungfrauengeburt Jesu durch Maria. Zugleich erhielt der neutestamentarische Ursprungstext eine tiefgreifende Umdeutung durch Paulus in Hinblick auf eine Steigerung der Akzeptanz des Evangeliums durch Nichtjuden – von noch späteren Zusätzen und Umdeutungen, welche vornehmlich die Macht der Kirche festigen sollten, ganz zu schweigen, wie etwa die »Felsenzusage« nach Mt 16:18, die auf einem nur im Griechischen verständlichen Wortspiel beruht (Jesus sprach sicherlich nicht griechisch zu seinen Jüngern!).

Ebenso schwer wiegt für Urban die Tatsache, dass die offizielle Lehre beider großen christlichen Konfessionen durchsetzt ist von geistigen Zumutungen schlimmster Art. Schon im Mittelalter beklagten Theologen und Philosophen, dass in der christlichen Lehre viele Dinge enthalten seien, die der ansonsten hochgepriesenen Logik eindeutig widersprechen, so die Annahme, dass Gott gleichzeitig allmächtig, allgütig und allwissend ist, und das damit verbundene Theodizee-Problem (warum lässt Gott das Böse bzw. die Sünde der Menschen zu, wenn er alles weiß und alles lenkt?), die Dreifaltigkeitslehre und vieles mehr. Die damalige Kirche beeilte sich natürlich, derartige Bedenken als Irrlehre zu brandmarken und festzustellen, dass Gott eben nicht der menschlichen Logik unterliege.

Mit dem Aufkommen der Naturwissenschaften wurden die Zweifel erneut lauter, diesmal in Form der Frage, ob Gott gegen die Naturgesetze handeln könne, die er ja selbst »erlassen« habe. Das Evangelium ist voll von Berichten über Geschehnisse, die eklatant dem heutigen naturwissenschaftlichen Verständnis widersprechen. Die bereits erwähnte und für das Christentum zentrale Jungfrauengeburt Jesu durch Maria und insbesondere die Auferstehung und Himmelfahrt Jesu sind für jeden vernünftig denkenden Menschen inakzeptabel – ganz abgesehen von der Güte der textlichen Überlieferung.

Die Antwort der Kirche findet sich bereits bei Paulus im 1. Korintherbrief: «Die Juden fordern Zeichen, die Griechen suchen Weisheit. Wir dagegen verkündigen Christus als den Gekreuzigten: für Juden ein empörendes Ärgernis, für Heiden eine Torheit, für die Berufenen aber, Juden wie Griechen, Christus, Gottes Kraft und Gottes Weisheit. Denn das Törichte an Gott ist weiser als die Menschen und das Schwache an Gott ist stärker als die Menschen.« Es gibt eine »höhere« Wahrheit, gegen welche die naturwissenschaftlichen Erkenntnisse, aber auch das vernünftige Alltagsdenken nichts auszurichten vermögen. Das ist Lehrmeinung beider christlichen Konfessionen. Im Klartext: Wenn gesicherte Aussagen der Naturwissenschaften im Widerspruch zur Lehre der Kirche stehen, dann muss der Geltungsbereich der Naturwissenschaften auf das »Irdische« eingeschränkt werden. Wie aber die Lehre von den zwei Wahrheiten im Kopf eines gläubigen Christen funktionieren soll, hat man bisher nicht herausgefunden, und so bleibt einer solchen Person eben nur das Opfer des Verstandes, das »Sacrificium intellectus«, das sogar ein ansonsten aufgeklärter protestantischer Theologie wie Dietrich Bonhoeffer befürwortete.

Für Martin Urban ist dies im Rahmen sowohl seines jesuanischen Glaubens als auch seiner naturwissenschaftlichen Grundüberzeugung kein gangbarer Weg. Wir können nun einmal nicht im Hörsaal die physiologischen Eigenschaften des Lebens und des Sterbens als von unbezweifelbaren Naturgesetzen bestimmt vertreten und dann am Sonntag gläubig akzeptieren, dass dies bei der Geburt und Auferstehung Jesu nicht zutraf.

Von manchen zeitgenössischen Theologen und Philosophen wird in diesem Zusammenhang schnell argumentiert, es handle sich bei den Naturwissenschaften nur um vorübergehende Meinungen, die deshalb nicht geeignet seien, die Wahrheit des Evangeliums zu erschüttern. Dass es sich bei den Erkenntnissen der Naturwissenschaften nicht um absolute Wahrheiten handelt, ist korrekt, aber es geht im Falle naturgesetzlicher Ereignisse um Erkenntnisse, die im höchsten Maße empirisch bestätigt und – zumindest in den meisten Fällen – in einen logisch-mathematischen Zusammenhang gebracht wurden. Das unterscheidet sie grundlegend von vielen Aussagen des Evangeliums, die Dinge berichten, die niemand je erfahren hat. Im täglichen Leben würde ein denkender Mensch solchen »frohen Botschaften« niemals Glauben schenken – es sei denn, er ist zum Opfer des Verstandes bereit, um Frieden, Bindung, Sicherheit und Trost zu finden und die Angst vor dem Tod auszuhalten.

Urban hält uns an, dieses Opfer nicht zu bringen. Zugleich aber hält er an der Zuversicht fest, dass Jesus – obwohl selbst nur irrender Mensch und eines natürlichen Todes gestorben – Dinge verkündet hat, die vor ihm niemand verkündete und die zur Grundlage eines humanistisch-demokratischen Weltbildes wurden, dem wir (hoffentlich) anhängen. Für mich als einen kritischen Naturwissenschaftler und Philosophen stellt sich dabei die Frage, ob wir zu einem solchen Weltbild die Verkündigungen des historischen Jesus benötigen. Dabei weiß ich, dass unser wissenschaftliches Denken und Tun notwendigerweise begrenzt ist und dass auch der klügste Theologe und Philosoph nicht darüber hinausgehen kann. Aber hinter all diesen Grenzen mag die Hoffnung auf ein besseres zukünftiges Leben stehen. Hoffnung entsteht im Gehirn ebenso wie die Sehnsucht nach Schönheit, aber die Grenzen der Naturwissenschaften sind nicht die Grenzen der Hoffnung und der Sehnsucht.

Martin Urban führt uns in klarer und mutiger Weise die immer noch – und vielleicht mehr denn je – vorhandene Gefahr des christlichen Fundamentalismus vor Augen, der wie jeder Fundamentalismus zur politischen und geistigen Entmündigung letztendlich führen muss. Zu schnell wird diese Gefahr im Rahmen eines falsch verstandenen Respekts vor den Glaubensüberzeugungen Anderer übersehen. Fundamentalisten haben einen solchen Respekt nicht. Es ist daher dringend nötig, unsere Aufmerksamkeit auch auf den christlichen Fundamentalismus zu lenken. Urban hat im vorliegenden Buch hierzu einen unverzichtbaren Beitrag geleistet.

Einleitung

Ich will mit diesem Buch Unruhe stiften und begründen. Unruhe unter den Menschen, die über Gott und die Welt nachdenken. Die jedoch unglücklich oder sogar zornig sind über das, was die Kirchen nach alter Weise verkünden. Den Kirchen verdanken wir zwar die weltweite Verbreitung der Botschaft des Jesus von Nazareth. Sie sind aber auch verantwortlich dafür, was sie daraus gemacht haben. Und dass dies heute kaum jemanden mehr interessiert. Denn sie selbst interessieren sich nicht für ihre eigenen Lehren. Die Fundamente sind längst brüchig. Das gemeinsame Glaubensbekenntnis aller Kirchen ist zur Litanei geworden. Kein Satz davon ist theologisch unumstritten. Aber daran wird nicht gerührt. Dabei ist die gefühlte Mächtigkeit der Institutionen als moralische Instanz geblieben. Nach wie vor dürfen die Kirchen in Deutschland überall mitreden, und sie tun es, selbst dort, wo sie von der Sache nichts verstehen. Nur über ihre eigenen Lehren denken sie nicht nach.

Ich beschreibe und erkläre, warum das so geworden und meiner Meinung nach ein Unglück ist. Wie, im Lichte der Wissenschaften gesehen, aus Glauben Aberglaube entstanden ist und nicht nur in der orthodoxen und der römisch-katholischen, sondern auch in der protestantischen Kirche. Meine eigene, die Evangelische Kirche in Deutschland, könnte, ja sie müsste ein Bollwerk gegen den Fundamentalismus sein, denn der immer gewalttätiger werdende Fundamentalismus ist *das* Übel unserer Zeit geworden. Doch das Gegenteil ist der Fall.

Die protestantische Kirche hat vergessen, dass sie auch die Kirche der Aufklärung ist. Deshalb wird sie mehr und mehr zur Kirche der Ahnungslosen. Die Institution wird konservativer, ihre Fundamentalisten werden lauter. Sie alle haben Angst vor den Erkenntnissen der Wissenschaften und dem, was sie Zeitgeist nennen. Darum gibt es keine moderne Deutung alter Bilder. Und deshalb keinen Dialog mit den Intellektuellen über ein für unsere Zeit angemessenes Weltbild. Es gibt keine Ideologie-Selbstkritik. Sie wäre Voraussetzung für eine Kirche, die der Welt auch noch 500 Jahre nach der Reformation etwas zu sagen haben könnte.

Ich vergleiche in diesem Buch die Erkenntnisse der Wissenschaften mit dem, was die Kirche lehrt. Das Ergebnis ist immer wieder ein *So nicht!* So kann man das heute nicht mehr sagen. Das *Wie dann?* zu klären, wäre Sache der Kirche. Aber dazu müsste sie wieder disputfähig werden, was sie heute nicht ist.

Dieses Buch soll die Gebildeten unter den Kirchensteuerzahlern motivieren, den Mund aufzumachen. Besonders jene, die zwar allenfalls noch am Heiligen Abend einen Gottesdienst besuchen, denen aber die Kirche dennoch nicht gleichgültig ist. Sie könnten die Profanierung der Institution zum bloßen Sozialverein verhindern.

Als gelernter Naturwissenschaftler begeistert mich immer wieder, wenn aus einer Theorie sich zwingend ergebende Konsequenzen, und seien sie auch unvorstellbar, tatsächlich experimentell nachgewiesen werden. Eine Sonnenfinsternis am 29. März 1919 ermöglichte es zum Beispiel, die von Albert Einstein in seiner Allgemeinen Relativitätstheorie 1915 vorhergesagte Ablenkung eines Lichtstrahls durch die Schwerkraft direkt zu messen. Astronomen hatten die Positionen von Sternen genau bestimmt, bevor später die Sonne an diesen vorbeizog. Während der Sonnenfinsternis wurden jene Sterne sichtbar, aber an anderer Stelle als erwartet. Denn die Sternen-Lichtstrahlen wurden durch die Schwerkraft der vorbeiziehenden Sonne leicht gebeugt. Albert Einstein hatte das richtig vorhergesagt. In der Zeit nach dem Ersten Weltkrieg, als ohnedies alles in der Welt relativ zu sein schien, sprach der Name »Relativitätstheorie« die Menschen sofort an.

Ich stelle mir vor, Theologen könnten melden: Erster Nachweis der im Konzil zu Nicäa vorhergesagten Trinität Gottes gelungen. Freilich ein leider absurder Gedanke. Denn wenn ich die Theologen und Bischöfe meiner Evangelischen Kirche frage: Woher wisst ihr das?, dann geht es ihnen um das »Bezeugen« von »Glaubenswahrheiten«, also die Deutung bestenfalls von Sachverhalten, oder auch nur um die Deutung von Deutungen, die eben auch Fehldeutungen sein können – und im Lichte heutigen Wissens sogar sein müssen. Doch anscheinend regt das keinen der Oberhirten auf. Würden sie den heutigen Stand des Wissens tatsächlich bedenken, dann dürften sie nicht mehr predigen. Sie werden es alsbald auch nicht mehr tun, weil niemand mehr hingeht oder gar hinhört. Und die Konsequenz zeigt sich bereits bei der Befragung des Kirchenvolks: Der Glaube wird zur Privatsache.

Theologisch auf der »Suche« ist kaum ein evangelischer Christ in Deutschland. Wichtig ist, vor allem für die Alten, kirchlich bestattet zu werden. Und zornig auf die evangelische Kirche ist mittlerweile wohl eine Mehrheit in Deutschland, nämlich die der Konfessionslosen, die der Kirche bereits den Rücken gekehrt haben. Auch ich bin zornig, doch die Evangelische Kirche bleibt die meine, weil ich immer noch hoffe, dass sie sich wieder daran erinnert, einst Kirche der Aufklärung gewesen zu sein. Um dazu beizutragen, versuche ich selbst Aufklärung zu treiben, auch mit diesem Buch.

I. Eine hoffentlich falsche Prognose

Am 31. Oktober 2017 werden sich die evangelischen Kirchen nach 500 Jahren feierlich vom Protestantismus als einer entscheidenden Kraft der Aufklärung verabschieden. Das wird natürlich nicht ausgesprochen, aber der Weg ist vorgezeichnet.

Schon seit Langem zeigt die Evangelische Kirche in Deutschland (EKD) kein Selbstbewusstsein mehr gegenüber der Katholischen Kirche. Im Gegenteil, sie buhlt um deren Anerkennung, obwohl der Vatikan das Gegenteil anno 2000 lehramtlich beschlossen und verkündet hat, und wünscht nichts mehr als die Beteiligung möglichst sogar des Papstes am Reformationsjubiläum.

Das ist nur deshalb möglich, weil die Aufklärung für die Protestanten mittlerweile keine Rolle mehr spielt. Heute haben die Luther-Konservatoren das Sagen, obwohl sie den Menschen nichts zu sagen haben. Nichts ist geblieben von der allgemeinen Aufbruchsstimmung, die den Humanisten Ulrich von Hutten Ende 1518 zu dem Ausruf veranlasste: »Oh Jahrhundert! Die Studien blühen, die Geister erwachen: es ist eine Lust zu leben.«[1] Heute werden die Kirchenfunktionäre von Angst vor den Ergebnissen blühender wissenschaftlicher Studien beherrscht, die irgendwelche unbeherrschbaren Lebensgeister der Erkenntnis erwachen lassen könnten.

Es geht in der evangelische Kirche längst nicht mehr um die Suche nach Wahrheit, wie sie Martin Luther einst als Theologieprofessor an der Universität Wittenberg mit seinen 95 Thesen initiierte. Man erhofft sich vom Jubiläum vor allem einen PR-Effekt. Der neu gewählte Vorsitzende des Rates der Evangelischen Kirche in Deutschland (EKD), Heinrich Bedford-Strohm, zugleich lutherischer Landesbischof in Bayern, rühmte beim ersten amtlichen Auftritt vor der EKD-Synode am 2. Mai 2015 als seine Großtat Nummer eins: »In Zusammenarbeit mit der Evangelisch-Lutherischen Kirche in Bayern« habe das Tourismusbüro Nürnberg eine Playmobil-Figur von Martin Luther, produzieren lassen, »die auf ein sensationell großes Interesse gestoßen ist«: »Luther ist auf dem Weg dazu, die (sic!) erfolgreichste deutsche Playmobil zu werden, die es je gegeben hat.« Für den Bischof ist das ein Indiz dafür, »welche Dynamik dieses Jubiläum zu entfalten vermag.« Die »Botschafterin« für das Reformationsjubiläum, Margot Käßmann, begründete das auch noch theologisch: »Luther hat ja gesagt, das Evangelium könne nur mit Humor gepredigt werden.« Und so nimmt die reisefreudige »Botschafterin« als Gastgeschenke gerne »mehrere Playmobil-Luther mit, die sind inzwischen eine begehrte Rarität«.[2] So geht es dahin mit der Evangelischen Kirche. Jeder 20. Deutsche glaubt heute, am Reformationstag, dem 31. Oktober, werde der Tag gefeiert, an dem der damalige Bundeskanzler Gerhard Schröder seine »Agenda 2010« veröffentlicht habe. Für 12 Prozent der Deutschen ist der Reformationstag einfach der Tag der Reformen.[3]

Begonnen hat alles einmal ganz anders, nämlich damit, dass Martin Luther die Christen aufforderte, nicht alles zu glauben, was der Papst oder die Priester verkündeten. Sie müssten lesen lernen und die Bibel selbst zu verstehen suchen. Am Ende des finsteren Mittelalters entstand so eine Kirche der Aufklärung, von außen bedroht durch die »allein selig machende« Mutterkirche, aber auch intern stets angefochten von den frommen *Schwärmern* oder *Schwarmgeistern*, wie Luther sie nannte.

Die Nachkommen dieser Spiritualisten in aller Welt, vor allem in den USA, verbreiten mit anderen christlichen Fundamentalisten ihren Hass auf die Aufklärer, die ihnen ihr schlichtes Weltbild entzaubern. In der Alten Welt verdammten »bibeltreue« protestantische Theologen nach dem Ersten Weltkrieg ihre Kollegen, die die Bibel nach wissenschaftlichen Methoden kritisch studierten. Ihre katholischen Amtsbrüder hatten bereits seit 1910 einen 1907 von Papst Pius X. verordneten »Antimodernisteneid« gegen die Aufklärung schwören müssen.

Differenziert heißt im überkonfessionell gültigen fundamentalistischen Jargon *relativistisch*. Und *Erkenntnis* nennen die Ewig-Gestrigen *zeitgeistig*. Die heutigen Rattenfänger von Hameln unter den Christen nennen sich, wie die Verfasser der Evangelien des Neuen Testaments, »Evangelisten«. Der weltweit prominenteste Evangelist seit vielen Jahrzehnten ist der amerikanische Baptistenprediger Billy Graham. Er war (zusammen mit seinem Sohn Franklin) der spirituelle Anführer von George W. Bush bei dessen Einmarsch in den Irak, in die infolgedessen weitgehend zerstörte Wiege der abendländischen Kultur. Für seinen deutschen *Follower* Ulrich Parzany ist Billy Graham der »Paulus des 20. Jahrhunderts«.[4] Dem überzeugten Atheisten Woody Allen sagte Graham einmal: »Na gut, Mr. Allen, selbst wenn Sie recht haben und es keinen Gott gibt, werde ich trotzdem das bessere Leben gehabt haben, weil ich glücklicher mit meinem Glauben war.«[5] Für mich bestätigt der »Evangelist« damit: Der Fundamentalismus (Karl Marx schrieb 1844: »Die Religion« ...) »ist das Opium des Volks«.

Zwischen den aufgeklärten »Liberalen« in der EKD und den christlichen Fundamentalisten innerhalb und außerhalb der Amtskirchen herrscht mittlerweile ein heimlicher Kampf um die Vormacht. Der *Spiegel*-Redakteur Peter Wensierski sah bereits anno 2008 »eine schleichende Machtübernahme durch die Evangelikalen ... die in immer mehr Gremien der EKD zu finden sind«.[6] Diese Entwicklung setzt sich seither fort. Am 31. Mai 2015 wurde (mit einer Stimme Mehrheit) der erzkonservative Pfarrer Carsten Rentzing zum neuen Bischof der Evangelisch-Lutherischen Landeskirche Sachsens gewählt. Die Evangelikalen jubelten. Für den Vorsitzenden der Konferenz Bekennender Gemeinschaften, Ulrich Rüß, ist das »ein Zeichen der Hoffnung für eine dem Zeitgeist ausgelieferte Kirche«.[7] Mittlerweile haben in Württemberg, in Bayern und in Sachsen kirchenamtlich die Konservativen das Sagen.

Während die Fundis über ihr Zentralorgan »idea e. V. – Evangelische Nachrichtenagentur«, aber auch mit Hilfe gleichgesinnter Katholiken und deren Medien, gegen die »(Zeit)Geisterfahrer innerhalb der EKD«[8] polemisieren, reagiert die EKD meist mit betretenem Schweigen – und subventioniert weiterhin ihre erklärten Feinde. Denen wird die Zukunft gehören, denn sie ziehen die niemals aussterbenden frommen Dummköpfe auf ihre Seite. Die intellektuellen Christen dagegen scheinen eine aussterbende Art zu sein.

Diese durchaus zornige Prognose will ich im Folgenden begründen.

II. Wir sind alle Ideologen –
und wir sind alle von gestern

Um den Zustand der Kirche zu verstehen, um zu begreifen, warum der Mensch glaubt,[1] beginne ich mit der *Haupt*-Sache, indem ich erkläre, wie der menschliche *Kopf* arbeitet. Glauben und Denken, Religion und Wissenschaft haben dieselbe Ursache: Der Mensch *muss* sich Bilder von der Welt machen. Dies im weitesten Sinn: Auch die Wörter, die wir für Beschreibungen und Erklärungen verwenden, sind Bilder, sind Ausdruck von Weltanschauungen. Das heißt, der Mensch ist ein Bilderlehren-Produzent, ein Ideologe, der sich obendrein von fremden Ideologien leicht verführen lässt. *Homo sapiens* muss sich die Welt deuten. Er muss nach dem *Warum* fragen. Denn so funktioniert sein Gehirn. Unser Kopf lässt uns nämlich nicht etwa wahrnehmen, was die Augen sehen oder die Ohren hören. Vielmehr werden die Sinneseindrücke zunächst – dem Menschen unbewusst – in unserem Gehirn bearbeitet. Das erklärt zum Beispiel, warum wir optischen Täuschungen erliegen und warum wir die komprimierte Musik einer *Compact Disc* oder die Folge von Einzelbildern eines Films als kontinuierlich fortlaufendes Geschehen wahrnehmen.

Zehn Prozent Beobachtung, neunzig Prozent Deutung

Mittlerweile wissen wir – sofern wir die Forschungsergebnisse der Neurowissenschaftler zur Kenntnis nehmen –, dass unser Gehirn viel mehr mit dem *Deuten* als mit dem *Beobachten* der Welt beschäftigt ist. Denn das Einzige, zu dem unser Kopf unmittelbaren Zugang hat, sind seine eigenen inneren Zustände. Gut 90 Prozent der Impulse, die ins Sehzentrum des Gehirns, den primären visuellen Cortex, einlaufen, stammen nicht etwa aus der Sehbahn, sind also nicht einlaufende Nachrichten dessen, was wir sehen, sondern stammen aus anderen, übergeordneten Bereichen der Großhirnrinde.[2] Dabei werden die eingehenden mit erwarteten Signalen verglichen. Allgemeiner formuliert es der Neurowissenschaftler Wolf Singer so: Die Neurobiologie zeige, dass unsere Sinnesorgane uns nur einen winzigen Ausschnitt der Welt direkt wahrnehmen lassen.»... Unsere Hirnarchitekturen wurden also von der Evolution nicht daraufhin optimiert, die sich hinter den Erscheinungen verbergende hypothetische ›wahre‹ Natur der Dinge zu erkennen, sondern pragmatische Interpretationen für typische Konstellationen zu liefern.«[3]

Das erspart unserem Kopf viel Mühe: »Ein Gehirn, das auf Voraussagen gestützt arbeitet, kann viel schneller reagieren als eines, das immer erst sämtliche einlaufenden Informationen abwarten und analysieren muss.«[4]

Sich ein Bild zu machen und Voraussagen blitzschnell treffen zu können, war bereits für unsere Ahnen lebenswichtig: Sie mussten etwa zwei Lichtblitze im Gebüsch richtig als die das Sonnenlicht spiegelnden Augen eines Raubtiers deuten und flüchten, ehe sie gefressen werden konnten. Vom Eintreffen eines physikalischen Sinnenreizes bis zur bewussten Wahrnehmung vergehen etwa 80 bis 100 Millisekunden. Und dann ist es unter Umständen zu spät, um noch richtig reagieren zu können. Die Fähigkeit, jeweils die allernächste Zukunft voraussagen zu können, ist auch heute unter Umständen lebensrettend, etwa beim Autofahren, oder spielentscheidend, etwa beim Fußball. Zauberkünstler nutzen das aus, indem sie mit bestimmten Erwartungen ihres Publikums rechnen und die Zuschauer so austricksen. »Unsere Erwartungen formen, was wir wahrnehmen. Gedächtnis und Wahrnehmung sind untrennbar verknüpft.«[5]

Gefangen im Weltbild der Vorfahren

Wir sind nicht nur alle Ideologen, wir sind auch (fast) alle von gestern. Weniger die Gegenwart bestimmt uns und unsere Weltsicht als vielmehr die Vergangenheit. Denn wir schleppen nicht nur unsere eigene Geschichte mit uns, sondern auch die Weltbilder unserer Eltern und Großeltern sowie der Gesellschaften, in denen diese bereits vor uns lebten. Manche dieser Bilder reichen zurück bis in die Steinzeit. Nur wenige Menschen bestimmen die Weltbilder der Zukunft, etwa durch fundamentale Entdeckungen oder Erkenntnisse: zum Beispiel Nikolaus Kopernikus oder Charles Darwin oder Albert Einstein – oder Jesus von Nazareth. Nicht nur die Menschen, sondern auch ihre Institutionen sind von gestern. Natürlich auch die Kirchen.

Normalerweise ist unser Blick auf die Welt bestimmt von unserer individuellen (und gesellschaftlichen) Vorgeschichte. Wenn diese nicht im Lichte besseren Wissens bedacht wird, hat das schlimme Konsequenzen: »Wer nichts weiß, muß alles glauben.« Das schrieb bereits 1893 die österreichische Schriftstellerin Marie von Ebner-Eschenbach. Deshalb frage ich die Repräsentanten der Kirchen wie die Theologen: Woher wisst ihr das, warum glaubt ihr das? Und bekomme keine befriedigende Antwort. »Alles« zu glauben, ist eine Weltsicht, welche die Intellektuellen, die eben nicht alles glauben, aus den Kirchen vertreiben muss.

Glaubensstarke Zeugnisse von Unwissenheit

Im normalen Leben gilt *Leicht*gläubigkeit als dumm, im Gegensatz zu *Gut*gläubigkeit. Nur die Kirchen verkünden *Leichtgläubigkeit* als Tugend, indem sie daraus *Glaubensstärke* machen. Der bayerische Landesbischof und seit dem 11. 11. 2014 EKD-Ratsvorsitzende Heinrich Bedford-Strohm redet gar (auf der Landessynode in Bayreuth am 1. 4. 14) von *Glaubenslust*. So entstehen mit Hilfe einzelner Wörter Ideologien. Die christlichen Kirchen haben nämlich ihre eigene Begrifflichkeit entwickelt, die offenkundig nicht mehr reflektiert wird.

Da gibt es zum Beispiel den *Glaubenszeugen*. Er bezeugt seinen Glauben. Was heißt das? Zeugnis geben gemeinhin

Augen- oder Ohrenzeugen eines Sachverhalts, den sie damit bekunden oder bestätigen. Den Begriff »Zeugnis« mit dem Begriff »Glauben« zu verbinden, soll der Glaubens-Aussage Gewicht geben. Der Glaubenszeuge kann jedoch auch beliebigen Unsinn glauben und bezeugen. So ist zum Beispiel Martin Luther Zeuge des Wirkens von allerlei Teufeln in der Welt gewesen; etwa des Satans, der, so glaubte der Reformator tatsächlich, Ursache seiner chronischen Darm-Verstopfungen gewesen sei. Proktologen sehen das heute natürlich anders und benötigen dafür keinen Teufel.

Um die Zusammenhänge zu verstehen und zu reflektieren, sind weitere Erkenntnisse der Neurowissenschaftler wichtig. Wir wissen heute nämlich nicht nur, *dass* die Bilder, die wir uns von der Welt machen, nicht die Welt abbilden, sondern auch, *warum* das so ist: Wahrnehmung bildet die Welt nicht ab, sondern stellt sich, so der Gehirnforscher Wolf Singer, als »hypothesengesteuerter Interpretationsprozess dar, der das Wirrwarr der Sinnessignale nach ganz bestimmten Gesetzen ordnet und auf diese Weise die Objekte der Wahrnehmung definiert«.[6]

Denken ist anstrengend

Denken, die Voraussetzung auch für das Zweifeln, ist anders als Glauben eine anstrengende Angelegenheit. Pro Gewichtseinheit setzt die Hirnmasse 16-mal so viel Energie um wie das Muskelgewebe. Natürlicherweise beschränkt sich unser Denken deshalb auf das Allernotwendigste. Denn das dafür zuständige sogenannte Arbeitsgedächtnis ist in seiner Kapazität beschränkt. Wo immer es geht, arbeitet der Kopf deshalb energiesparend und automatisch. Das, was immer schon so war, genauer: so angesehen wurde, anzuzweifeln, ist unüblich. Auch deshalb schleppen wir die Weltbilder unserer Ahnen von Generation zu Generation. Unser Kopf versucht auf diese Weise, sich und uns das Leben zu vereinfachen.

Das Gehirn arbeitet nach »erzkonservativen Prinzipien«, wie der deutsche Philosoph Matthias Jung die Beobachtungen der Neurowissenschaftler zusammenfasst: »Neues nervt, es erzeugt Unmut und Missstimmung, eingeschliffene Wahrnehmungen und Denkformen revidieren zu müssen.«[7] Wir neigen dazu, einmal erfundene Denkmuster und Rituale im Wesentlichen zu erhalten. Wäre da nicht die offenkundig von Anfang an zum Menschsein gehörende spielerische Neugierde, gäbe es keine kulturelle Entwicklung, keinen technischen Fortschritt.

Diese Neigung, sich auf Althergebrachtes zu verlassen, wird ergänzt um eine weitere problematische Eigenschaft unseres Gehirns: »Wenn wir nach langem Suchen und peinlicher Ungewissheit uns endlich einen bestimmten Sachverhalt erklären zu können glauben, kann unser darin investierter emotionaler Einsatz so groß sein, daß wir es vorziehen, unleugbare Tatsachen, die unserer Erklärung widersprechen, für unwahr oder unwirklich zu erklären, statt unsere Erklärung diesen Tatsachen anzupassen.« So beschrieb es 1976 Paul Watzlawick.[8] »Selbst-abdichtend« nannte der Wiener Psychoanalytiker die so von ihm beschriebene Verfahrensweise in seinem Bestseller *Wie wirklich ist die Wirklichkeit*. Bereits 1963 erklärte es der Psychoanalytiker Alexander Mitscherlich so: »Die psychische Organisation vermittelt zwischen äußerem und innerem Zwang zugunsten der Bestrebungen des Lustprinzips; sie erspart Unlust, indem sie auf einer Wahrnehmungs- oder Erfahrungsstufe, die unterhalb des Bewußtseins liegt, abwehrt und dort diese Abwehr organisiert. Kontroverse Impulse aus der Triebsphäre wie kontroverse Nachrichten von außen werden in der einen oder anderen Form verleugnet. Dazu gehört ein gereinigtes Perzeptionsfeld (Wahrnehmungsfeld), das widerspruchsfreier als die Realität selbst ist, wenn wir als ›Realität‹ das verstehen, was uns bewußte und unbewußte Wahrnehmung mitteilt. Die Lücken, die durch die Zurückweisung von Wahrnehmung entstehen, werden durch Pseudologik verdeckt. Ihre täuschenden Aussagen sind durch eine hohe affektive Besetzung geschützt; an sie zu rühren, weckt Mißbehagen und oft Angst in einer Stärke, der das kritische Ich nicht gewachsen ist.«[9]

Im Jahr 2006 formulierten Neurowissenschaftler diesen Sachverhalt so: »Da unser Gehirn auf Kohärenz erpicht ist, versucht es unentwegt, aus den aufgenommenen Informationen sinnvolle Zusammenhänge zu konstruieren. Passt etwas nicht in den erwarteten Ablauf oder hat es nicht mit der gerade zu lösenden Aufgabe zu tun, tilgen unsere grauen Zellen diese Fakten aus dem Bewusstsein. Egal, wie offensichtlich sie sein mögen.«[10] Und einen anderen Trick unseres Gehirns, nicht umlernen zu müssen, formulierte Dietrich Dörner so: »Ein hervorragendes Mittel, Hypothesen ad infinitum aufrechtzuerhalten, ist die ›hypothesengerechte‹ Informationsauswahl. Informationen, die nicht der jeweiligen Hypothese entsprechen, werden einfach nicht zur Kenntnis genommen.«[11] Im letzten halben Jahrhundert ist, wie alle diese Zitate zeigen, kontinuierlich das Verständnis dafür gewachsen, wie unser Kopf arbeitet und warum das so ist. Diese Einsichten werden uns helfen, zu verstehen, warum die Kirchen und ihr Personal auf uralten Deutungen beharren.

Die Freude an der Mühsal

Es kommt der Arbeitsweise unseres Gehirns sehr entgegen, wenn es auf alles bereits möglichst klare Antworten weiß, ohne sich diese jeweils neu erarbeiten zu müssen. Deshalb sind die schlichten Weltbilder aller fundamentalistischen Religionen attraktiv, und sie zu akzeptieren ist kraftsparend.

Mit *kraftsparend* meine ich natürlich primär die intellektuellen Kräfte. Der Kopf hat so viel zu bewältigen, dass er, wie gesagt, kraftsparend arbeiten muss. Überdies, und das ist besonders problematisch, gilt für jedermann, so der Hirnforscher Wolf Singer: »Sie haben keinen Einfluss darauf, welche Informationen Ihr Gehirn Ihrem Bewusstsein als Entscheidungsgrundlage bereitstellt.«[12] Das war natürlich bei den

Verfassern der biblischen Schriften auch schon so. Der israelisch-US-amerikanische Wissenschaftler Daniel Kahneman, der einen Nobelpreis für psychologische Forschung, erhielt, formuliert es so: »Sie werden gewissermaßen regiert von einem Fremden, ohne dass Sie es merken.«[13] Damit meint er die Intuition, das System, welches »unermüdlich Absichten, Eindrücke und Gefühle« erzeugt.

Zu *praktizieren* ist ein Glaube freilich desto *schwerer*, je mehr Vorschriften dabei einzuhalten sind. Religiosität hilft auch nicht immer bei der Lebensbewältigung. Es gibt sogar »Überzeugungskrankheiten«. Der Religionswissenschaftler Sebastian Murken aus Trier weist darauf hin, dass religiös begründete Schuldgefühle eine enorme Belastung sein können.[14] Und der Psychotherapeut Mario Gmür verweist auf die Möglichkeit, dass eine »Überzeugung zur Krankheit wird wie zum Beispiel bei einer Sektenabhängigkeit«, und umgekehrt, dass eine »Krankheit zur Überzeugung führt, wie beispielsweise bei der Schizophrenie.«[15] Offenkundig aber haben jene fundamentalen Religionsgemeinschaften am meisten Zulauf, die ihren Gläubigen zwar intellektuell wenig, ansonsten aber besonders viel zumuten. Wie passt das alles zusammen?

Das Pfauenrad des Frommen

»Religion ist ein Produkt der biokulturellen Evolution, sie hat biologische Grundlagen und kulturelle Ausprägungen.« So der Religionswissenschaftler Michael Blume aus Filderstadt in Württemberg. Er hat festgestellt, dass Religion und Fruchtbarkeit überall in der Welt deutlich korrelieren: Je frommer die Menschen in Deutschland sind, desto mehr Kinder haben sie. In Israel ist das besonders offensichtlich: Die meisten Kinder zeugen die ultraorthodoxen Juden. Der Wissenschaftsjournalist Christian Weber wies in einem Beitrag[16] darauf hin, sowie auch auf Beobachtungen des Anthropologen Richard Sosis der Universität von Connecticut. Die Zumutungen der Religion seien danach analog zu verstehen, wie die Zumutungen der vermeintlich unnützen Attribute mancher Tiere: Die Pracht des Pfauenrades koste seinen Besitzer zwar viel Kraft und behindere ihn. Zugleich demonstriere er damit als Sexualpartner seine physischen Qualitäten. In ähnlicher Weise sende auch der fromme Mensch große Anstrengungen demonstrierende Signale aus, mit denen er auf seine Stärke verweise.

Dumm nur, dass der Zölibat die legale Vermehrung der katholischen Priester verbietet. Deshalb ist hier ein künstliches Pfauenrad, das der »vermeidlich unnützen Attribute« in Form von Prachtgewand und »Prada«-Schuhen nötig. Die Treter von Papst Benedikt XVI. stammten allerdings nicht, wie oft vermutet, von Prada, sondern von dem italienischen Schuster Adriano Stefanelli, der das Modell speziell für ihn entworfen und angefertigt hatte.[17] Mitte März 2012 wurde bekannt, dass die Herstellerin Silvana Casoli dem Papst ein eigenes, nicht verkäufliches Parfüm entwickelt habe, mit den Zutaten Linde, Gras und dem giftigen Eisenkraut. Der Berliner Parfumeur Lutz Lehmann kommentierte gegenüber *sueddeutsche.de*,[18] dass Eisenhut in Deutschland nicht in Parfums enthalten sein dürfe sowie dass »Linde ein sehr süßer Duft ist. Den würde ich eigentlich eher einer Dame empfehlen und nicht einem Herrn.« So viel zum Pfauenrad des ehemaligen »Stellvertreters«.

Jesus selbst hat, so berichtet der Evangelist Lukas, den Frommen mit dem Pfauenrad beschrieben, wenn auch nicht so genannt. Dieser geht in den Tempel und betet so: »Ich danke dir, Gott, dass ich nicht bin wie die anderen Leute ...« (Lk 18,11).

Der andere Blick

Offenkundig braucht man einen anderen Blick, um das Besondere des Frommen zu erkennen und seine Zeichensprache zu verstehen. Einen *anderen Blick* der Weltbetrachtung, welcher Konventionen in Frage stellt, versuchen nicht nur

Wissenschaftler, sondern zum Beispiel auch Künstler zu provozieren. Nicht immer mit Erfolg: In einem Dortmunder Museum säuberte im Oktober 2011 eine Reinigungskraft eine Gummiwanne. Leider gehörte der schmutzige Trog zu einer so gewollten Installation des Künstlers Martin Kippenberger. Das Kunstwerk ist mit der Aktivität der Putzfrau unwiederbringlich verloren, 800 000 Euro weg mit einem Wisch.[19] Ähnliches passierte 1973 und 1986 mit Kunstwerken von Joseph Beuys. In allen diesen Fällen wird deutlich, dass es für manche Künstler nicht mehr um das Kunst-*Werk* an sich geht, sondern darum, welche Bilder bei ihrem Anblick im menschlichen Kopf produziert werden.

Der Blick einer Reinigungskraft steht gewissermaßen für den normalen Blick des Menschen in die Welt aufgrund der jeweils eigenen Lebenserfahrungen. Die Putzfrau schaut naturgemäß, was es zu putzen gibt. Nun mag man sich fragen, was denn der normale Blick etwa eines Pfarrers, Bischofs oder gar eines Papstes sei? Auch hier ist oft ein Ritual, an das man sich halten kann, das Erste und Letzte. Ein Witz drückt das so aus: In Afrika wird ein Missionar plötzlich von einem Rudel Löwen umkreist. Er fällt auf die Knie und bittet Gott um Schutz: »Befiel den Löwen, sich wie fromme Christen zu verhalten.« Als er wieder aufblickt, sitzen die Löwen im Kreis um ihn herum, haben die Pfoten gefaltet und beten: »Komm Herr Jesus, sei unser Gast und segne, was du uns bescheret hast.«

Fragend und ohne Vor-Urteil in die Welt zu blicken und daraus gar Erkenntnisse zu gewinnen, ist eher unüblich. Als die Pest im 17. Jahrhundert London erreichte, zog sich der junge Gelehrte Isaac Newton auf den Bauernhof seiner Mutter zurück. Dort gab ihm eine eher beiläufige Beobachtung zu denken. Er sah nämlich, wie ein Apfel vom Baum fiel, und überlegte – so hat er berichtet –, ob dieselbe Kraft, die den Apfel nach unten zieht, auch den Mond in seiner Bahn hält. Damals glaubte man nämlich noch dem antiken griechischen Philosophen Aristoteles, wonach die irdischen und die himmlischen Dinge verschiedenen Naturgesetzen gehorchten, insbesondere was ihre Bewegungen betrifft. Newton jedenfalls entdeckte die das Fallobst lenkenden und ebenfalls auch die Mondbahn bestimmenden klassischen Gesetze der Gravitation. Er konnte vorurteilsfrei Fragen stellen und bedenken.

Unseren Kinderglauben zweifelnd zu bedenken, ist im Allgemeinen alles andere als lustvoll – passiert also nicht automatisch mit dem Älterwerden. So wusste bereits der Dichter Gotthold Ephraim Lessing (»Nathan der Weise«) im 18. Jahrhundert: »Der Aberglaub', in dem wir aufgewachsen, verliert, auch wenn wir ihn erkennen, darum doch seine Macht nicht über uns.« Von der *Macht* des Aberglaubens wird in diesem Buch noch viel die Rede sein.

Unser Bild von anderen Menschen ändert sich fortwährend, ohne dass diese sich ändern müssen. Das beginnt schon in frühester Jugend. Für das Kleinkind sind die Mutter und der Vater allmächtig, sozusagen Götter: Sie wissen alles, entscheiden alles, umsorgen und beschützen das Kind. Die Pubertät dient auch der Emanzipation von diesem Elternbild. Die »Wahrnehmungsgestalt« (Viktor von Weizsäcker) seiner Mutter und seines Vaters verändert sich für das Kind mit dem Heranreifen. Die Wahrnehmungsgestalt einer prominenten Person für die Bevölkerung, also deren »Bild« in der Öffentlichkeit, ändert sich heute unter Umständen sogar sehr rasch, Beispiel Karl-Theodor zu Guttenberg, einst promovierter Bundesminister der Verteidigung. Manchmal geschieht das auch posthum. So ist das Ansehen des Diktators Josef Stalin in Russland bei vielen Nachgeborenen gestiegen, während umgekehrt ein Adolf Hitler zunächst von Repräsentanten der Kirchen in Deutschland als ein von Gott Gesandter – »ein Werkzeug der göttlichen Vorsehung«, so zum Beispiel das *Evangelische Sonntagsblatt* aus Bayern im April 1933 – angesehen wurde.

Die Bilder unserer Ahnen

Der Begriff Ideologie (Bilderlehre) klingt negativ. Jedoch ist die damit verbundene Fähigkeit bewunderungswürdig. Und sie ist vor unvorstellbar langer Zeit entwickelt worden. Meine Überlegungen beschäftigen sich mit Zeiträumen von wenigen tausend Jahren. Doch die Menschheitsgeschichte ist bekanntlich sehr viel älter.

Am Rande des Thüringer Beckens, nahe der Ortschaft Bilzingsleben im Kreis Sömmerda, lebte einst eine kleine Gruppe unserer Ahnen, deren Überreste von einem Forscher der Universität Jena, Dietrich Mania, entdeckt und während mehrerer Jahrzehnte ausgegraben wurden. »Einst«, das heißt vor rund 370 000 Jahren! Es waren Ahnen von *Homo sapiens*, die selbst zur Urmenschengruppe *Homo erectus* gehörten. Und diese Frühmenschen waren bereits fähig, sich ein Weltbild zu machen, was sich indirekt erschließen lässt. Sie ritzten zum Beispiel bereits Strichmuster in einen Knochen eines damals in Thüringen heimischen Elefanten. »Es handelt sich um das älteste uns bekannte kulturelle Objekt dieser Art. Da sich abstrakte Gedankengänge nur mit Wortsymbolen mitteilen lassen, liefern die eingravierten Strichmuster auch einen Hinweis darauf, dass diese Menschen eine Sprache hatten«, so Ausgräber Dietrich Mania.[20] Man entdeckte außerdem einen von den Frühmenschen angelegten kreisförmigen Platz von neun Metern Durchmesser mit Bruchstücken von menschlichen Schädelknochen. Das bedeutet, so Mania, »dass sich der Frühmensch eine eigene künstliche Umwelt schuf. Wer aber dazu fähig ist, der hat auch schon ein einfaches Weltbild.« Auf diesem Platz wurde, so vermutet Mania, ein postmortaler Schädelkult an verstorbenen Gruppenmitgliedern ausgeübt.

Anscheinend hat man verschiedenen Räumen eine unterschiedliche Qualität zugeordnet. Das heißt, man unterschied damals vermutlich bereits zwischen *heilig* und *profan*, eine Unterscheidung, die sich durch die ganze Religionsgeschichte zieht.

II. Wir sind alle Ideologen – und wir sind alle von gestern

Vorstellungen täuschen die Erinnerung

Die Verfasser der »heiligen« biblischen Schriften berufen sich immer wieder auf »Zeugen« und »Zeugnisse« für ihre Aussagen. Wer nur einen Verkehrsunfall im Nachhinein beschreiben soll, weiß, wie unsicher menschliche Erinnerung ist, gerade auch, wenn sie immer wieder reflektiert wird. Elisabeth Loftus (University of Washington) resümiert ihre experimentellen Erfahrungen als Erforscherin des menschlichen Erinnerungsvermögens: »Um unser Gedächtnis zu täuschen, genügt es in vielen Fällen, sich ein einziges Mal ein Ereignis vorzustellen, das niemals stattgefunden hat. Unser Gedächtnis ist formbar wie Knetmasse.«[21]

Inzwischen gibt es weitere Erkenntnisse. Die deutsch-kanadische Psychologin Julia Shaw von der englischen Universität Bedfordshire und ihr Kollege Stephen Porter von der kanadischen Universität von British Columbia haben entsprechende Experimente gemacht. Sie erkundigten sich zunächst bei den Eltern ihrer Probanden über Begebenheiten aus der Jugendzeit der Versuchsteilnehmer. Diesen wurde gesagt, es gehe darum, verschüttete Erinnerungen auszugraben. Tatsächlich wurden die Probanden nach und nach mit einer aus den echten Vorkommnissen komponierten Verbrechensgeschichte konfrontiert. Ergebnis, so Julia Shaw: »Nach der dritten Sitzung glaubten 70 Prozent der Probanden, sie wären tatsächlich in ein Verbrechen verwickelt gewesen und hätten es nur verdrängt. Sie schmückten die untergeschobenen Erinnerungen sogar mit eigenen Details aus. ... Die Erinnerung ist chronisch unzuverlässig. Wenn wir uns Vergangenes vor Augen rufen, müssen wir es jedes Mal neu konstruieren.«[22]

Das alles erklärt auch, weshalb es so unendlich mühsam ist, Menschen von ihrem Aberglauben abzubringen. »Sobald Menschen mit Fehlinformationen in Berührung kommen, ist es sehr schwer, sie wieder davon zu befreien.« So die Forscher John Cook und Stephan Lewandowsky.[23] Bereits die bloße Erwähnung eines Irrtums könne diesen bei Gesprächspartnern festigen. Mit diesem Wissen gilt es auch die »Zeugen« der Bibel und ihre »Zeugnisse« zu bedenken.

Der Gehirnforscher Wolf Singer hat auf dem 43. Deutschen Historikertag im September 2000 den Geschichtswissenschaftlern Hinweise darauf gegeben, was sie aufgrund der Erkenntnisse seiner Wissenschaft bei ihrer Arbeit beachten müssten. Zum Beispiel: Unser Gehirn trachtet immer danach, »stimmige, in sich geschlossene und in allen Aspekten kohärente Interpretationen zu liefern und für alles, was ist, Ursachen und nachvollziehbare Begründungen zu suchen«. Solche Erkenntnisse werden in diesem Buch eine wesentliche Rolle spielen, wenn es um die Inhalte kirchlicher Lehren und deren »Verkündigung« geht.

Das Christentum versteht sich wie das Judentum sowie der Islam als »Offenbarungsreligion«. Verursacher ist der »Geist Gottes«, der »Heilige Geist«. Deshalb muss als eine weitere Voraussetzung für die später folgenden Erklärungen vom Geist die Rede sein.

III. Wie der Geist im Kopf entsteht

Der Philosoph Hans Jonas versuchte auf einem Kongress 1988 in Hannover die Frage zu beantworten, wie der Geist in die Welt gekommen ist. Jonas sagte damals: »Das Mindeste, was wir der sich aus dem Urknall entwickelnden Materie im Hinblick auf das schließlich und spät Hervortretende zusprechen müssen, ist eine ursprüngliche Begabung ...« Nämlich die, dass in der Natur »die Fähigkeit zur Ermöglichung des Geistes« angelegt sei. Das ist zunächst eine Binsenweisheit, denn verwirklichen kann sich selbstverständlich immer nur das, was *möglich* ist. Und wenn es tatsächlich, wie manche Kosmologen spekulieren, ein Multiversum mit unendlich vielen Universen gäbe, wäre *alles*, was möglich ist, irgendwann und irgendwo auch *wirklich*. Aber Hans Jonas überlegt weiter: »Wer (oder was) hat die Materie so ›begabt‹? und: Welchen Anteil hat die ›Begabung‹ am Gang der Weltereignisse?« Immerhin verdanke der Mensch der Materie und »dem bisschen davon, das gerade in seinem Gehirn versammelt ist«, dass er existiere und denken könne. Also müsse er doch der Materie zu all den Eigenschaften, die ihn die Physik lehre, auch noch die Fähigkeit zur Ermöglichung des Geistes zuerkennen.« »... wenn wir jetzt mit wohl erlaubter Metapher sagen, dass die Materie von Anbeginn schlafender Geist sei, so müssen wir hinzufügen, dass die wirklich erste, die schöpferische Ursache von schlafendem Geist nur wacher Geist sein kann, von potentiellem Geist nur aktueller ...«, so führe uns »die Selbsterfahrung des Geistes und zumal seines denkenden Ausgreifens ins Transzendente, als Teil des kosmischen Befundes, zum Postulat eines Geisthaften, Denkenden, Transzendenten am Ursprung der Dinge: als erste Ursache, wenn es nur eine gibt; als Mitursache, wenn es mehr als eine gibt.« Jonas nennt dies die ihm selbst »einleuchtendste der hier der Vernunft erlaubten Vermutungen.«

Aber vielleicht geht Jonas auch damit viel zu weit, indem

er Metaphern zu logischen Alternativen macht: »schlafender Geist« – »wacher Geist«; was immer auch »Geist« sei. Wenn es irgendwann einmal gelingen sollte, ein selbstbewusstes künstliches Gehirn zu konstruieren, wird sich herausstellen, ob es zur »Selbsterfahrung des Geistes« einer besonderen ersten Ursache bedurfte oder ob es sich dabei auch nur um eine im Kopf des Philosophen entstandene Vorstellung einer Besonderheit handelt. Der Neurowissenschaftler und zugleich gelernte Philosoph Gerhard Roth formuliert die heutigen Erkenntnisse der Forschung so: »Geist und Bewusstsein sind natürlichen Ursprungs und das Produkt einer langen biologischen Evolution. Innerhalb dieser Evolution haben wir trotz sorgfältiger Suche keine unerklärlichen Sprünge entdecken können, und dies gilt auch für den menschlichen Geist.«[1]

Geist als neuronale Leistung

Geistige Leistungen sind die Folge von neuronalen Prozessen. »Wenn wir darüber hinaus noch etwas Immaterielles, Geistiges annehmen, das den geistigen Prozessen vorgängig ist und auf das Materielle einwirkt, dann haben wir ein Problem mit den Energieerhaltungssätzen. Das würde die ganze Physik auf den Kopf stellen«,[2] so Wolf Singer.

Die Philosophen wie die Theologen tun sich schwer damit, die Erkenntnisse der Naturwissenschaftler überhaupt zu begreifen. Umgekehrt täte es auch den Naturwissenschaftlern gut, wenn ihre Beobachtungen gewissermaßen von außen bedacht würden. Stattdessen herrscht bestenfalls Sprachlosigkeit zwischen den Fakultäten. Mit wenigen Ausnahmen. Der emeritierte Philosoph an der Universität Tübingen, Manfred Frank, sieht die Zusammenhänge so: »Wir können nicht die Identität der Beziehung zwischen Seele und Leib ›als solche‹ in den Blickwinkel unseres Bewusstseins bringen; wir müssen uns, wie in den Naturwissenschaften allgemein, mit einem ›Schluss auf die beste Erklärung‹ begnügen. Diesem Schluss sollen sich die Philosophen aber nicht durch unsinnigen Widerstand verweigern. Wenn es möglich ist, einen Computer über gedachte Befehle zu steuern; wenn Sensoren die Hirntätigkeit messen können, die sich einstellt, sobald sich Probanden eine bestimmte Bewegung mental bloß vorstellen und diesen Impuls tatsächlich umsetzen, also etwa einen Cursor über den Monitor oder raffiniert programmierte Rollstühle lenken – wie sollte dann die Meinung noch Bestand haben, unser Geist sei etwas Immaterielles, das nicht unter jene Gesetze fällt, die von den Naturwissenschaften entdeckt wurden?«[3]

Die Evolution geistiger Fähigkeiten und Möglichkeiten begann nicht erst mit den Hominiden. Der Schweizer Verhaltensforscher Fred Kurt beschreibt zum Beispiel die fantastischen Verhaltensweisen der Elefanten: Sie weinen, wenn ein naher Verwandter stirbt. »Afrikanische Elefanten veranstalten sogar eine Art Beerdigung. Sie tragen Äste herbei, um Verstorbene damit zu bedecken.«[4] Die Tiere haben ein ungewöhnlich gutes Gedächtnis. Sie können sich etwa die Stimmen von Artgenossen über 40 Jahre lang merken. Das gute Gedächtnis noch im hohen Alter ist überlebenswichtig. Asiatische Elefanten leben in Gebieten von mehreren hundert Quadratkilometern Größe. »Alle sieben Jahre fällt zum Beispiel in Sri Lanka der Monsun aus. Dann sind die erfahrenen Kühe gefragt, die sich erinnern können, wo es früher auch während der Dürreperioden noch Wasser und Futter gab«, so Kurt. Auf die Frage, ob es stimme, dass die Leitkühe in Krisenzeiten Konferenzen abhalten, erklärt Kurt: »Jeder Elefanten-Clan eines Gebiets schickt eine weise, alte Elefantin zu diesen Treffen. Diese Leitkühe stellen sich im Kreis auf, strecken die Köpfe zusammen und einigen sich irgendwie auf eine Route. Nach einer Weile kehren sie zu ihren Clans zurück und geben das Signal zum Aufbruch. Dann marschieren sie ihren Herden wie Feldherrinnen voraus, den Gebieten mit den Notvorräten entgegen.«

Der bedeutende britische Informatiker Alan Turing (1912–1954) hat einst einen Test vorgeschlagen. Er wollte wissen, ob ein Computer derart mit »künstlicher Intelligenz« begabt werden könne, dass er über längere Zeit mit einem Menschen kommuniziert, ohne dass zu erkennen sei, dass es sich um eine Maschine handelt. Gerhard Weikum, Direktor am Max-Planck-Institut für Informatik, prognostiziert heute: »Maschinen werden dem Menschen in nicht zu ferner Zukunft in vielen Anwendungssituationen haushoch überlegen sein, wie etwa beim Beantworten wissensintensiver Fragen ... Maschinen werden auch in der Lage sein, Abiturprüfungen zu bestehen.«[5] Allerdings: Humor und Ironie blieben »noch lange dem Menschen vorbehalten«. Das heißt, der Sinn für Ironie, wie ich ihn in diesem Buch gelegentlich voraussetze, geht dem Computer ab. Eine interessante Feststellung: Zutiefst menschlich ist nicht der »Geist« des *homo sapiens*, sondern sein (bisher) unnachahmlicher Witz.

Die falsche Idee eines Dualismus

Die Beobachtungen und Erkenntnisse der Neurowissenschaften im 20. Jahrhundert und ihre Weiterentwicklung verändern unser Weltbild auf fundamentale Weise. Der Dualismus der zwei menschlichen Naturen, von Seele und Körper, Geist und Materie, in der Vorstellung eines René Descartes (1596–1650), der das Weltbild noch bis in unsere Tage prägt, ist falsch: Gehirn und Geist sind unabdingbar miteinander verbunden. Bernulf Kanitscheider, emeritierter Lehrstuhlinhaber für Philosophie der Naturwissenschaften der Universität Gießen, formuliert die sich daraus ergebenden Konsequenzen so: »Im Einklang mit den Erkenntnissen der Hirnforschung muss ein Begriff des Geistes gefunden werden, der auf naturwissenschaftlicher Basis ruht, dann aber kombiniert wird mit dem geisteswissenschaftlichen Selbstverständnis, wie es aus der Historie tradiert wird.«[6]

Einst empörten sich die Gebildeten über die Erkenntnis einer Evolution durch Charles Darwin, die zum Schlagwort »Der Mensch stammt vom Affen ab« verkürzt wurde. Heute lässt sich durch Beobachtung des Gehirns einer Versuchsperson, die unter mehreren Alternativen auswählen soll, seine Entscheidung bis zu 15 Sekunden, *bevor* der Proband sie trifft, richtig voraussagen. Diese Erkenntnis wird gerne verkürzt zu der Aussage, der Mensch habe »keinen freien Willen«. Die Empörung über diese wörtlich verstandenen Schlagworte, vor allem unter den Geisteswissenschaftlern, ist entsprechend groß.

Dabei wird durch die Experimente nur deutlich, dass unsere Entscheidungen wesentlich von *unbewussten* Antrieben bestimmt werden. Das ist nach den Beobachtungen Sigmund Freuds eigentlich nicht überraschend. Deutlich wird bei alledem jedoch, dass die Geisteswissenschaften, die Theologie eingeschlossen, ohne die Erkenntnisse der Naturwissenschaften zu berücksichtigen, ins intellektuelle Abseits geraten. Und umgekehrt benötigen die Naturwissenschaftler, was sie auch nicht unbedingt wahrhaben wollen, den Widerpart der Geisteswissenschaftler bei der Deutung und Bewertung ihrer Erkenntnisse. Das ist deshalb so besonders schwer geworden, weil die fundamentalen naturwissenschaftlichen Erkenntnisse kaum mehr allgemeinverständlich dargestellt werden können.

Anders als die Schamanen seit der Steinzeit bis heute oder auch die an *Glossolalie* (Zungenreden) glaubenden Christen der Pfingstgemeinden sich vorstellen, können uns heute die Neurowissenschaftler gut erklären, was im Kopf eines Menschen passiert, wenn er – etwa durch Musik, Tanz, Askese, Drogen – in einen Zustand des Außer-sich-Seins gerät, Stimmen hört, Visionen hat. Dies alles passiert *im Gehirn* eines Menschen, ist also *kein von außen* kommendes Ereignis.

Das schließt nicht aus, dass ein Mensch dabei intuitiv einen kreativen Einfall hat. Dies kann freilich selbst beim Vor-sich-hin-Dösen im verrauchten Wagen geschehen, wie der deutsche Chemiker August Kekulé anno 1865 berichtete, der bei dieser Gelegenheit plötzlich die langgesuchte ringförmige Struktur des Benzolmoleküls vor seinem inneren Auge sah. Oder in Syrakus, wo der Sage nach der griechische Naturforscher Archimedes (um 287 bis circa 212 v. Chr.) beim

Einsteigen in eine randvolle Badewanne eine Erleuchtung hatte. *Heureka!* (ich hab's herausgefunden) rufend, sprang er aus der Wanne. Er hatte nämlich gerade das nach ihm benannte Prinzip des Auftriebs entdeckt. Das Prinzip nutzt jeder Konstrukteur eines tatsächlich auch fliegen könnenden Flugzeugs.

Andererseits verändern unsere im Gehirn entstehenden Vorstellungen von der Welt unsere Welt tatsächlich. Die Wirksamkeit zum Beispiel von Arzneien, die praktisch frei sind von chemisch wirksamen Substanzen, ist als *Placebo-Effekt* das Ergebnis von Vorstellungen, die wir uns machen.

Keine Wirkung ohne Ursache

Wenn es Gott gibt und er sich tatsächlich den Menschen offenbart, dann hält er sich dabei an die Naturgesetze. Die erste Professorin für Theoretische Physik an der Harvard-Universität in deren fast 400-jähriger Geschichte, Lisa Randall, erklärt es so: Wenn die Religion behaupte, »dass Gott oder eine übernatürliche Kraft in die Welt eingreift, dann fordert sie die Wissenschaft heraus, weil die Wissenschaft sagt, dass alles in der Welt nach dem Prinzip von Ursache und Wirkung geschieht. Wenn jemand behauptet, er habe diese oder jene Entscheidung getroffen, weil Gott ihn geleitet habe – dann riskiert er meinen Widerspruch. Denn ich sage, dass jede Wirkung eine Ursache haben muss und allem eine physikalische Struktur zugrunde liegt. Wenn etwa keine Synapsen in unserem Gehirn feuern würden, dann könnten wir keine moralischen Entscheidungen treffen. Wer wirklich glaubt, dass Gott bei diesen Entscheidungen mitspielt, muss erklären, wie Gott das Feuern der Synapsen beeinflusst.«[7] Dies ist jedenfalls, wie ich meine, zumindest eine gute Arbeitshypothese.

Mehr oder minder deutlich setzen die christlichen Lehren jedoch voraus, dass die Naturgesetze *nicht* in jedem Fall gelten. Das trifft jedenfalls für die katholische Kirche zu, ihren ungebrochenen Wunderglauben und ihren Glauben an Engel und Teufel. Gäbe es Ausnahmen von bestimmten Naturgesetzen, dann wären sie Beweis dafür, dass diese keine Naturgesetze sind.

Dabei könnte bereits psychologisches Basiswissen eines Besseren belehren. Der Präfekt der Glaubenskongregation, Gerhard Ludwig Müller, hat in seiner Katholischen Dogmatik[8] darauf hingewiesen: »Jesu Wunder sind nicht im Rahmen einer Definition zu verstehen, wonach es um eine ›Durchbrechung der Naturgesetze‹ geht.« Da hat er Recht.

Doch für die »Heiligsprechung« eines Verstorbenen ist in der katholischen Kirche Voraussetzung, dass er oder sie, und das auch noch posthum, ein Wunder vollbracht hat, nämlich die »übernatürliche« Heilung eines Kranken.

Entzauberung und Wiederverzauberung der Welt

Der Soziologe Max Weber bezeichnete 1917 die zunehmende Berechenbarkeit als »Entzauberung der Welt«. Der US-Amerikaner Steven Weinberg, der im Jahre 1979 den Physik-Nobelpreis erhielt, betonte anno 2009 gegenüber dem *Zeit*-Magazin, »dass eine unserer wichtigsten Aufgaben darin besteht, religiöse Gewissheiten zu schwächen«.[9] Doch der Münchner Theologe Friedrich Wilhelm Graf sieht eben auch diesen Zusammenhang: »Kreationistische Weltbilder gewinnen Faszinationskraft, weil sie eine Wiederverzauberung der Welt befördern.«[10]

Für die Naturwissenschaften gilt, dass ihre fundamentalen Theorien im Gegensatz zu kreationistischen Spekulationen als richtig angesehen werden dürfen, weil und wenn sie zu richtigen Voraussagen führen. Immer mehr Autofahrer verlassen sich zum Beispiel auf die Wegbeschreibung eines Navigators. Das dabei verwendete *Global Positioning System*, GPS, setzt die Richtigkeit von Albert Einsteins Relativitätstheorien voraus. Die Relativität von Raum und Zeit kann man sich aber nicht vorstellen, noch weniger die modernsten Erkenntnisse der Kosmologie und der Teilchenphysik. Der Philosoph Jürgen Habermas beklagte 1985 die »neue Unübersichtlichkeit«, weil Entwicklungen nicht mehr vorhersehbar seien. Die Welt ist viel komplizierter, als auch die Philosophen selbst im 20. Jahrhundert noch dachten.

Erklärung der »neuen Unübersichtlichkeit«

Das heißt aber nicht, dass wir die »neue Unübersichtlichkeit« nicht erklären könnten. Der Gehirnforscher Wolf Singer erklärt sie so: »Die kognitiven Leistungen, deren wir fähig sind, sind hoch angepasst an die mesoskopische Welt, in der wir existieren, die sich im Meter-, Zentimeterbereich bewegt; die Welt, in der lebende Organismen existieren. In dieser Welt gelten cum grano salis die Gesetze der klassischen Physik. Da sind Objekte solide Gegenstände, da gelten die Kausalgesetze mehr oder weniger gut. Das ist die Welt, in der wir leben und an die wir uns angepasst haben. Und diese Welt zu begreifen, sind unsere Gehirne angelegt. Sie haben sich während der Evolution über Versuch und Irrtum so herausgebildet, dass die Art, wie sie wahrnehmen können, optimal angepasst ist, um die Probleme in genau diesem Spektrum von Welt zu lösen. Wir sind nicht angepasst worden, um ein kognitives System zu entwickeln, das die Wahrheit an sich ergründen könnte; das, was hinter den Phänomenen sich möglicherweise als tiefe Wahrheit verbirgt. Das war nie Selektionsdruck in der Evolution. Ums Überleben ging es, ums Fortpflanzen, aber nicht um Wahrheiten zu entdecken.

Wir haben durch Instrumente, also durch künstliche Verlängerung unseres Sensoriums, unserer Sinnessysteme, und durch Nachdenken und logische Schlussfolgerungen die Quantenwelt entdeckt, und wir haben auch den Kosmos entdeckt in seiner Unendlichkeit. Aber wir können uns das nicht vorstellen. Die Erkenntnisse, die wir da gewinnen, sind zwar insofern zutreffend, als man Voraussagen machen kann, die dann bestätigbar sind innerhalb des Beschreibungssystems der Naturwissenschaften. Aber vorstellbar ist das alles nicht. Weder im ganz Großen noch im ganz Kleinen. Und so müssen wir annehmen, dass wir uns auch vieles Andere überhaupt nicht vorstellen können. Dass es also jenseits des im Augenblick bekannten Wissenshorizontes Weiten gibt, die vielleicht nie vorstellbar sein werden. Die vielleicht zum Teil erkennbar werden. Also es ist beliebig Platz für metaphysische Konstrukte. Man darf nur nicht den Fehler machen (und) versuchen, durch Geschichten zu erklären, was schon erklärbar ist.«[11]

Eben das, was Wolf Singer beschreibt, ist ein grundlegendes Problem. Alle Weltreligionen sind Weltdeutungen der Menschen *ohne* Hilfsinstrumente. Diese Deutungen haben sich so lange gehalten, weil sie jeweils, wenn auch auf unterschiedliche Weise, »einsichtig« sind. Heute aber ist uns die Welt im Wissen der Naturwissenschaften nicht mehr einsichtig. Und so ist es ein natürlicher Reflex, dieses Wissen nicht beachten zu wollen.

Der Mensch ist nicht nur fähig, zu beobachten, was über die Reichweite seiner Sinnesorgane hinausgeht. Er hat vielmehr mit der Erfindung – oder Entdeckung, das ist wissenschaftlich umstritten – der Mathematik als der Sprache der Natur etwas Fundamentales erkannt, was ihm keinen direkten evolutionären Nutzen bringt.

Bereits Galileo Galilei schrieb 1623: »Das Buch der Natur ist in der Sprache der Mathematik geschrieben ...«. Albert Einstein formulierte es so: »Nach unserer bisherigen Erfahrung sind wir nämlich zum Vertrauen berechtigt, daß die Natur die Realisierung des mathematisch denkbar Einfachsten ist. Durch rein mathematische Konstruktion vermögen wir nach meiner Überzeugung diejenigen Begriffe und diejenige gesetzliche Verknüpfung zwischen ihnen zu finden, die den Schlüssel für das Verstehen der Naturerscheinungen liefern. ... Erfahrung bleibt natürlich das einzige Kriterium der Brauchbarkeit einer mathematischen Konstruktion für die Physik. Das eigentlich schöpferische Prinzip liegt aber in der Mathematik.«[12]

III. Wie der Geist im Kopf entsteht

Die Mathematik als ein Formalismus, um die Natur und ihre Gesetze zu beschreiben, befähigt den Menschen, zu erkennen, was weit über ihn hinausweist. Ist vielleicht auch die »Erkenntnis Gottes« nicht nur eine Vorstellung, sondern auch eine Entdeckung, ein »kreativer Akt«? Auf diese Frage gibt es keine eindeutige Antwort. Das Reden über Gott bleibt Spekulation. Und die Spekulation ist in den letzten 2000 Jahren immer wieder zum Geschwätz verkommen.

Lose Reden über das Unvorstellbare

Zum Beispiel das Reden über das Unendliche. Wir können uns ein unbegrenztes und sich zugleich auch noch immer rascher ausdehnendes Universum, in dem man unendlich weit reisen kann, ohne je an ein Ende zu kommen, nicht vorstellen. Religion bedeutete jedoch für den protestantischen Theologen Friedrich Schleiermacher 1799 »Sinn und Geschmack für das Unendliche« – eine von heute aus gesehen recht naive »Vorstellung«, denn Schleiermacher konnte sich das Unendliche seinerzeit ebenso wenig vorstellen, wie wir dies heute können. Heute aber, und dies bereits seit geraumer Zeit, können wir damit *rechnen*. Der Mathematiker Georg Cantor begründete knapp hundert Jahre nach Schleiermacher, im Zeitraum 1874 bis 1897, die Mengenlehre. Er erkannte: Unendlich ist nicht gleich unendlich. Beispielsweise ist die unendlich große Menge der natürlichen Zahlen 1, 2, 3 usw., obwohl unendlich, nur genau halb so groß wie die unendliche Menge der Zahlen 1, 1½, 2, 2½ usw. ... Dabei ist freilich eine Annahme, dass das Zählen unendlich lange fortgesetzt werden kann, also auf die beliebig große Zahl n immer noch ein n+1 folgen wird.

Die Erkenntnisse der Naturwissenschaftler über das Universum – das vielleicht sogar ein Multi-Universum ist – ebenso wie über seine Entwicklungsgeschichte sind mittlerweile so abstrakt geworden, dass man sie sich, wie gesagt, nicht mehr vorstellen kann. Die entdeckten Gesetzmäßigkeiten sind jedoch Grundlagen der modernen Technik. Die Fachleute arbeiten damit erfolgreich und bestätigen so ihre Richtigkeit. Parallel dazu leben jedoch manchmal sogar dieselben Menschen unbeirrbar mit Weltbildern, die dem Weltverständnis vor zweitausend Jahren und früher entsprechen. Zum Beispiel, dass ein Gott »oben« im Himmel über uns wohnt. Bei dieser Weltanschauung, die ja kein Ergebnis eines »Anschauens« ist, ist es selbstverständlich, dass es einen Gott »gibt« und sich dieser den Menschen »offenbart« hat, was nicht als menschlicher kreativer Akt verstanden wird.

Im Lichte dieses Wissens will ich den Zustand der Kirchen beschreiben und erklären, wie die christlichen Kirchen damit umgehen – und welche Konsequenzen das hat.

IV. ... und niemand geht hin

Dieses Buch soll mit allen noch folgenden Erklärungen ein Plädoyer sein gegen eine Kirche für Dummies. Gegen eine Kirche, die hierzulande zwar immer noch als eine mächtige gesellschaftliche Kraft erscheint, jedoch, von außen gesehen, nur noch ein Sozialverein mit folkloristischem Überbau ist, auf Kosten aller Steuerzahler. Denn sie hat intelligenten und wissenschaftlich informierten Menschen nichts mehr zu sagen. Gegen eine Kirche, deren Theologen sich auf das Nachdenken beschränken, ohne die Fakten mit zu bedenken und aus dem Nachdenken ihre Dogmatiken, das heißt Ideologien, zimmern. Gegen eine Kirche, die nach alter Weise vom Glauben spricht, was sie »Zeugnis geben« nennt, ohne zu sagen, was und warum man heute glauben soll. Eine Kirche des naiven Welt- und Gottesverständnisses. Ich weiß allerding auch, dass nicht allein dies *die* Kirche ist. Wohl aber, dass es ihren Mainstream kennzeichnet, und das weltweit.

Etwas weniger als die Hälfte aller Deutschen waren Ende 2013 Mitglieder der katholischen (24,17 Millionen) oder der evangelischen Kirche (23,04 Millionen). Und ihre Zahl schrumpft weiter. Auf katholischer Seite im Jahr 2014 um 230 000, auf evangelischer sogar um etwa 410 000.[1] Die EKD hatte am 31.12.2014 rund 22,63 Millionen Mitglieder gegenüber 25,63 Millionen im Jahre 2004.[2] Es ist sicher kein Zufall, dass die evangelischen Kirchen ihre Mitgliederstatistik mit einer Verzögerung von Jahren aktualisieren.

»Ich glaube nicht an Gott«, sagen in Ostdeutschland 52,1 Prozent der Befragten, in Westdeutschland 10,3 Prozent. In Russland wurden 6,8 Prozent Atheisten gezählt, in den USA drei Prozent. Das geht aus der Studie *Beliefs about God across Time and Countries* hervor, die eine Forschungsgruppe um den Soziologen Tom W. Smith an der Universität Chicago anno 2012 vorstellte und mit Hilfe von Daten aus den Jahren 1991, 1998 und 2008 erarbeitet hatte.[3] Der Glaube an

Gott ist danach nirgends auf der Welt so schwach geworden wie in den neuen deutschen Bundesländern. Das ist sicher auch Folge der Politik der DDR. Aber die Tendenz der Entwicklung ist auch nach der Vereinigung die gleiche geblieben. Eine repräsentative Forsa-Umfrage an tausend Personen im Oktober 2015 zeigt dies: Für 61 Prozent der Deutschen haben Religion und Glaube keine oder nur geringe Bedeutung, im Westen für 57 Prozent, im Osten für 83 Prozent.[4] Fast überall ist, global gesehen, der Atheismus bei den jüngeren Menschen stärker verbreitet als bei den älteren. Das heißt: Die Tendenz, an Gott zu glauben, ist fallend. Einzige Ausnahme: Israel. Dort glauben mehr jüngere als ältere Menschen an Gott. Das dürfte mit dem extremen Kinderreichtum der ultraorthodoxen Juden zusammenhängen.

Einen Gottesdienst am Sonntag besuchen derzeit in Deutschland durchschnittlich um die 13 Prozent der Katholiken und inzwischen deutlich unter vier Prozent der Protestanten (nach der EKD-Statistik 2011: 3,7 Prozent).

Das Kirchenpersonal wird konservativer

Das heißt, der Gottesdienst ist nicht mehr Zentrum im Leben eines Christenmenschen, und er wird es immer weniger. Das hat auch Konsequenzen für das Kirchenpersonal, jedenfalls auf evangelischer Seite. Denn von den wenigen, größerenteils älteren und konservativeren Kirchgängern werden die Kirchenvorstände gewählt und von diesen die Mitglieder der Synoden und über diese die Bischöfe. Auf katholischer Seite werden die Bischöfe in Rom bestimmt, die Pfarrer von den Bischöfen. In beiden Konfessionen hat also die große Mehrheit der Kirchensteuerzahler, nämlich die der Nicht-Kirchgänger, keinen Einfluss auf die Kirchen, und die Kirchen interessieren sich nicht für sie. Das ist nicht ohne Auswirkungen auf die Institutionen. Das protestantische Kirchenpersonal ist wie die Kirchgänger eher konservativ geworden, das katholische ist dies traditionell.

»Kaum eine andere gesellschaftliche Entwicklung der letzten Jahrzehnte vollzog sich so kontinuierlich, gründlich und – wie man annehmen muss – dauerhaft wie die Abwendung der Bevölkerung von der Kirche.« So beschreibt Thomas Petersen vom Institut für Demoskopie in Allensbach die Situation.[5]

An die zentralen Lehren der christlichen Kirchen glauben danach immer weniger Menschen: »Im Jahre 1986 sagten noch 56 Prozent der befragten Westdeutschen, sie glaubten, dass Jesus Christus der Sohn Gottes ist; heute sind es noch 46 Prozent. Der Glaube daran, dass Gott die Welt geschaffen hat, ist in der gleichen Zeit von 47 auf 35 Prozent zurückgegangen, der an die Auferstehung der Toten von 38 auf 30 Prozent. An die Dreifaltigkeit glaubten vor einem Vierteljahrhundert 39 Prozent, heute sind es noch 32 Prozent. Selbst unter den Katholiken bekennt sich nur noch eine Minderheit zu diesem Glaubenssatz.«

Dagegen hat nach den Untersuchungen der Demoskopen der Glaube an Wunder von 33 auf 51 Prozent zugenommen, der an die Seelenwanderung von 7 auf 20 Prozent. Schlussfolgerung von Thomas Petersen: »Das Christentum wird gleichsam von innen ausgehöhlt. Die Kernbotschaft findet immer weniger Glauben ... Etwas zugespitzt könnte man von einer schleichenden Rückkehr der Naturreligionen sprechen. Schon heute meinen 10 Prozent der Deutschen, es gebe verschiedene Götter, die alle ihre eigenen Bereiche hätten. Im Jahre 1986 gaben nur 4 Prozent diese Antwort.«

Tendenziell autistische Parallelgesellschaften

Obwohl sich fast niemand mehr auf den Weg dahin macht, wenn sonntags die Kirchenglocken läuten, sind die christlichen Kirchen Institutionen von »gefühlter« Mächtigkeit geblieben. Sie nehmen zu allem und jedem Stellung und verstehen sich als moralische Wächter – ohne ihre Legitimation dazu begründen zu müssen, wie es anderen gesellschaftlichen Gruppierungen abverlangt wird. Aber *weil* fast niemand mehr hingeht und ein Diskurs mit der Welt kaum mehr stattfindet, werden die christlichen Gemeinschaften zu tendenziell autistischen, selbstbezogenen Parallelgesellschaften.

»Die Freiheit des Glaubens, des Gewissens und die Freiheit des religiösen und weltanschaulichen Bekenntnisses sind unverletzlich.« So heißt es im Grundgesetz (Artikel 4). Das heißt, auch niemand kann daran gehindert werden, Unsinn zu glauben und zu bekennen. In den meisten Bundesländern sind zum Beispiel mittlerweile die »Zeugen Jehovas« rechtlich den großen Kirchen gleichgestellt.

Die Intellektuellen setzen heute, jedenfalls in Deutschland und anders als in früheren Zeiten, in den Kirchen keine wesentlichen Akzente. Die Kirchen selbst nehmen am intellektuellen Diskurs in der Bundesrepublik – falls es diesen überhaupt gibt – nicht teil. Das hat mit dem verdrucksten Verhältnis der Kirchen zu den Wissenschaften und deren Erkenntnissen zu tun. Selbst die Erkenntnisse der historisch-kritischen Theologie spielen kaum eine Rolle, die der Naturwissenschaften werden nicht einmal wahrgenommen.

Die entthronte Königin der Wissenschaften

Im Mittelalter galt die Theologie als die Königin der Wissenschaften. Um 1800 studierten 35 Prozent der an preußischen Universitäten Immatrikulierten evangelische Theologie.[6] Die Theologie spielte damals eine so große Rolle, wie sie mittlerweile – und nicht zum Nutzen für einen intellektuellen Diskurs – die Betriebswirtschaftslehre (BWL) übernommen hat. Heute hat, wie der Theologe Friedrich Wilhelm Graf beobachtet, die Theologie sogar im Selbstverständnis vieler Pfarrer keine Bedeutung mehr.

Ich finde das bemerkenswert. Man muss sich mal vorstellen, das passiere im richtigen Leben. Ein Fachmann würde feststellen, unter den Bauingenieuren spiele die Mathematik keine Rolle mehr, und sie begründeten dies vielleicht so: Auch die alten Römer haben vor zweitausend Jahren mit

Hilfe von Faustformeln und mit Augenmaß Aquädukte und Brücken gebaut, die heute noch stehen. Das trifft zwar durchaus zu – aber sollten sich die Ingenieure heute wirklich noch auf die Faustformeln der Bauleute des Altertums verlassen? Eine absurde Vorstellung. Doch dass die Pfarrer sich nicht sonderlich für die moderne Theologie interessieren, stört anscheinend niemanden. Wie gleichgültig sind doch die Lehren der Kirche den Menschen geworden!

Unter angehenden Theologen nimmt, so Graf, ein »evangelikaler, neu-pietistischer Frömmigkeitstypus« zu.[7] Das Image von Geistlichen in Deutschland im Sinne von vertrauenswürdig ist mittlerweile geringer als das von Taxifahrern. Während die von Marktforschern Befragten zu 71 Prozent Taxifahrern vertrauen, liegt der Wert für Pfarrer bei 61,3 Prozent.[8] Und weil der damalige türkische Ministerpräsident Recep Tayyip Erdoğan sich über Kritik des deutschen Bundespräsidenten Joachim Gauck geärgert hatte, kam als Replik von Erdoğan: »Er hält sich wohl immer noch für einen Pastor, er war ja mal einer.« Die *Süddeutsche Zeitung* versah die Beschreibung des Sachverhalts auf der Titelseite mit der Überschrift: »Erdoğan verhöhnt Gauck«.[9] Es gilt also als »Verhöhnung«, einen früheren Pastor als Pastor zu bezeichnen.

Heute haben viele theologische Hochschullehrer, sofern sie ernsthaft und kritisch Wissenschaft betreiben, Angst vor deutlichen Worten – sind sie doch abhängig von den Kirchen; obwohl im Grundgesetz (Artikel 5) steht: »Kunst und Wissenschaft, Forschung und Lehre sind frei.« Dies also ist ein Plädoyer gegen eine Kirche, deren Fundamente zusammenbrechen, ohne dass sie dies zu merken scheint.

Gewünscht ist der schlichte Glaube

Die ehemalige Ratsvorsitzende der EKD, Margot Käßmann, definierte in einem Interview[10] »Glaubensstärkung für die Welt« als eine Aufgabe der Kirche. Sie kritisierte in ihrer Bibelarbeit auf dem Evangelischen Kirchentag am 2. Juni 2011 in Dresden die wissenschaftliche Theologie. Es gehe »nicht um Wissen und um Reflektiertheit«, sondern darum, so zitiert Käßmann den Ordensgründer von Taizé, Frère Roger, »das vom Evangelium zu leben, was man verstanden hat.« Die ehemalige Ratsvorsitzende meint dazu: »Akademische Theologen sind versucht, die Nase über so einfache Erklärungen und Auslegungen der Bibel zu rümpfen und bezichtigen sie der ›präreflektiven Unmittelbarkeit‹.« Für mich ist das Anbiederung durch Frau Käßmann an die Naiven, zu denen sie selbst *nicht* zählt. Von den Medien verlangte Käßmann Anfang 2009, damals noch Landesbischöfin in Hannover, »Respekt vor der Glaubenshaltung einzelner Menschen«[11] – ohne zu sagen, welchen Glauben sie damit meint.

Die katholische Kirche sieht das ähnlich wie Margot Käßmann: Das römische Lehramt habe »den Glauben der Einfachen gegen die Macht der Intellektuellen zu verteidigen«, postulierte Kardinal Josef Ratzinger, der sich selbst gewiss als Intellektuellen versteht, 1979, damals noch Erzbischof von München, bevor er die Glaubensbehörde, die mächtigste Institution im Vatikan, dann 1981/82 selbst als Präfekt übernahm. Der Kardinal hat seine Meinung nicht geändert. 25 Jahre später, im Herbst 2004, ruft er die Christen dazu auf, die Religionsfreiheit gegen eine »Ideologie« der Vernunft zu verteidigen; »eine positive Herausforderung« ist ihm »der feste Glaube der Muslime an Gott«. Für seine Kirche sah Ratzinger, nunmehr Papst Benedikt XVI., anno 2012 die Lage so: »Wir befinden uns in einer tiefen Krise des Glaubens.«[12] Das überrascht nicht, wenn man erfährt, welchen Glauben der Papst propagierte. Davon wird noch viel die Rede sein.

Die Theologie ist »die Lehre von Gott«. Ich will mich im Folgenden in dem bereits beschriebenen heutigen Wissen darüber, was in unserem Kopf passiert, wenn eine Ideologie entsteht, mit der christlichen »Lehre von Gott« auseinandersetzen. Und damit, wie die Kirchen von Gott reden.

V. Das Konzept Gott

Eine der ältesten Antworten der Menschheit auf die Frage nach dem *Warum?* ist das Konzept Gott. Die Verursacher der in der Natur wirkenden Kräfte wurden bereits in der Altsteinzeit als Gottheiten definiert. Die Idee eines einzigen Gottes, die im Judentum, dem Christentum und zuletzt dem Islam geschichtsmächtige Bedeutung erhielt, entstand in Jerusalem vor knapp dreitausend Jahren. »Psychologisch kann man die entscheidenden Momente als intuitiv kreative Akte, religiös als Offenbarungen verstehen«, so beschreibt den Prozess der Schweizer katholische Theologe Othmar Keel. Das heißt als etwas, das im menschlichen Kopf passierte. Mit dem Wissen darüber, warum wir das Denken möglichst vermeiden, kann man auch erklären und verstehen, warum Einfälle und Erkenntnisse in den biblischen Texten als göttliche »Offenbarungen« gedeutet werden. Zu verstehen ist ebenso, ganz weltlich, die Erfahrung vieler Autoren, zu Beginn der Arbeit an einem Text, also etwa einem Roman, nicht zu wissen, wie dieser enden wird. Weil nämlich die Figuren eine Art Eigenleben entfalten. Heute verstehen viele Menschen *Offenbarung* wohl eher physisch als metaphysisch: Omas selbstgebackener Käsekuchen kann dann zu einer »Offenbarung« werden. Vor einigen Jahrzehnten noch war ein solcher Käsekuchen ein »Gedicht«, aber Lyrik hat heute keinen hohen Stellenwert mehr.

Unser Gottesbild ist jedenfalls ein *Bild*. Die alten Kirchenväter glaubten, das Gottesbild, *imago Dei*, sei der Seele des Menschen eingeprägt. Der deutsche Philosoph Ludwig Feuerbach analysierte umgekehrt: »Der Mensch schuf Gott nach seinem Bilde.«[1] Tatsächlich wird in den Büchern des Alten Testaments Gott sehr menschlich als ein gewissenloser, rachedurstiger Tyrann beschrieben, nach dem Vorbild menschlicher Tyrannen. Der Schweizer Analytische Psychologe Carl Gustav Jung schrieb 1957: »Wir machen uns Bilder und Auffassungen, und wenn ich von Gott rede, so meine ich immer das Bild, das sich die Menschen von ihm machen.«[2] Das Bild jedenfalls erlaubt keine Aussage darüber, welcher Wirklichkeit es entspricht, also weder, ob es einen Gott gibt, noch ob es ihn nicht gibt.

»Einen Gott, den es gibt, gibt es nicht«, schrieb 1930 der protestantische Theologe Dietrich Bonhoeffer. Der Physiker Werner Heisenberg schrieb 1942, »daß wir ja gar nicht genau wissen, was das Wort ›Gott‹ und insbesondere, was das Wort ›es gibt‹ bedeutet. Das Wort ›es gibt‹ ist ja ein Wort der menschlichen Sprache und bezieht sich auf die Wirklichkeit, wie sie sich in der menschlichen Seele spiegelt; über eine andere Wirklichkeit kann man nicht sprechen.« Man kann dies auch in Form eines jüdischen Witzes ausdrücken. Ein Rabbiner, gefragt, welchen Beweis für die Existenz Gottes es gebe, antwortete: »Gott ist so groß, er hat es nicht nötig, zu existieren.«

Wenn man den Gedanken ernst nimmt und akzeptiert, dass Aussagen wie »es gibt« Gott oder »Gott ist ...« unbeweisbar sind, dann müsste das meiner Meinung nach Konsequenzen für ein besonderes Fachgebiet haben. Die Systematische Theologie als dogmatische »Reflexion von Wortzeugnissen des christlichen Glaubens«[3] ist nur dann nicht allein eine Art Glasperlenspiel, wenn sie vom jeweiligen Stand der nachbiblischen Welt-Erkenntnisse ausgeht und in deren Licht Antworten gibt. Ohne gleichzeitige Reflexion unseres Welt-Wissens ist sie keine Wissenschaft, sondern Spekulation. Und von dogmatischer Spekulation ist in diesem Buch viel die Rede. Der katholische CDU-Politiker Heiner Geißler, von »Heiligem Zorn« über die kirchlichen Lehren gepackt, formuliert es so: »Die Menschen leben in einer verführerischen, nebelhaften, bedrohlichen Fabelwelt. Die Theologen setzen das voraus, was sie eigentlich erst mal beweisen müssten, nämlich dass Gott existiert.«[4]

Der Prophet Jeremia (Jer 45, 15) formulierte einst: »Fürwahr, du bist ein verborgener Gott, du Gott Israels.« Daher kommt die lateinische Bezeichnung *deus absconditus*, der

Verborgene Gott. Über diesen werden dennoch sehr präzise Aussagen gemacht, in der Annahme, Gott selbst habe diese dem Menschen offenbart. ER sei ein *deus revelatus*, ein offenbarter Gott.

Theologisches Geschwätz

So glaubt man bis heute, darüber schwätzen zu dürfen. Und das tun die Kirchen denn auch. Die Synode der Evangelischen Kirche in Deutschland (EKD) hat am 9. 11. 2011 eine »Kundgebung« zum Thema Mission beschlossen. Darin heißt es: »Gelingende Mission ist gemeinsames Entdecken von unverfügbaren Gottesüberraschungen, zu denen Gottes Geist uns führt. So nehmen wir teil an dem unaufhörlichen Dialog Gottes mit seiner Welt.«

Ein Dialog ist, so definiert es der Duden, die »von zwei Personen abwechselnd geführte Rede und Gegenrede«. Das passiert hier jedoch gewiss nicht. Nun wusste bereits Johann Wolfgang von Goethe: »Was soll mir euer Hohn/ Über das All und Eine,/ Der Professor ist eine Person,/ Gott ist keine.«[5] Deshalb hat der Theologie-Professor Michael Beintker auf der EKD-Synode 2010, Goethe antwortend, formuliert, es handele sich bei dem Begriff Person um ein »Bildwort für Gott«. Bischof Gerhard Ulrich (Kiel) betont, »dass Gott für uns in Jesus Christus ein Gesicht bekommen hat«. Der Bezug auf Jesus Christus sei das *Alleinstellungsmerkmal* des christlichen Glaubens im religiösen Dialog der Moderne.[6] Das ist gewiss richtig, wobei auch Jesus uns ein *Bild* Gottes vermittelt hat, mit geprägt von den Anschauungen seiner Zeit und seines jüdischen Glaubens. Und wahr ist ja auch, dass Juden wie Christen und Muslime zu Gott beten und sich alle »in Gottes Hand« geborgen fühlen, wobei das Letztere natürlich ebenfalls ein Bild ist. Aber zu behaupten, einen unaufhörlichen Dialog mit Gott zu führen, ist sehr menschliches Geschwätz.

Gelobt sei Gott!

Eine Hauptforderung der biblischen Bücher an Juden und Christen ist die, Gott zu loben. »Das gemeinsame Loben Gottes ist neben der Taufe eines der stärksten Bänder, das ökumenische Gemeinschaft der Kirchen ermöglicht.« So der EKD-Ratsvorsitzende Schneider in seinem Abschiedsbericht vor der Synode am 9. November 2014.

Was ist das für ein merkwürdiger Gott, der ständig gelobt werden will? Und gibt es überhaupt einen guten Grund dazu in dieser Welt? Was hielten wir denn von einem Menschen, der so sehr nach Lob gieren würde? Wir kennen das doch von den Diktatoren aller Zeiten.

In der Bibel steht freilich kein Wort davon, dass Gott gelobt werden *wolle*. Die Verfasser der biblischen Schriften verlangen jedoch immer wieder, dass er gelobt werden *solle*. Der Autor des Hebräer-Briefs im Neuen Testament fordert sogar auf zu einem »Lobopfer« (Hebr. 13,15); ein Wort, das heute auch die Rechtschreibprüfung des Textverarbeitungsprogrammes nicht kennt. Lob kann, das wissen wir aus der Pädagogik, und das praktizieren lautstark die Fußballfans, zu eifrigem Tun anspornen. Hat Gott, wenn es ihn gibt, das nötig? Motiviert ihn das?

Wäre es also nicht angemessen, darüber zunächst einmal nachzudenken, wenn das Gotteslob nicht nur rituelles Geschwätz sein soll?

»Gott spricht noch heute«

»Gott spricht noch heute.« Unter dieses überraschende Motto stellte der damalige Präses der Evangelischen Kirche im Rheinland und EKD-Ratsvorsitzende Nikolaus Schneider seinen Rechenschaftsbericht auf der Landessynode am 9.1.2012. Das bedeute nicht, so Schneider, die theologischen Erkenntnisse und Traditionen der Vergangenheit zu vernachlässigen, vielmehr gelte es, »in Bindung an diese Wurzeln und in ihrer

Wertschätzung sich neuen Einsichten zu öffnen. Das ist auch die Aufgabe heutiger Theologie und heutigen kirchlichen Lebens«. Dem kann ich zustimmen. Ebenso der Aussage des Präses: »Die Wahrheit Gottes ist für Menschen auf dieser Erde immer nur fragmentarisch erkennbar und erfahrbar« – wobei ich allerdings ergänzen will: sie ist auch fehldeutbar. Sehr nachdrücklich stimme ich der Forderung zu, »dass wir Gottes Wort nicht dazu benutzen, uns göttliche Autorität anzumaßen, um eigene Interessen, Standpunkte und Machtansprüche durchzusetzen.« Ebenso der Aussage: »Auch theologischer Wissenschaft und kirchlicher Lehre ist es nicht geschenkt, Gotteswort und Menschenwort, Gottesgeist und Menschengeist eindeutig und klar voneinander zu unterscheiden.« Diese Klarstellung des EKD-Ratsvorsitzenden ist insofern sehr wichtig, als sie unter anderem der Anmaßung eines Lehramtes der katholischen Kirche widerspricht.

Nach Schneider bedeutet der Satz »Gott spricht noch heute« *nicht*: »Wir machen unsere Rede von Gott kompatibel mit dem naturwissenschaftlichen Denken und mit den Gesetzen der Logik. Denn wir verkleinern Gott, machen ihn unserem Weltbild konform, wenn wir ihn nach unserem menschlichen Maß begrenzen und festlegen. Und wir vergötzen damit gleichzeitig den menschlichen Geist und die Naturwissenschaft.«

Dem widerspreche ich allerdings. Wir »vergötzen« nicht den menschlichen Geist, sondern wir nutzen ihn und die Naturwissenschaften zur Welterkenntnis. Das ist die einzige Möglichkeit, die wir haben, und damit auch Ausdruck der Beschreibung unserer Gottesebenbildlichkeit, auf die der Präses eigens verwiesen hat: »Die Heilige Schrift *bezeugt* uns die ›Gottesebenbildlichkeit‹ des Menschen.« Ich meine allerdings, sie *deutet* den Menschen so. Nikolaus Schneider und ich, wir waren uns auf dem *Blauen Sofa* der Frankfurter Buchmesse 2013 darin einig: Wir können heute nicht mehr wie die Alten sagen »Gott ist …«.

Das aber bringt die Kirchen in die größten Schwierigkeiten. Denn: »Wovon man nicht sprechen kann, darüber muss man schweigen.« So der in Wien geborene Philosoph Ludwig Wittgenstein.[7] Tatsächlich kann der Pfarrer auf der Kanzel nicht schweigen. Wohl aber herrscht das große Schweigen der Kirche über ihre Lehre im Lichte heutiger wissenschaftlicher Erkenntnisse. Stattdessen wird geschwätzt. Denn viele der einst wohl begründeten Überlegungen und Aussagen sind für uns Heutige zum Geschwätz verkommen. Ich will das belegen. Zunächst aber mein Widerspruch zur Fundamentalkritik Schneiders an der Wissenschaft.

Wenn Bibel und Wirklichkeit nicht übereinstimmen

Ein »Vergötzen« der Wissenschaft wäre ihre Irrationalisierung. Das Prinzip naturwissenschaftlicher Arbeit ist jedoch im Gegenteil die rationale Vorgehensweise. Uwe Lehnert, emeritierter Professor für Bildungsinformatik der Freien Universität Berlin, formuliert es so: »Theologen und viele Gläubige akzeptieren heute meist die Erkenntnisse der Naturwissenschaften und genießen als Früchte dieses Denkens die Annehmlichkeiten des modernen Lebens. Sie übernehmen aber für sich nicht die rationale und systematische Denkweise, die diese Ergebnisse erst hervorgebracht hat. ... Es wiederholt sich, was Kepler und Galilei zu ihrer Zeit erleben mussten: Wenn Bibel und Wirklichkeit nicht übereinstimmen, dann muss sich die Wirklichkeit in Form der Wissenschaft irren, nicht ein tausende Jahre alter Schöpfungsmythos. Die Überlegenheit einer naturalistischen Weltsicht zeigt sich in der weltweiten Gültigkeit. In jedem Land der Erde, unabhängig von jeweiliger Kultur oder Religion, gelten die gleiche Physik und die gleiche Biologie. Diese weltweite Gültigkeit kann man den zahllosen und grundverschiedenen Lehren vom rechten Weg zum Seelenheil nicht zusprechen.«[8]

Das Gegenteil der Aussage von Nikolaus Schneider ist richtig: Wir »verkleinern« Gott, indem wir Mythen, die Ausdruck vorwissenschaftlicher Weltbilder sind, als biblische *Zeugnisse* ansehen und nicht beachten, dass sie *Deutun-*

gen aus alter Zeit sind. Manchmal in wunderbaren Bildern – wozu ich auch die Vorstellung der Gottesebenbildlichkeit des Menschen zähle. Oft sind sie aber allzu sehr von den zeitgenössischen Weltbildern ihrer Autoren bestimmt.

Was wir als Wirklichkeit ansehen, ist ein Konstrukt. Das gilt auch für unser Gottes*bild*, das immer wieder mit der *Wirklichkeit* Gottes verwechselt wird.

Das sehen die Kirchen anders. Und so sprechen sie unbeirrt weiter von Gott, ohne zu relativieren, dass sie ein vom Menschen geschaffenes, sich wandelndes Bild vor Augen haben: »Durch den Bischof spricht immer Gott«, behauptete der Kölner Kardinal Joachim Meisner. »Was wir von Gott als Person aussagen, ist dem Personsein seiner Wirklichkeit analog.« So formulierte, was immer das heißen möge, der Theologe Michael Beintker auf der EKD-Synode im November 2010.

Der Gott der Evangelikalen

Tatsächlich machen sich Juden, Christen und Muslime zum Teil sehr unterschiedliche Bilder von einem Gott, dessen Existenz sie doch bestenfalls erhoffen. Besonders absurd erscheint es mir deshalb, wenn evangelikale Pastoren wie der Pfarrer der St. Martini-Gemeinde in Bremen, Olaf Latzel, das gemeinsame Gebet von Christen und Muslimen mit der Begründung ablehnen: »Es gibt nur einen wahren Gott.« Natürlich meint er den der Evangelikalen. Das gemeinsame Gebet, so Latzel, »ist Sünde, und das darf nicht sein. Davon müssen wir uns reinigen«.[9]

Wenn man Latzels Predigt im Originalton liest, dann fällt nicht nur seine extreme theologische Unbildung auf, sondern auch sein Deutsch (»Was ich schon Leute erlebt habe, die Hexen halt sind, nicht, die mir das erzählt haben, die in okkulten Dingen gefangen sind, halt, nicht, da hat ein Christ nichts mit zu tun.«[10]). Immerhin provozierte der Herr Pastor den massiven Protest der Bremer Evangelischen Kirche wie des Bremer Bürgermeisters. Zahlreiche Pfarrer protestierten am 4. Februar 2015 auf den Stufen des Bremer Doms gegen ihren evangelikalen Kollegen. Die Begründung: Es sei unerträglich, wenn »Jahrtausende alte biblische Texte mutwillig aus ihrem historischen Zusammenhang herausgerissen werden. Wer Bibeltexte als Schlagwaffe missbraucht, sollte sich nicht bibeltreu nennen.«[11] Ein entsprechender Aufruf wurde von rund 70 Pfarrern unterstützt. Allerdings erhielt Latzel »tausendfache Unterstützung« von Gleichgesinnten.[12] Die Anzahl der Gottesdienstbesucher seiner Gemeinde sei im ersten Quartal 2015 von 300 auf 400 gestiegen, berichtete er, die Zahl seiner Predigt-Follower via Internet von 300 auf 3000 bis 4000 in der Woche.[13]

Die Bremer Evangelische Kirche hat zehn Theologieprofessoren um eine Stellungnahme zu den Ergüssen des evangelikalen Pastors gebeten (BEK Forum, Februar 2015). Alle negativ! Grundsätzliche Anmerkungen machte dabei der Alttestamentler Friedrich Hartenstein von der Universität München: »Zum Studium der Theologie gehört es, dass man die biblischen Texte aus einer historischen Distanz lesen lernt und sie nicht einfach unkritisch für eigene Vorstellungen und Wünsche vereinnahmt. Eine solche wissenschaftliche Haltung ist ein wichtiges Erbe der Aufklärung.« Dem kann ich nur zustimmen!

Die Agentur *idea* dagegen unterstützte Latzel mit »Kommentaren« zu ihren eigenen Berichten, wie etwa jenem einer »Lisette« (12. 2. 15): »Ich persönlich verachte diese historisch-kritische Theologie und Theorie. Was maßen sich diese Menschen eigentlich an, das Heilige Wort Gottes ›hinterfragen‹ zu wollen? Wollen sie Gott untersuchen oder was? Gott verbietet das in Hesekiel 20,3: ›Seid ihr gekommen, mich zu erforschen? So wahr ich lebe, sagt der Herr, ich will von euch nicht erforscht werden‹.«

Vielleicht, und so Gott will, liest »Lisette« ja einmal dieses Buch. Darum hier eine Anmerkung für sie persönlich: Liebe Lisette! Das Buch Hesekiel oder, wie man heute sagt, das Ezechielbuch im Alten Testament ist, wie die Theologen längst wissen, »in *literarischer* (nicht in historischer) Hinsicht eine Autobiographie Ezechiels«.[14] »Gottes Wort« darin ist sozusagen die Rede einer »Kunstfigur« der Verfasser. Das ist so ähnlich wie in Goethes »Biographie« des Faust. Auch dort spricht der HERR, zum Beispiel den weisen Satz: »Es irrt der Mensch, solang' er strebt.« Wenn es auch wahr ist, so ist es doch nicht Gottes Wort, sondern ihm lediglich von Johann Wolfgang von Goethe in den Mund gelegt.

In unserer Zeit wird trotz oder vielleicht sogar wegen des Geschreis der religiösen Dummies die historisch-kritische Analyse »heiliger« religiöser Texte politisch relevant. Die Bremische Bürgerschaft distanzierte sich von Latzel und damit von allen Versuchen, »unter dem Deckmantel von Predigt und Schriftauslegung Hass gegen Anders- und Nichtgläubige zu verbreiten«.[15]

Was passiert im Religionsunterricht?

Auch auf islamischer Seite gibt es zumindest Hinweise darauf, den Koran historisch-kritisch anzusehen: »Wer dem Koran Argumente für Intoleranz und Krieg entnehmen will, wird fündig – wenn er sich plump an den Buchstaben hält und den historischen Kontext vergisst.« So Halis Albayrak, Leiter des Instituts für Koranexegese der Islamisch-Theologische Fakultät der Universität Ankara in einem Zeitungsbeitrag. »Daher bin ich der Meinung, dass die Methode, den Koran nicht wie ein Buch, sondern wie einen Diskurs zu lesen, die richtige ist«,[16] doch: »Leider stößt sie nicht auf das Interesse bei muslimischen Intellektuellen.« Darin unterscheiden diese sich nicht von christlichen Intellektuellen.

»Niemand weiß genau, was in deutschen Grundschulen im Islamunterricht passiert.« Das beklagt der Islamwissenschaftler Abdel-Hakim Ourghi (PH Freiburg). Insbesondere kritisiert er die Rolle der Türkisch-Islamischen Union der Anstalt für Religion (Ditib), die der Kontrolle der Regierung in Ankara untersteht. Nach dem Konzept der Ditib werde zum Beispiel den hessischen Grundschülern ihre islamische Religion maßgeblich erklärt – aber, so Ourghi, »keineswegs konstruktiv oder kritisch«.[17]

Seine Beobachtungen sollten darüber nachdenken lassen, wie das im *christlichen* Religionsunterricht ist. Nach meinen Informationen höchst unterschiedlich, angefangen mit der Ausbildung der künftigen Religionslehrer an den Hochschulen. Die Erfahrung allerdings, dass junge Menschen von religiösen Lehrern zu gewalttätigen Islamisten gemacht werden, sollte, wie ich meine, auch für den christlichen Religionsunterricht Konsequenzen haben. Nämlich die, dass dort ein Verständnis für historisch-kritische Erkenntnisse und die Wichtigkeit von Ideologie-Kritik vermittelt werden müsste.

Die Lehre von Gott, die Theologie, ist freilich außerhalb der historisch-kritischen Forschung von großer Beliebigkeit. Insbesondere in den USA gebe es mittlerweile Theologien für jede Gemütsverfassung, konstatiert anno 2011 der protestantische Theologe Friedrich Wilhelm Graf. Er macht hierzulande »in der evangelischen Kirche einen Trend zur Infantilisierung des Christlichen« aus, »zu einem Stil religiöser Kommunikation, der sich primär an Kinder und andere vermeintlich Unmündige richtet«.[18] Kinder freilich sind besonders leicht verführbar.

Der Kuschelgott

Ein Christentum für Dummies drückt sich insbesondere in den Aktivitäten der Evangelikalen aus: Sie »Schwimmen und Beten« zum Beispiel mit einer wasserfesten Bibel beim evangelikalen Festival SPRING 2012 im hessischen Willingen. »Sie leben ihre Beziehung zu Jesus gerade in der modernen Eventgesellschaft aus«, schreibt der *Zeit*-Reporter Kilian Trotier.[19] Wobei sie ihre »Beziehung« auf diese Weise verstehen: »Gott ist dir treu, er nimmt dich an die Hand.« Das hat zwar mit dem Handlich-Machen Gottes als »Kuschelgott«, aber nichts mit mündigem Christentum zu tun. Der Historiker Kurt Flasch beschreibt es so: »Religiöse Erfahrungen, als ›Erlebnis‹ interpretiert, verlieren ihre inhaltliche Bestimmtheit.« Die Fronleichnamsprozession in München und Hitlers Parteitage in Nürnberg produzierten gleichermaßen »Erlebnisse«. Es gebe Spezialisten, die wissen, wie man sie herstelle.[20] Euphorie ist die Bezeichnung für das, was die Gemeinschaftserlebnisse auslösen sollen, also ein von körpereigenen Hormonen verursachtes Glücksgefühl. Heute versprechen die Fernsehmacher mehrmals in der Woche »große Gefühle«. Diese entwickeln sich allerdings eher in den Fußballstadien und von dort ausgehend via Bildschirm in den Wohnzimmern als in den Kirchen.

Der Gott der EKD

Judentum, Christentum und Islam werden auch »abrahamitische« Religionen genannt. Der Gott des »Erzvaters« Abraham des Alten Testaments war natürlich auch der Gott Jesu und damit der Christen. Aber auch für Mohammed war Allah (das heißt: »Der Gott«) eben der Gott Abrahams, des Erzvaters, den sich, wie es im Koran heißt, Gott »zum Freund« genommen hatte (Sure 4,124). So beten die Anhänger aller drei Religionen zu ein und demselben Gott. Sollte man glauben. Neuerdings scheint aber (nach Meinung der Evangelikalen) sogar die EKD ihren eigenen Gott zu propagieren.

Im Sommer 2015 hat sich der Rat der EKD, der sich immer wieder zu aktuellen Fragen in sogenannten Grundlagentexten äußert, einen Grundlagentext »Christlicher Glaube und religiöse Vielfalt in evangelischer Perspektive« seiner Kammer für Theologie »mit großer Zustimmung zu eigen gemacht«, so der Ratsvorsitzende Bedford-Strohm. Darin geht es auch um die Frage: Glauben Juden, Christen und Muslime an denselben Gott? Die Antwort der Kammer: Diese Auffassung sei »eine Abstraktion, die von allem absieht, worauf es in Judentum, Islam und Christentum konkret ankommt. Leere Abstraktionen helfen nicht weiter.«

V. Das Konzept Gott

Dem widerspricht der in Münster lehrende anglikanische Theologe Perry Schmidt-Leukel.[21] Schmidt-Leukel betont, wie auch ich in diesem Buch, dass es in allen drei »Offenbarungsreligionen« nicht um Gott, sondern um *Gottesbilder* geht: »Das Gottesbild Jesu war auch nicht trinitarisch. Aber wir wollen wohl nicht sagen, dass er an einen anderen Gott glaubte als die Christen.« Das ist eine sehr wichtige Überlegung, die aber in den Kirchen nach zweitausend Jahren noch nicht angekommen ist. Ein weiterer Kerngedanke des Theologen Schmidt-Leukel in dem genannten Aufsatz, den, wie ich meine, eine aufgeklärte Kirche akzeptieren sollte, ist dieser: »Wenn alle Religionen es wirklich ernst nähmen, dass Gott auch der Gott der anderen ist, dann gäbe es keinen Grund mehr, nach der Überwindung anderer Religionen zu trachten ... Wer dagegen Gott exklusiv engführen will auf die eigene Tradition, der setzt letztlich sein eigenes Gottesbild absolut. Das ist schlicht Götzendienst.«

In diesem Sinne kann man freilich auch die deutschen Evangelikalen als »Götzendiener« verstehen. Sie empören sich zum Beispiel lautstark darüber, dass ausgerechnet der ihnen so wohlgesinnte EKD-Ratsvorsitzende Bedford-Strohm, zusammen mit Vertretern aller drei abrahamitischen Religionen (also Judentum, Christentum und Islam), im Kuratorium des Münchner Forums für Islam (MFI) Platz genommen hat; einer Institution, die nach ihrer Satzung »dem Islam als friedlicher und an den Werten eines freiheitlichen modernen Rechtsstaates orientierten Religion verpflichtet ist«. Das Zentralorgan der Evangelikalen, idea, zitiert auch hier wieder die bekannten evangelikalen Berufs-Bekenner wie Ulrich Rüß, der durch den Ratsvorsitzenden bereits das Bischofsamt beschädigt sieht, oder Andreas Späth (Windsbach, Bayern), der es »ungeheuerlich« findet, »dass ein auf Schrift und Bekenntnis ordinierter Theologe eine Organisation unterstütze, die den Gott der Christen nicht anerkenne«.[22]

VI. Falsche Hoffnungen

Hans-Martin Gutmann, protestantischer Theologe an der Universität Hamburg mit dem Schwerpunkt Homiletik – das ist ein Theoretiker der Predigt – stellt eine Frage, die mindestens so alt ist wie das Alte Testament: »Greift Gott ein?«

Das Neue Testament zitiert den gekreuzigten Jesus mit dem das Gegenteil beklagenden Ausruf aus dem 22. Psalm: »Mein Gott, mein Gott, warum hast Du mich verlassen?« Gutmann fragt: »Ist der Gott der Bibel ein Gott, der eingreift?«[1] und er antwortet sich selbst: »Ja. Nach allen biblischen Erzählungen: ja«. Der Beweis: »Gott hat sein Volk aus Fronarbeit und Unterdrückung befreit.« Gemeint ist die im Buch Exodus des Alten Testaments aufgezeichnete Geschichte vom Auszug der Kinder Israels aus Ägypten ins »Land Kanaan«, der Gründungsmythos Israels.

Dummerweise hat dieser Auszug aber so nie stattgefunden. »Die Schlußfolgerung, daß der Auszug sich weder zu der in der Bibel beschriebenen Zeit noch in der darin geschilderten Weise ereignet hat, ist unwiderlegbar ...«[2] Archäologische Befunde zeigen vielmehr: »Die meisten Israeliten kamen nicht von außen nach Kanaan – sondern aus seiner Mitte heraus ... Die frühen Israeliten waren – ein Gipfel der Ironie – selbst ursprünglich Kanaanäer.«[3] Auch dieses Beispiel zeigt, wie »kindisch« manche theologische Aussagen heute immer noch sind. Und wie unkritisch Uraltvorstellungen übernommen werden.

Im O-Ton des EKD-Ratsvorsitzenden Bedford-Strohm vor der Synode am 2. Mai 2015 hört sich das so an: »Als Christen stellen wir uns hinein in die Geschichte Gottes mit seinem Volk, wie sie in den Texten des Alten und Neuen Testaments beschrieben wird. Als Christen sagen wir: Ja, wir sind selbst Fremdlinge gewesen in Ägyptenland und unser Gott hat uns befreit.«

VI. Falsche Hoffnungen

Der Bischof nennt das »theologische Reflexion unseres Umgangs mit Flüchtlingen« und verwendet dazu den in der Tat wunderbaren Text aus dem Buch Exodus des Alten Testaments (Ex 23,9): »Fremdlinge sollt ihr nicht unterdrücken; denn ihr wisset um der Fremdlinge Herz, weil ihr auch Fremdlinge in Ägyptenland gewesen seid.« Die Bibel ist allerdings meiner Meinung nach *kein* Edel-Steinbruch für Argumente in einem politischen Diskurs.

Die Idee einer Heilsgeschichte

Dazu gehört zum Beispiel die Vorstellung der »Gefolgschaft« der Hebräer ihrem Gott gegenüber, analog zum Verhältnis von Herrscher und Untertanen in vordemokratischen Zeiten. Daraus entwickelte sich das Bild der »Heilsgeschichte« des Volkes Israel als Gottesvolk. Die letzten fast zweitausend Jahre lang war es freilich – aus christlich begründetem Antisemitismus entwickelt – eine Unheilsgeschichte mit schaurigem Höhepunkt im Nationalsozialismus.

Die protestantische Kirche hat den schon von dem Theologen Rudolf Bultmann abgelehnten Gedanken der »Heilsgeschichte« auf eine mich empörende Weise neu gedeutet: Gott habe seinen Bund mit Israel gekündigt. Das neu erwählte Volk sei das Christentum. 1948 erklärte der »Bruderrat« der EKD, eine Nachfolgeorganisation der anti-nationalsozialistischen Bekennenden Kirche: »Indem Israel den Messias kreuzigte, hat es seine Erwählung und Bestimmung verworfen.« Israels Schicksal sei eine dauerhafte Warnung an alle Christen, Gottes Willen zu achten.[4] Diese sogenannte Substitutions-Theorie war in Deutschland noch in den 1970er-Jahren Stand theologischer Hochschullehre. Heute ist diese Theorie immer noch eine theologische Position, wenn auch die einer Minderheit. Sie unterscheidet sich in der Tendenz nicht von dem Gedanken der »Karfreitagsfürbitte« in der Fassung des Papstes Benedikt XVI. aus dem Jahre 2008, mit der Bitte um »Erleuchtung der Juden zur Erkenntnis Christi«.

Immerhin hat die Synode der EKD angefangen, sich vom Antisemitismus Martin Luthers zu distanzieren. Ursprünglich wollte der Reformator die Juden »zum Christusglauben reizen«. Er versuchte das im Jahre 1523 mit seiner Schrift »Daß Jesus Christus ein geborener Jude sei«. Als ihm dies nicht gelang, folgten die Pamphlete »Wider die Sabbather«, 1538, und 1543 »Von den Juden und ihren Lügen«. Das hatte anhaltende Wirkung. Der Thüringer Bischof Martin Sasse gab 1938 zum Geburtstag Luthers am 10.11. eine Extraauflage dieser Hetzschrift heraus und triumphierte: »Am 10. November brennen in Deutschland die Synagogen. In dieser Stunde muss die Stimme des Mannes gehört werden, der der Warner seines Volkes wider die Juden geworden ist.«[5] In einer »Kundgebung« der Synode in Bremen im November 2015 räumten die Delegierten ein, es »konnte Luther im 19. und 20. Jahrhundert für theologischen und kirchlichen Antijudaismus sowie politischen Antisemitismus in Anspruch genommen werden.«[6] Wie das Zitat des Bischofs Sasse zeigt, »konnte« Luther nicht nur für Antisemitismus in Anspruch genommen werden, sondern wurde es auch. Das muss leider in diesem Buch auch gesagt werden, wenn andererseits der Reformator als Mann der Aufklärung in Anspruch genommen wird.

Die Errichtung des Staates Israel wird heute im Protestantismus (allerdings nicht unumstritten) als »Zeichen der Treue Gottes gegenüber seinem Volk« gedeutet. Das erscheint mir absurd. Man könnte fragen, was denn dann der Holocaust war, Ausdruck von Gottes Untreue? Ich bin sicher: Der Geschichte kann man generell nicht deutend einen Sinn unterstellen, wenngleich natürlich Aufgabe der Historiker ist, sie zu erklären.

Die Gründung des Staates Israel als Ausdruck neuer Hoffnung trotz des Holocausts ist zumindest für die unmittelbaren Nachbarn jedenfalls keine Heilsgeschichte geworden. Auch insofern ist es ein fragwürdiges Bild, von »Gottes Allmacht« zu sprechen. Ich möchte diese Vorstellung wie Präses Schneider als »eine Vertrauens- und Hoffnungsaussage«

deuten – in dem historischen Wissen, wie falsch das schlichte Bild von Gott als dem Weltlenker ist.

Jesus hat, wenn die biblischen Berichte zutreffen, trotz seiner Verzweiflung gebetet. So tun dies die Christen wie die Juden und die Muslime. Und das ist offensichtlich gut so. Man kann das Beten auch so verstehen, wie der Apostel Paulus im ältesten seiner Briefe, dem ersten Brief an die Thessalonicher allgemeiner formuliert hat (1. Thess 5,21): »Prüft aber alles, und das Gute behaltet.« Das heißt nicht, dass es irgendwelche Beweise für ein Eingreifen Gottes in diese Welt gibt, in der die Naturgesetze gelten. Selbstverständlich kann und darf jedoch der Glaubende sein Leben als »in Gottes Hand« verstehen, also betend auf Gott hoffen. Aber eine theologische Lehre vom Eingreifen Gottes in der Welt kann nicht mit Fakten belegt werden. Trotz aller Bemühungen, zum Beispiel einen objektiven Beweis dafür zu finden, dass das Gebet für einen Kranken gesundheitsförderlich sei. Auch hier gilt: Der Mensch hat keinen Sinn für den Zufall.

Deshalb glauben Menschen nicht nur an Horoskope, sondern auch an die millionenfach vermarkteten »Losungen der Herrnhuter Brüdergemeine«; Sätze aus der Bibel, denen, obwohl sie aus dem Zusammenhang gerissen und für den jeweiligen Tag ausgelost werden, individuelle Gültigkeit zugesprochen wird.

Der von mir hoch verehrte Initiator des »Kreisauer Kreises«, der mit anderen Widerstandskämpfern über die Zeit nach Adolf Hitler nachgedacht hatte und deshalb umgebracht wurde, Helmuth James von Moltke, schrieb am 21. Januar 1945 aus dem Gefängnis an seine Frau Freya, er habe sich ein einziges Mal die Losung des Tages der Herrnhuter Brüdergemeine geben lassen, und zwar für diesen Tag. Es war dies ein Text aus dem alttestamentarischen Buch Richter (6,23/24), der von der Berufung des Gideon zum Richter der Hebräer handelt: »Aber der HERR sprach zu ihm: Friede sei mit dir! Fürchte dich nicht, du wirst nicht sterben ...« Moltke, der bereits zum Tode verurteilt war, schrieb seiner Frau, tief bewegt von dieser Losung: »Ich kann mich aber doch nicht einfach hinstellen und sagen: Das ist alles Zufall. Das ist doch unmöglich.« Zwei Tage später, am 23. Januar, wurde Helmuth von Moltke hingerichtet.

Keine Gerechtigkeit

Zu den unkritisch übernommenen Vorstellungen gehört auch die bereits alttestamentarische Idee der Gerechtigkeit Gottes. Der frühere Bundeskanzler Helmut Schmidt sprach aus, was wohl die meisten Menschen gerade nach den Erfahrungen im 20. Jahrhundert so sehen dürften: »Das Wort von der Gerechtigkeit Gottes habe ich nie verstehen können. Ich halte es für absurd.«[7] »Gott« wird auch hier sehr menschlich interpretiert. Und die Idee einer Heilsgeschichte, welche die Christen von den Juden übernommen haben, ist eben nur ein schönes Bild. Präses Schneider sagte: »Dennoch können wir Geschichte theologisch interpretieren und darin Gottes Handeln wahrnehmen.«[8]

Dieses »Wahrnehmen« ist, betone ich, immer ein fehlinterpretierbares *Deuten*. Der fromme Reichpräsident Hindenburg bemühte sich einst auf seine Weise um die Deutung der Zukunft. Am 28. Januar 1933 sagte er zu dem soeben zurückgetretenen Reichskanzler Schleicher, bevor er Adolf Hitler zum Kanzler des Deutschen Reichs ernannte: »Nun wollen wir mal sehen, wie mit Gottes Hilfe der Hase weiterläuft.« Die Deutung des Berliners ist einfach: »Sowat kommt von sowat.« Dabei weiß er aber auch nicht die Konsequenzen zufälliger Ereignisse einzuschätzen, denn sie sind eben zufällig, und der Mensch hat keinen Sinn für den Zufall.

VII. Jesu Tod und die Folgen

Die zentrale christliche Botschaft, wie sie der Apostel Paulus auf seinen Missionsreisen im Römischen Reich verkündet hat, ist die einer leiblichen Auferstehung Jesu. Als Naturwissenschaftler irritiert mich die Art und Weise, wie Theologen *unserer Zeit* mit dem Ostergeschehen umgehen, oder passender gesagt: herumeiern. So beschreibt Udo Schnelle, Neutestamentler an der Universität Halle-Wittenberg, in seiner ›Theologie des Neuen Testaments‹[1] zunächst richtig, die »Subsumierung des Wahrheitsbegriffes unter die rationale Methodik der herrschenden Wissenschaften veränderte fundamental die Wahrnehmung biblischer Texte« – um dann zu versuchen, »Auferstehung als Transzendenzgeschehen verständlich zu machen.« Schnelle meint, die »Probleme können nicht dadurch gelöst werden, dass die Rückfrage nach der Auferstehung Jesu Christi von den Toten für historisch unmöglich oder theologisch illegitim erklärt wird.« Und weiter: »Historisch lassen sich die Erscheinungen und das ihnen vorausgehende Auferstehungsgeschehen nicht erweisen, zugleich aber auch nicht ausschließen.« Das ist, meine ich, auch keine notwendige *historische* Aufgabe. Die leibliche Auferstehung Jesu ist schlicht *biologisch* unmöglich, wenn man akzeptiert, dass in dieser Welt die Naturgesetze gelten. Diese kennen wir zwar längst nicht vollständig. Aber hier gilt gewiss der altbekannte 2. Hauptsatz der Wärmelehre: Mit dem Tod treten irreversible Prozesse ein, die nicht umkehrbar sind.

Mit diesem Wissen müsste auch die Aussage einer leiblichen Auferstehung Jesu von den Toten theologisch reflektiert werden. Natürlich nicht so, wie in der *Siegener Zeitung* dargestellt: »*Auferstehung kann man üben, Pfarrer lud zum Probeliegen im Grab.*«[2] Der evangelische Theologe Gerd Lüdemann von der Universität Göttingen leistet die Arbeit der Reflexion. Als Ergebnis sorgsamer historisch-kritischer Erforschung der biblischen Texte bestreitet er öffentlich die leibliche Auferstehung Jesu von den Toten. Folge: Die Kirche setzt sich nicht etwa mit Lüdemanns Erkenntnissen auseinander, die seine Fachkollegen weitgehend teilen. Vielmehr wurde der Forscher, nachdem er die Ergebnisse seiner Forschung öffentlich gemacht hatte, von seiner Landeskirche gemaßregelt. Da er Beamter ist, konnte er zwar nicht abgesetzt werden. Sein theologischer Lehrstuhl wurde aber in einen für »Geschichte und Literatur des frühen Christentums« umgewandelt. Angehende Pfarrer darf Lüdemann nicht mehr ausbilden. Der damalige Bischof der evangelischen Landeskirche von Berlin-Brandenburg und spätere Ratsvorsitzende der EKD, Wolfgang Huber, hielt das für völlig gerechtfertigt: »Wenn einer als Christ Theologieprofessor wurde und eines Tages meint, er könne nicht mehr Christ sein, ist es nur konsequent, wenn er auch nicht Theologieprofessor bleibt.«[3] Umgekehrt aber durfte und darf in der Evangelischen Kirche bis in höchste Ämter aufsteigen, wer erkennbar historisch-theologisch ungebildet oder intellektuell von schwacher Kraft ist.

Der Ex-Bischof von Lübeck und Neutestamentler Ulrich Wilckens behauptet zum Beispiel in einer »Theologischen Wegweisung« mit Gleichgesinnten, es könnten »weder historische noch naturwissenschaftliche Argumente die Auferstehung ernsthaft infrage stellen«.[4] Der Aberglaube ist auch in der Evangelischen Kirche in Deutschland noch virulent.

Lüdemann ist kein Außenseiter in der theologischen Forschung. Es zeigt sich aber wieder einmal, dass noch immer gilt, was 1959 der Göttinger Neutestamentler Hans Conzelmann schrieb: »Die Kirche lebt praktisch davon, daß die Ergebnisse der wissenschaftlichen Leben-Jesu-Forschung in ihr nicht publik sind.« Dabei weiß sogar der katholische Theologe Bernd Jochen Hilberath, Dogmatiker an der Universität Tübingen, die Auferstehung dürfe nicht als »Wiederbelebung eines Leichnams« verstanden werden. Christen seien nicht verpflichtet, an ein leeres Grab zu glauben.[5]

Der Glaube an das Absurde

Credo quia absurdum, »Ich glaube, weil es widersinnig ist«, dieser Satz wird dem Traktat-Literaten Tertullian (ca. 150 bis nach 222 n. Chr.) zugeschrieben. Tatsächlich bezog er sich auf die Aussage, Jesus, der Sohn Gottes, sei von den Toten auferstanden, und erklärte: *Prorsus credibile est quia ineptum est* – »Es ist gerade deshalb glaubwürdig, weil es unmöglich ist«. Über das viel bekanntere »Credo quia absurdum« sagt der Ratsvorsitzende der EKD, Nikolaus Schneider (Haus Villigst, 25. 8. 2011): Dieser Satz »ist der Tod der Theologie, der Super-GAU für den Glauben und eine Katastrophe für die Kirche.« Ich stimme ihm zu, meine aber, dass die herkömmliche Glaubenspraxis nach wie vor mit dem Tertullian-Satz beschrieben werden kann. Ich beklage also, dass die Erkenntnis Schneiders nicht zu Konsequenzen für die kirchliche Lehre führt. Der Chefredakteur des evangelischen Magazins *chrismon,* Arnd Brunner, schreibt zum Beispiel: »[Der Evangelist] Lukas hat sich die Pfingstszene in der Apostelgeschichte ausgedacht und die Bethlehemgeschichte am Beginn seines Evangeliums ebenso. Beide sind sie historisch nicht belegt. Und dennoch sind sie wahr.«[6] Also doch: Credo quia absurdum!

Die Kirchen verbreiten, wie ich zu zeigen versuche, Legenden ohne *adäquate* Deutung. Damit sind sie zweitausend Jahre lang mehr oder minder gut durchgekommen. Ich hoffe, das reicht heute wenigstens den Nachdenklichen nicht mehr. Wenn nämlich einmal eine Erkenntnis in die Welt gesetzt worden ist, gibt es kein Zurück mehr, selbst wenn dieser Erkenntnis zuwider gelebt oder gehandelt wird. Die Erkenntnis, dass sich die Erde um die Sonne dreht und nicht, wie jahrhundertelang angenommen, die Sonne um die Erde, *konnte* auch die katholische Kirche nicht auf Dauer unterdrücken.

VII. Jesu Tod und die Folgen

Die Deutung als Opfer

Jesus wurde im Interesse der jüdischen Tempelherrscher deshalb von den Römern gekreuzigt, weil er das im Judentum seiner Zeit übliche und für den Tempel in Jerusalem lukrative Geschäft des Tieropfers geißelte und nach biblischer Darstellung die Händler gewaltsam aus dem Tempel vertrieb. Insofern ist es schon besonders merkwürdig, dass der Apostel Paulus den Tod desjenigen, der öffentlich *gegen* den Opferkult aufgetreten war, selbst als Opfer für die Sünden der Menschheit deutete.

Paulus rühmte Gott, der »auch seinen eigenen Sohn nicht verschont hat, sondern hat ihn für uns alle dahingegeben« (Römer 8,32). Er wiederholt damit eine Formulierung aus dem Buch Genesis. Auf Gottes Befehl wollte danach Abraham seinen eigenen Sohn opfern. Im letzten Augenblick hielt ihn »der Engel des HERRN« zurück, »denn nun weiß ich, daß du Gott fürchtest und hast deines einzigen Sohnes nicht verschont um meinetwillen (1. Mose 22,11–12). Seither gehört Jesu »Opfertod« zu den zentralen Elementen christlichen Rituals. Jesus wurde zu »Gottes Lamm, das der Welt Sünde trägt« (Joh 1,29).

Besonders absurd wird der Gedanke des Opfertodes Jesu, wenn man das Bild einer Trinität Gottes als Vater, Sohn und Heiliger Geist ernst nimmt. Da Jesus Christus zugleich »wahrer Gott« ist, wie es im Glaubensbekenntnis heißt, verlangt Gott seine Selbsttötung (in seiner Eigenschaft als Christus), um (mit sich selbst) »versöhnt« zu sein. Und das zur »Erlösung« der Menschheit. Was ist das eigentlich, Erlösung? Der Apostel Paulus versteht Erlösung als Freikauf. Und Jesus zahlte mit seinem Blut das Lösegeld. Kurt Flasch erinnert daran: »Die Metapher des Freikaufs stammt vom Sklavenmarkt.«

Im Sommer 2008 stand in der Nordelbischen Evangelisch-Lutherischen Kirche die Wahl des Bischofs für den Sprengel Schleswig an. Zur Wahl stand auch der Probst Horst Gorski. Dieser hatte in seiner Karfreitagpredigt anno 2006 gesagt: »Der Tod Jesu war nicht notwendig, damit Gott sich mit uns versöhnt und uns vergibt. Die Behauptung einer solchen Notwendigkeit ist eines der größten Missverständnisse der christlichen Geschichte.« Ein Pfarrer mit solchen Ansichten dürfe nicht Bischof werden, dekretierte Ulrich Wilckens in einem »Aufruf zur Bischofswahl«. Gorski wurde es dann auch nicht. Stattdessen wurde Probst Gorski zum Ärger der Evangelikalen am 1. Mai 2015 ein hoher Kirchenbeamter der EKD und zugleich der Vereinigten Evangelisch-Lutherischen Kirche Deutschlands (VELKD).

Die Vorstellungen vom Opfertod Jesu gehören noch immer zum gesellschaftlich akzeptierten Aberglauben, auch wenn die theologische Kritik am Mythos vom Lamm Gottes, das die Sünde der Welt trägt, allmählich sogar in manchen protestantischen Kirchengemeinden hierzulande angekommen ist.

Der gewissenlose Gott

Was ist das für ein grausamer Gott, der nach Blut giert? Nach den Vorstellungen biblischer Autoren kennt er kein Gewissen, und nach dem Vorbild antiker Herrscher verlangt er Gehorsam um jeden Preis. In der Tat hatte man damals das Gewissen noch nicht entdeckt. Und deshalb konnte auch der Gott der Bibel kein Gewissen haben. Genau genommen entdeckte erst Martin Luther das Gewissen. In sämtlichen freiheitlichen Verfassungen seit 1848 gilt das humanistische Ideal der Gewissensfreiheit. Die Kirchen rühmen jedoch immer noch die Gewissenlosigkeit eines Gottes, der »seinen eigenen Sohn nicht verschont hat«. Und die christlichen Fundamentalisten wollen nicht erkennen, dass es Menschengeist ist und nicht Gottesgeist, der aus jenen biblischen Gottesbildern bis in unsere Zeit hinüberweht.

Verlangte doch im 20. Jahrhundert auch ein Adolf Hitler den Opfertod »für Führer, Volk und Vaterland«. Sein (wie auch Hitler) katholisch sozialisierter Reichspropagandaminister Josef Goebbels wollte die Deutschen in den »Totalen

Krieg« ziehen sehen »wie in einen Gottesdienst«. Das ist bei Katholiken die Messe mit dem Blutopfer Jesu im Zentrum.

Zumindest ein Prophet des Alten Testaments hatte freilich auch das Bild eines Gottes erkannt, der nicht nur der ist, der über die Jahrhunderte hinweg von seinen Deutern als zornig und blutrünstig beschrieben wurde. So formuliert der Prophet Hesekiel (Ezechiel) im 6. vorchristlichen Jahrhundert (Ez 33,11): »Der Sohn soll nicht tragen die Schuld des Vaters und der Vater soll nicht tragen die Schuld des Sohnes.« Das hört sich ganz anders an als in den Zehn Geboten im 2. Buch Mose, wo es heißt, der HERR sei »ein eifernder Gott, der die Missetat der Väter heimsucht bis ins dritte und vierte Glied an den Kindern« (Ex 20.5) – oder gar die Vorstellung des Paulus von einer mit dem verbotswidrigen Verzehr eines Apfels vom Baum der Erkenntnis durch Adam im Paradies entstandenen »Erbsünde«. Ezechiel zitiert seinen Gott sogar gewissermaßen jesuanisch mit dem Satz: »Ich habe kein Gefallen am Tode des Gottlosen, sondern dass der Gottlose umkehre von seinem Wege.« Sogar selbstkritisch ist der Gott des Propheten gegenüber seinen eigenen Gesetzen für das Volk der Hebräer, in dem er zugibt: »gab auch ich ihnen Gebote, die nicht gut waren, und Gesetze, durch die sie kein Leben haben konnten ...« (Ez 20,25).

Eucharistie und Abendmahl

Bei der Feier der Eucharistie essen und trinken die Katholiken Hostie und Wein, als »Leib« und »Blut« Jesu; ein im Grunde grausliches Ritual. Der Vorsitzende der Deutschen Bischofskonferenz, Robert Zollitsch, fand sogar: »Deutschland ist durch die heilige Eucharistie ein gottverbundenes Land.«[7]

Nur ein Mann, der geweihter Priester ist, darf die Eucharistie vollziehen. Ein Witz deutet an, wie wenig selbstverständlich dies für historisch denkende Menschen ist:»Warum dürfen Frauen nicht Priester werden? Weil beim letzten

Abendmahl keine Frauen dabei waren. Beim letzten Abendmahl waren aber auch keine Polen dabei ...«

Immerhin hat der Dogmatiker und spätere Regensburger Bischof Gerhard Ludwig Müller, nunmehr Präfekt der Glaubenskongregation im Vatikan, im Jahre 2002 in seinem Buch »Die Messe – Quelle christlichen Lebens« davor gewarnt, das Altarsakrament als »Leib und Blut« zu bezeichnen, sonst würde man meinen, »Fleisch und Blut stünden hier für die physischen und biologischen Bestandteile des historischen Menschen Jesus«. Es sei »auch nicht einfach der verklärte Leib des auferstandenen Herrn gemeint«.

Für die Protestanten ist das Abendmahl heute, wie für die Reformierten schon immer, eher eine Gedächtnisfeier; auch wenn Martin Luther einst die Bestandteile des Mahles als »der wahre Leib und Blut unsers Herrn Jesu Christi«[8] bezeichnet hat. Erst nach Jahrhunderte dauerndem, oft gewaltsamem Streit über die Deutung des Abendmahls verpflichteten sich Lutheraner und Reformierte im Jahre 1973 in Leuenberg bei Basel zur protestantischen Abendmahlsgemeinschaft.

Die »Einsetzungsworte« des Abendmahls stehen zwar in den Evangelien als von Jesus selbst gestiftetes Ritual. Doch wissen die historisch-kritisch arbeitenden Neutestamentler längst: »Die Einsetzungsworte gehen weder auf den irdischen Jesus zurück noch waren sie fester Bestandteil der frühchristlichen Mahlliturgien.« So der protestantische Berliner Neutestamentler Jens Schröter.[9]

Das Abendmahl (katholisch: die Eucharistie) zu feiern, ist bis in die heutige Zeit für viele Christen Mittelpunkt ihres Glaubens. Insbesondere der protestantische Theologe Klaus-Peter Jörns verlangt aufgrund genauer historisch-kritischer Studien den »Abschied vom Verständnis der Hinrichtung Jesu als Sühneopfer und von dessen sakramentaler Nutzung in einer Opfermahlfeier«.[10] Er weist unter anderem darauf hin, dass in einer sehr frühen Kirchenordnung, der »Lehre der Apostel« (griechisch *Didaché*) um die Wende vom 1. zum 2. Jahrhundert die Mahlfeier eine ganz andere war als heute. Die frühe Mahlfeier habe sich eng an das Ritual des jüdischen Festmahls angelehnt. Sie könne als Ur-Eucharistie bezeichnet werden, weil sie, so Jörns, »im Wesentlichen aus eucharistischen, also lobpreisenden Dank-Gebeten besteht, die über Wein und Brot gesprochen werden. Ein Bezug zu Jesu Sterben und Tod oder gar von Brot und Wein zu ›Leib‹ und ›Blut Christi‹ wird nicht hergestellt. Die Mahlfeier ist mit einer richtigen Mahlzeit verbunden. Aber es gibt keinen ›Einsetzungsbericht‹.« Jörns schlägt vor, die Abendmahlsfeier ohne die Opfervorstellungen »als Feier der Lebensgaben Gottes zu gestalten«.[11] Wenn allerdings der Gottesdienst-Besuch vor allem in den evangelischen Kirchen weiter so rasant wie bisher abnimmt, wird auch das Ritual des Abendmahls alsbald keine Rolle mehr spielen.

Die biblische Spur der Menschenopfer

Menschenopfer für und durch die Gottheit sind ein archaischer Brauch, der in den biblischen Büchern deutliche Spuren hinterlassen hat. So kündigte nach der Darstellung des biblischen Buches Exodus Gott dem Mose an (2. Mose 11,5): »alle Erstgeburt in Ägyptenland soll sterben, vom ersten Sohn des Pharao an, der auf seinem Thron sitzt, bis zum ersten Sohn der Magd, die hinter ihrer Mühle hockt ...« Aus den Menschenopfern wurden einerseits Tieropfer. So gab sich Gott, wie im 1. Buch Mose aufgezeichnet wurde, am Ende statt des zunächst von ihm geforderten Opfertodes des Sohnes Isaak von Erzvater Abraham, mit dem Opfer eines Widders zufrieden. Andererseits wurde der erstgeborene Sohn im Laufe der Zeit zwar nicht mehr Gott geopfert, aber kastriert, woraus dann im weiteren Verlauf das für alle männlichen Kinder verbindliche Ritual der Beschneidung, des Entfernens der Vorhaut, wurde.

Im Alten Testament ist es (zumindest auch) ein Ritual der Gewalt. Das Buch Samuel berichtet dies aus dem Leben des späteren Königs David, der um 1000 v. Chr. in Jerusalem regierte (Samuel 18, 27):»Da machte sich David auf und zog hin mit seinen Männern und erschlug unter den Philistern zweihundert Mann. Und David brachte ihre Vorhäute dem König in voller Zahl, um des Königs Schwiegersohn zu werden. Da gab ihm Saul seine Tochter Michal zur Frau.« Ein bizarrer Brautpreis! Die Philister (Palästinenser) waren übrigens schon in der Darstellung der Bibel die Erzfeinde der Juden.

Das Ritual der Beschneidung wird im Judentum und im Islam immer noch gepflegt. Es ist allerdings im Juni 2012 vom Landgericht Köln als »Körperverletzung« verboten worden, was die betroffenen Religionsgemeinschaften nicht akzeptieren. Damit wurde freilich eine Diskussion eröffnet, die zwar zu einer gesetzlichen Legalisierung der Beschneidung führte, damit aber nicht beendet ist.

Der Psychoanalytiker Wolfgang Schmidbauer beklagte: »Die Beschneidung der Säuglinge fügt sich in die zahlreichen Versuche der Religionsgemeinschaften ein, möglichst früh bindende Rituale zu vollziehen. Das soll verhindern, dass diese von dem erwachsenen kritischen Geist überprüft und womöglich abgelehnt werden.«[12] Schmidbauer wies auf den Befund seiner Zunft: »Beschnittene Männer berichten in Psychotherapien darüber, dass sie unter dem Gefühl leiden, es sei ihnen ohne ihr Einverständnis etwas weggenommen worden.« Der Historiker Michael Wolffsohn hält die Beschneidung für verzichtbar, wie er dem Deutschlandfunk sagte.[13] Wolffsohn rief die Juden und die Muslime in Deutschland dazu auf, grundsätzlich über ihre Rituale nachzudenken.

Ich meine, er hat Recht. Das müsste freilich auch für die Christen und ihr Opferritual, das Abendmahl, gelten. Als »Einsetzungsworte« werden dabei die Jesus zugeschriebenen Sätze aus dem Markus-Evangelium zitiert (Mk 14,22 und 24): »Das ist mein Leib« und »Das ist mein Blut ...«. Das Lamm als Bestandteil des jüdischen Passah-Mahls, wie es auch Jesus mit seinen Jüngern vor seiner Verhaftung feierte, erinnert an den legendären Auszug der Israeliten aus Ägypten (2. Mose 12): Das Tier sollte auf Weisung Gottes verzehrt, mit seinem

Blut jedoch die Haustüre markiert werden. Gott selbst konnte das im Vorbeigehen sehen, und die Hausbewohner waren so geschützt vor der »ägyptischen Plage«, der Tötung aller »Erstgeburt« unter Mensch und Vieh durch den HERRN. Die christliche Urgemeinde deutete Jesus selbst als »Lamm« und seinen Tod als Opfer wie das des Passah-Lamms.

Ein Verlust an Kultur

Wenn man auf das »Opfermahl« verzichtet, muss man freilich auch eine Konsequenz bedenken: Eine Kirche, die ihre eigenen Theologen ernst nimmt und ablässt von der Vorstellung eines für die Sünden der Menschheit gestorbenen Gottmenschen, verliert auch jene tief in die Kulturgeschichte der Menschheit eingegrabenen, oft wunderbaren Bilder. Die Kirchenlieder und die Bildende Kunst sind von den alten Vorstellungen geprägt: »Christe du Lamm Gottes, der du trägst die Sünd der Welt.« Oder: »Nun, was du, Herr, erduldet, ist alles meine Last; ich hab es selbst verschuldet, was du getragen hast ...« (O Haupt voll Blut und Wunden). Oder: »Es singt der ganze Erdenkreis dem Gottessohne Lob und Preis, der uns erkauft das Paradeis.« (Wir wollen alle fröhlich sein).

Gewiss ist es betrüblich, gehört aber zum Erwachsenwerden, auch liebgewordene Glaubensvorstellungen aufgeben zu müssen. Dazu gehört insbesondere die von dem Apostel Paulus in die Welt gesetzte Vorstellung, Gott habe seinen Sohn Jesus zur Erlösung der Menschheit von ihren Sünden geopfert. Wenn man die Erkenntnisse der Theologen aber ernst nimmt, dann haben zum Beispiel die Texte der Kirchenlieder der Passions- und Osterzeit nur noch die Qualität der Opern-Texte von Richard Wagner. Und das schmerzt, wenn man diese Kirchenlieder liebt, was auch für mich gilt.

Noch gewichtiger als die Vorstellung von einem Opfertod ist der Glaube an eine leibliche Auferstehung des am Kreuz gestorbenen Jesus – als eine Hoffnung für uns Menschen, die wir alle sterblich sind. Für Paulus war dies das Zentrum seines Glaubens. Gegen diese allen Naturgesetzen widersprechende Vorstellung kann ich nur den Jesus von dem Evangelisten Johannes zugeschriebenen Satz zitieren (Joh 8,32): »... und die Wahrheit wird euch frei machen.« Hoffentlich auch dann, wenn die Wahrheit nicht fröhlich stimmen kann.

Die Vergottung Jesu

Karriere machte in der Wahrnehmung der Menschheit Jesus von Nazareth erst nach seinem Tode. Er wurde vom gekreuzigten Verbrecher zu einem Gott. Das Letztere war allerdings in der Antike durchaus nicht unüblich, jedenfalls wenn man zuvor bereits ein römischer Kaiser war. »Die Erhöhung zu göttlichem Status diente einer kognitiven Dissonanzbewältigung.« So deutet es der evangelische Neutestamentler Gerd Theißen psychologisch.[14] Er meint damit: »Die religiöse Dissonanz, die es zu bewältigen gab, war der Widerspruch zwischen den Erwartungen an einen mit messianischer Aura umgebenen Charismatiker und seinem Scheitern am Kreuz.« Die Vergottung Jesu sei zudem als »Gegenentwurf zum Kaiserkult« zu verstehen.

Nun beginnt allerdings bereits das älteste Evangelium, das des Markus, mit dem Satz: »Dies ist der Anfang des Evangeliums von Jesus Christus, dem Sohn Gottes.« Wie sind diese Beschreibungen des Jesus von Nazareth zu verstehen? Das Evangelium ist etwa vierzig Jahre *nach* Jesu Tod um das Jahr 70 entstanden, beschreibt also Deutungen posthum. Der US-amerikanische Theologe Burton L. Mack, von dem noch die Rede sein wird, erklärt: »Selbst die sogenannten ›christologischen Titel‹ (Christus, Herr, Sohn Gottes) waren soziale, gewissen gesellschaftlichen Konzepten und Mythologien entlehnte Rollen. Sie wurden Jesus nicht aufgrund von Vorstellungen über seine persönliche Göttlichkeit zugeschrieben, als wäre es damals eine Sache von großer Bedeutung gewesen, wenn eine Person zu einem Gott wurde.«[15]

Vor wenigen Jahren besuchte ich eine Veranstaltung in der Münchner Staatsoper. Es ging um den Tod. Ein Professor für Alte römische Geschichte beschrieb uns das Schauspiel der Vergottung römischer Kaiser: Auf der Spitze des Scheiterhaufens für den kaiserlichen Leichnam sitzt angekettet ein Adler, der »Seelenvogel« und Symbol für den nunmehr zu vergöttlichenden Kaiser. Wenn der Brand auflodert, wird der Adler mit einem technischen Trick freigelassen, und mit ihm steigt symbolisch die Seele des Kaiser-Gottes zum Himmel empor. Auch die Vergottung Jesu und seine Himmelfahrt waren für die Zeitgenossen sozusagen ganz natürlich.

Ich nehme den Gedanken wieder auf, dass der Mensch immer auch »von gestern« ist, das heißt, in der Welt und im Weltbild seiner Vorfahren lebt. Wenn Jesus heute gestorben wäre, käme niemand auf die Idee, Behauptungen, er sei vom Tod auferstanden und seinen Anhängern erschienen, ernst zu nehmen. Vor zweitausend Jahren war eine solche Vorstellung jedoch nicht ganz ungewöhnlich. Die Evangelisten berichten davon, dass Jesus auch Tote wieder lebendig gemacht habe: die Tochter eines Synagogen-Vorstehers, des Jairus, und den Lazarus aus Betanien. Das war nicht außerhalb der damaligen Vorstellungwelt. Heute ist das weitgehend anders. Allerdings glauben weltweit rund 14 Millionen Mormonen, unter ihnen als Prominentester der US-amerikanische Republikaner Mitt Romney, das Jesus kurz nach seiner Auferstehung auch in Amerika tätig war. So behauptete es der Sektengründer Joseph Smith (1805–1844). Vielleicht meint man, wenn Jesus posthum nach Emmaus gekommen ist, wie der Evangelist Lukas vermeldete (Lk 24,15), warum dann nicht auch gleich bis Amerika? Über Wasser konnte er ja bekanntlich gehen (Mt 14,25).

VIII. Die Begründung der Fundamente

Die Deutung und Bedeutung Jesu

Das Fundament des Christentums ist die Bibel mit dem Alten und dem Neuen Testament. Mir liegt völlig fern, die Bedeutung Jesu kleinzureden, im Gegenteil: Sein Gottesbild hat den Menschen seit zweitausend Jahren geholfen, an einen Gott zu glauben, der den Menschen Gutes will. Und Jesus hat uns zugleich ein Bild von unseren Mitmenschen entwickelt, ohne das es keine Nächstenliebe, keine Gleichberechtigung zwischen Mann und Frau, keine Menschenwürde unabhängig von Herkommen und Stand gäbe, keine Hoffnung auf Vergebung von Schuld. Das Beste, wozu Menschen imstande sind, hat seine Wurzeln im Gottes- und Menschenbild, das Jesus uns vermittelt hat. Dazu gehört auch die Hoffnung, dass unser individuelles Leben, unabhängig von unseren eigenen Leistungen, einen Wert hat und der Tod nicht das Letzte ist.

Was die Person Jesus angeht, so war er selbstverständlich auch Kind seiner Zeit und lebte ebenfalls in den Bildern seiner Zeit, die er nicht nur durch bessere ersetzt, sondern zum Teil auch angenommen hat, Irrtümer eingeschlossen.

Wir kennen Jesus Christus, auf den sich die Christen aller Konfessionen berufen, allein als den *Menschen* Jesus. Doch er ist versteckt hinter all den Deutungen der Verfasser der Schriften des Neuen Testaments. Keiner dieser Evangelisten hat Jesus selbst erlebt. Die durchaus unterschiedlichen Deutungen sind sämtlich davon bestimmt, den frühen Tod von Jesus am Kreuz zu verstehen. Die nachhaltigste Wirkung hat, wie beschrieben, die Deutung in den ältesten Texten des Neuen Testaments, den Briefen des Paulus; die Erklärung nämlich des Todes Jesu als ein Opfer für die Sünden der Menschheit.

»Im Neuen Testament gibt es eine Vielfalt der Theologien,

die an die Vielfalt unserer unterschiedlichen Kirchentypen erinnert (und sie wahrscheinlich auch mit begründet) und die sich in unterschiedlichen Kirchentypen bis heute durchhalten.« So formulierte es am Reformationstag 2000 der damalige EKD-Ratsvorsitzende Manfred Kock in Augsburg. Kock zitierte Martin Luther, der einst in seiner Vorrede zum Jakobusbrief formulierte: »... Was Christum nicht lehret, das ist noch nicht Apostolisch, wenns gleich Petrus oder Paulus lehret.« Damit relativiert Luther, genau genommen, auch die Interpretationen des Paulus. Aber er verabsolutiert zugleich die angeblichen Worte Jesu, die nur zum Teil, und nur mit einiger Wahrscheinlichkeit, Jesus zugeordnet werden können.

Fehldeutungen aus dem Alten Testament

Die Jünger Jesu versuchten nach dessen Tod, indem sie Jesus als *Christus* (den *Messias*, den *Gesalbten*) deuteten, ihn aus ihrer jüdischen Bibel, dem Alten Testament, zu verstehen. Sie interpretierten viele alttestamentliche Texte als Hinweise auf Jesus Christus. Die historisch-kritische Erforschung der Bücher des Alten Testaments zeigt uns heute, dass dies falsch ist.[1] Das hat sich in den christlichen Kirchen jedoch nicht überall herumgesprochen, denn wohl die meisten Pfarrer beachten nicht, was sie als Theologiestudenten gelernt haben. Besonders gerne wird beispielsweise am Heiligen Abend aus dem Buch Jesaja (Jes 9,5–6) der Satz gelesen und als Hinweis auf Jesus gedeutet: »Denn uns ist ein Kind geboren, ein Sohn ist uns gegeben, und die Herrschaft ruht auf seiner Schulter ...« Das ist jedoch *kein* Hinweis auf den zukünftigen Jesus Christus, sondern eine Eloge im Nachhinein auf den in der Bibel als Reformer verehrten König Joschija (Josia) von Juda (638–609 v. Chr.). Zu Zeiten dieses Königs soll wundersamerweise im Tempel in Jerusalem das 5. Buch Mose (Deuteronomium) gefunden worden sein. So berichtet jedenfalls das biblische Buch der Könige (2. Könige, 22). Dessen Inhalt habe den König zu grundlegenden Reformen veranlasst, so zur Abschaffung des Götzendienstes. Allerdings hat bereits 1805 ein gewisser Wilhelm Martin Leberecht de Wette in seiner Doktorarbeit die These entwickelt, das Deuteronomium sei das *Ergebnis*, nicht die Ursache der Reformen Joschijas. Jan Christian Gertz hat 200 Jahre später den »Verdacht« geäußert, dass es sich bei dem Bericht im Buch der Könige »um eine vom Deuteronomium selbst inspirierte Legende zur Legitimation des Deuteronomiums handelt. Archäologische Belege für die einzelnen Reformmaßnahmen gibt es nicht ...«[2] Das alles ist freilich bis heute für die Pfarrer kein Grund, auf den Satz von der Kindsgeburt bei Jesaja am Weihnachtsabend zu verzichten oder ihn wenigstens zu erklären.

Immerhin betonte das Kirchenamt der EKD anno 2012, es sei in der EKD Konsens, dass das Alte Testament »ein Eigenrecht hat und nicht nur und nicht zuerst als Christuszeugnis gelesen werden kann und darf.«

Der Altbischof der »Selbständigen Evangelisch-Lutherischen Kirche« (SELK), Jobst Schöne, wollte in einem Geleitwort zur Neuauflage der Bibel-Übersetzung Martin Luthers mitteilen: »Vom Neuen Testament her lesen und verstehen Christen auch das Alte Testament.«[3] Das wurde ihm von der EKD jedoch vernünftigerweise nicht gestattet. Die Selbständige Evangelisch-Lutherische Kirche hat in Deutschland knapp 34000 Mitglieder, darunter nach eigenen Angaben die Verlegerin Friede Springer, der Zeitschriftenverleger Heinz Bauer sowie die Bundes-Familienministerin der schwarz-gelben Koalition, Kristina Schröder.

Für die SELK sind die lutherischen Bekenntnisschriften von 1580 die einzig gültigen und verbindlichen Auslegungen der Bibel. Die modernen Erkenntnisse der Wissenschaften, von denen Luther und die Kirchen in der Frühzeit der Reformation nicht wissen konnten, spielen da keine Rolle. Die Ordination von Frauen ins Pfarramt lehnen die Selbständigen Lutheraner auch heutzutage immer noch ab. Die historisch-kritische Auslegung der Bibel ebenfalls.

Die biblischen Bücher sind großenteils aus den Weltbildern des alten Orients heraus geschrieben worden, zum Teil

VIII. Die Begründung der Fundamente

allerdings, und das ist das Wunderbare, gründlich neu gedeutet und mit zukunftsmächtiger Wirkung.

Ein Theologen-Streit

Erstaunlicherweise kam es im Frühjahr 2015 zu einem öffentlichen Streit unter deutschen evangelischen Theologen. Es passierte, wenigstens ein bisschen, was ich auch in diesem Buch als dringend nötig einfordere: Die Herren (es sind nur Männer) diskutierten – und dies voller Leidenschaft, allerdings auch voller persönlicher Animositäten, wie das selbst unter Theologen üblich zu sein scheint – über den Rang des Alten Testaments im Lichte historisch-kritischer Forschung. Anlass war ein bereits zwei Jahre alter Aufsatz des protestantischen Theologen Notger Slenczka (Humboldt-Universität Berlin), *Die Kirche und das Alte Testament*.[4] Der Pfarrer Friedhelm Pieper von der Gesellschaft für Christlich-jüdische Zusammenarbeit hatte ihn wohl erst zwei Jahre später gelesen und kritisierte ihn am 7.4.2015 namens des Koordinierungsrates seiner Gesellschaft mit dem Reizwort »antijudaistisch«. Damit provozierte er denn auch prompt das gewünschte Echo.

Slenczka hatte in seinem Aufsatz den seinerzeit hochberühmten Theologen Adolf von Harnack (1851–1930), den Gründer der Kaiser-Wilhelm-Gesellschaft, der Vorgängerin der Max-Planck-Gesellschaft, so zitiert: »Das AT (Alte Testament) insgesamt ist für Harnack Zeugnis einer ethnisch gebundenen Stammesreligion, die in ihren spätesten Zeugen über diese Partikularität hinausgeführt wird; die Universalität des Religiösen ist aber erst in Jesus von Nazareth erfasst und wird im Laufe der Christentumsgeschichte ausgearbeitet.« Notger Slenczka vertritt die Meinung, dass das Alte Testament, wie bereits Harnack vorgeschlagen hatte, »eine kanonische Geltung in der Kirche nicht haben sollte.« Denn es sei »die Identität stiftende Urkunde einer anderen Religionsgemeinschaft«, des Judentums nämlich. »Damit ist aber das AT als Grundlage einer Predigt, die einen Text als Anrede an die Gemeinde auslegt, nicht mehr geeignet: Sie – die christliche Kirche – ist als solche in den Texten des AT nicht angesprochen.« Die Formulierung »ethnisch gebundene Stammesreligion« weckt heute freilich schreckliche Assoziationen. Anders als zu Zeiten Rudolf Harnacks, der überdies den christlich begründeten Antisemitismus seiner Zeit massiv bekämpft hat, etwa den eines Adolf Stoecker, von dem noch die Rede sein wird.

Auch von Notger Slenczka wird die Bedeutung des Alten Testaments natürlich *nicht* in Frage gestellt, sondern »die Selbstbindung der Kirche« an das AT. Auf die öffentliche Kritik differenzierte Slenczka: »Das Alte Testament wird weiter Teil der Bibel sein und im Gottesdienst gelesen werden. Kanonisch sind Texte, die als Richtschnur für das Leben und die Lehre der Kirche gelten, Texte also, die das Evangelium von Jesus von Nazareth verkünden. Kanonisch ist das Alte Testament, weil es Jesus von Nazareth verkündigt. Historisch gesprochen verkündigt das Alte Testament aber nicht Jesus.«[5] Welch feiner Unterschied! Klarer formuliert: der Unterschied zwischen Ideologie und Geschichte.

Wahr ist, dass die Bücher des Alten Testaments ausschließlich von Juden für Hebräer geschrieben wurden. Auch Jesus predigte nicht den Heiden, sondern den Juden. Erst nach seinem Tod begannen von der griechischen Kultur (dem Hellenismus) geprägte Juden aus der christlichen Urgemeinde in Jerusalem, die vor Verfolgung durch Anhänger der Mutterreligion nach Antiochia geflohen waren, dort erfolgreich auch Heiden zu missionieren. Von Antiochia aus, etwa 50 Kilometer nördlich von Jerusalem in der heutigen Türkei gelegen, startete dann der Apostel Paulus zu seinen Missionsreisen und verkündete seine Deutung von Leben und Tod Jesu.

Slenczka versteht sein Fach so: »Die wissenschaftliche Theologie hat selbstverständlich nicht nur das Recht, sondern die Pflicht, die traditionellen dogmatischen Bindungen der Kirche auf ihren Sinn hin zu befragen, zu diskutieren, zu begründen und nötigenfalls sachhaltig zu kritisieren.«

Offenkundig ist das in seiner eigenen Zunft überhaupt nicht »selbstverständlich«. Fünf der 13 Kollegen der Humboldt-Universität, darunter der Kirchenhistoriker Christoph Markschies, immerhin Vorsitzender der Kammer für Theologie der EKD, distanzierten sich von den Auffassungen Slenczkas. Sie seien »theologisch inakzeptabel«. Die fünf betonten in einer Stellungnahme vom 15.4.2015, »dass das Alte Testament in gleicher Weise wie das Neue Quelle und Norm der evangelischen Theologie ist«. Auf die Frage eines Studenten, warum er nicht auf Slenczkas Forderung nach einer öffentlichen Disputation über die Kanonizität des Alten Testaments eingehe, antwortete Markschies: »Über solche Thesen diskutiert man so wenig wie über die These, dass die Erde doch eine flache Scheibe ist.«[6] Der Kronzeuge Slenczkas, Adolf von Harnack, galt noch 1960 als »Glanzgestirn der Kirchengeschichte« seiner Zeit »und der angesehenste Führer der freien Theologie der Wilhelminischen Ära überhaupt«.[7] Ein Glanzgestirn also, kein Flach-Planet!

Der Mythos der drei Tage

Das *Neue* Testament, so begründete einst Rudolf Harnack, bleibe der Kanon für die Kirche, »nicht aus formalen Gründen und nicht mit der formalen Autorität des Buchstabens …, sondern weil sich eine bessere Urkundensammlung für die Bestimmung dessen, was christlich ist, nicht schaffen lässt«.[8]

Die Bücher des Neuen Testaments sind auch als Deutungen der Schriften des Alten Testaments und aus zeitgenössischen Vorstellungen der Urgemeinden heraus entstanden. Ein archäologischer Fund jüngster Zeit belegt das in Gestalt einer beschriebenen Steinplatte aus dem Ende des ersten *vor*christlichen Jahrhunderts sozusagen ganz handfest. Es geht da um einen jüdischen Aufrührer gegen die römischen Besatzer namens Simon, der für die Seinen als Messias galt und der von den Römern hingerichtet wurde. Seine Anhänger schrieben auf die Steintafel: »In drei Tagen [sollst du leben]! Ich, Gabriel, be[fehle] d[ir], Fürst der Fürsten!« Der Ordinarius für neutestamentliche Theologie an der Universität Heidelberg, Peter Lampe, kommentierte das so: »Das Auferstehen eines getöteten Messias nach drei Tagen und seine Himmelfahrt wären somit nicht erst Ideen gewesen, die den Hirnen der ersten Christen entsprangen.«[9] Die Idee von den »drei Tagen« stammt bereits aus dem Alten Testament. Dort heißt es beim Propheten Hosea (6,2), der vermutlich im 8. vorchristlichen Jahrhundert lebte: »Er macht uns lebendig nach zwei Tagen, er wird uns am dritten Tage aufrichten, daß wir vor ihm leben werden.«

Der Mythos der Trinität

Die frühchristliche *Kirche* hat nach deren Kodifizierung zum »Neuen Testament« die biblischen Bücher im Lichte der damals zeitbedingten Vorstellungen interpretiert und insbesondere das altkirchliche Dogma der Trinität Gottes formuliert und durchgesetzt. Keine der Aussagen des auf den Konzilien von Nicäa anno 325 und Konstantinopel im Jahre 381 beschlossenen Glaubensbekenntnisses aller christlichen Konfessionen ist, wie schon erwähnt, heute noch theologisch unumstritten.

Die Trinitätsvorstellung sei »ein Werk des griechischen Geistes auf dem Boden des Evangeliums«, formulierte Adolf von Harnack in seinem Lehrbuch der Dogmengeschichte. Eine Sichtweise, die hundert Jahre später noch immer auf den heftigen Widerspruch Josef Ratzingers stößt, des Papstes Benedikt XVI. Die Abwehr von Harnacks Hellenisierungsthese sei »die theologische Lebensschlacht Ratzingers«, so der katholische Publizist Christian Geyer.[10] Tatsächlich haben sich griechische Philosophie und jüdische sowie die entstehende christliche Theologie beeinflusst. »Es ist ein Prozess der gegenseitigen Angleichung – den man durchaus als Hellenisierung bezeichnen kann«, so die katholische Theologin Theresia Hainthaler.[11]

In den ersten nachchristlichen Jahrhunderten haben sich die christlichen Denker große Mühe gemacht, das »Wesen« Jesu zu deuten. Auch hier zeigt sich für uns heute beispielhaft die Arbeitsweise des Bilder produzierenden menschlichen Gehirns. Wahrnehmung ist, wie Wolf Singer formulierte, ein »hypothesengesteuerter Interpretationsprozess«.

Auf dem Konzil von Chalcedon anno 451 definierten (»bekannten«) die hellenistisch geprägten Denker Jesus als Gott »dem Vater wesenseins (griechisch: homoousios) der Gottheit nach, derselbe auch uns wesensgleich (homoousios) der Menschheit nach, uns in allem ähnlich, die Sünde ausgenommen, vor den Zeiten aus dem Vater geboren der Gottheit nach ... in zwei Naturen unvermischt, unverwandelt, ungetrennt, ungesondert erkennbar, niemals wird der Unterschied der Naturen aufgehoben der Einung wegen, vielmehr wird die Eigentümlichkeit jeder der beiden Naturen bewahrt, auch im Zusammenkommen zu einer Person und einer Hypostase, nicht geteilt oder getrennt in zwei Personen, sondern ein und derselbe eingeborene Sohn, Gott, Logos, der Herr Jesus Christus ...«

Woher wussten die Herren das, möchte man gerne wissen. Sie verstanden ihr »Wissen« als Offenbarung. Die ersten Stichworte dazu finden sich, wie erwähnt, bereits als – nach dessen Tod – Jesus zugeschriebene »Hoheitstitel« im Neuen Testament; etwa Jesus der »Herr« (kyrios), der »Christus« oder der »Sohn Gottes«. Die Gesamtkonstruktion entstand in den folgenden Jahrhunderten und durchaus im Streit.

Auf die Erkenntnisse der historisch-kritischen Forschung, etwa über das Zustandekommen des Bildes der Trinität Gottes, ließen sich die Ahistoriker der Schule des Karl Barth, von dem noch die Rede sein wird, nach dem Ersten Weltkrieg gar nicht erst ein. Sie übernahmen einfach die Vorstellung, Gott habe sich in Jesus Christus und als »Dreieiniger Gott« offenbart. Das heißt, die Trinität von »Vater, Sohn und Heiligem Geist« sei eine *Selbstoffenbarung* Gottes.

Der EKD-Ratsvorsitzende Heinrich Bedford-Strohm bleibt auch im 21. Jahrhundert dabei: Die Lehre vom dreieinigen

Gott als untrennbare Einheit von Vater, Sohn und Heiligem Geist sei kein »theologisches Glasperlenspiel«, sondern entscheidend für den christlichen Glauben. So predigte er zu Pfingsten 2015.[12] Der Ratsvorsitzende spürte es sogar ganz deutlich: »Der Heilige Geist macht uns neu, er bewegt uns und wirbelt uns manchmal ganz schön durcheinander.«

Dagegen formulierte nach dem Zweiten Weltkrieg der evangelische Theologe Rudolf Bultmann, dessen Lebenswerk mit dem Stichwort »Entmythologisierung« verbunden ist: »Das Handeln Gottes ist nicht sichtbar, für einen Beweis nicht erreichbar; die Heilstatsachen können nicht demonstriert werden, der Geist, mit dem die Gläubigen beschenkt werden, kann nicht objektiv betrachtet werden.«[13] Der Göttinger Neutestamentler Gerd Lüdemann meint sogar als Ergebnis seiner Forschung: »Radikal gedacht führt die historische Bibelkritik zum Abschied vom Christentum ... ich bin kein Christ mehr.«[14] Zu dieser Erkenntnis ist auch der katholische Philosoph und Historiker Kurt Flasch gekommen, der sich viele Jahrzehnte lang mit der Geschichte des christlichen Denkens beschäftigt hat.[15]

Seit Christen begonnen haben, die Bibel mit kritischen Augen zu lesen, kommt zugleich auch aus den eigenen Reihen der Widerspruch gegen jegliche Erkenntnis. Bis heute ist die Evangelische Kirche sowohl Kirche der Aufklärung geblieben, als auch Kirche der Reaktion – wobei die Reaktionäre, wie mir scheint, zunehmend an Einfluss gewinnen. Davon soll im Folgenden die Rede sein.

IX. Historisch-kritische Forschung – und Gegenbewegungen

Die Kirche hat über zweitausend Jahre die biblischen Texte tradiert. Seit dem 17. Jahrhundert werden diese historisch-kritisch erforscht. »Deshalb können sie nicht mehr so wie zur Zeit der Reformatoren als ›Wort Gottes‹ verstanden werden.« So heißt es in einem »Grundlagentext« des Rates der Evangelischen Kirche, »Rechtfertigung und Freiheit«. EKD-Ratspräsident Schneider stellte ihn am 14.5.2014 in Berlin vor. Eine Schlussfolgerung der Autoren kann ich (trotz seiner altbackenen Formulierung) durchaus akzeptieren: »Bis heute werden Menschen in, mit und unter diesen Texten angesprochen und im Innersten berührt – gerade so, wie dies in der reformatorischen Theologie als Charakteristikum des Wortes Gottes wieder und wieder beschrieben wurde. In diesem Sinne können diese Texte daher auch heute noch als ›Wort Gottes‹ angesehen werden.«

Die Evangelikalen sehen das jedoch weiterhin ganz anders. So beklagte Michael Diener, Präses des pietistischen Gnadauer Gemeinschaftsverbandes, die Erklärung der EKD. Diese »textliche Verordnung« diene dazu, »die reformatorisch intendierte und auch legitimierte Gleichsetzung der Bibel als Wort Gottes zu unterminieren.« Diener veröffentlichte seine Kritik in der Zeitschrift *Zeitzeichen, Evangelische Kommentare zu Religion und Gesellschaft* (9, 2014). Ihr Chefredakteur, Reinhard Mawick, war übrigens kurz zuvor noch Sprecher der EKD. Diener betonte in seinem Aufsatz, was alle Fundamentalisten tun: »Pietisten sind keine Fundamentalisten«, um dann zu erklären: »Der Pietismus der Gegenwart ist zuversichtlich, dass es durchaus möglich ist, elektrisches Licht und den Rasierapparat zu benutzen und gleichzeitig an die Wunderwelt des Neuen Testaments zu glauben ...«

IX. Historisch-kritische Forschung – und Gegenbewegungen

Eine Folge der Aufklärung

Die Erkenntnis, im Umgang mit den biblischen Texten und ihrer altkirchlichen Deutung historisch und zugleich kritisch arbeiten zu müssen, setzte sich im 19. Jahrhundert etwa gleichzeitig mit den Erkenntnissen einer Evolution und ihrer Gesetzmäßigkeiten durch. Dies war auch noch eine Folge der seit etwa 1700 so genannten Aufklärung. *Aufklärung* könne, so erkannte der deutsche Philosoph Immanuel Kant anno 1784, dem Menschen zum »Ausgang aus seiner selbstverschuldeten Unmündigkeit verhelfen« – und »Unmündigkeit ist das Unvermögen, sich seines Verstandes ohne Leitung eines anderen zu bedienen«.

Zu glauben, ohne die Grundlagen dieses Glaubens zu bedenken, ist unaufgeklärtes Glauben. Dabei geht es nicht nur um die historischen Grundlagen, sondern auch darum, das Natur- und Welt-Wissen, in das eingebettet sich der Glaube entwickelt hat, aus heutiger Sicht zu bedenken. Und natürlich, daraus Konsequenzen für die heutigen Glaubens-Lehren zu ziehen. Schließlich wissen wir erst seit wenigen Jahrzehnten etwas darüber, was im Kopf passiert, wenn der Mensch glaubt. Das sollte zum Nachdenken eben über diese Bilder zwingen. Wenn die Lehren der Kirche nach 2000 Jahren immer noch nicht wichtig genug erscheinen, hinterfragt zu werden, sondern man sie weiterhin nur über das Kirchenjahr hinweg repetiert, dann bricht letztlich das Fundament, weil es zur Litanei ausgehöhlt geworden ist. Dann ist die Kirche ohne durchdachte Begründung tatsächlich nur noch ein Sozialverein. Als Litanei verstehe ich zum Beispiel, wenn der Heidelberger Systematische Theologe Wilfried Härle beim Symposium der EKD am 28.9.2013 »die Selbstoffenbarung Gottes in Jesus Christus durch den Heiligen Geist« *unreflektiert als »Grund und Gegenstand des christlichen Glaubens« herunterleiert.*

Die Textgestalt hat eine Geschichte

Die *historisch-kritische* Methode hat zwei Aspekte. Einerseits hat jede Textgestalt eine Geschichte. Diese ist zum Beispiel das Ergebnis mündlicher Überlieferungen und/oder das einer Übersetzung. Andererseits gibt es Kriterien für wissenschaftlich korrekte Umgangsweisen mit einem Text. Beispielsweise lassen sich Zeitpunkt und/oder Ort seiner Entstehung mit Standard-Methoden ermitteln. Beides ist im Grunde selbstverständlich. Ebenso selbstverständlich ist aber auch, dass die Ergebnisse dieser Methodik nicht immer eindeutig sind. Historisch-kritische theologische Forschung kann deshalb zu keinem Ende kommen.

Dieses Wissen macht den Glauben an die »Irrtumslosigkeit« der Bibel zum Glauben der Dummies. Insbesondere, wenn man beachtet, dass die Evangelien aufgeschrieben wurden, als höchstwahrscheinlich kein Zeuge der Ereignisse mehr am Leben war. Der Apostel Paulus, dessen Briefe aus den fünfziger Jahren die ältesten Texte des Neuen Testaments sind, hat Jesus nicht persönlich gekannt. Wären die Evangelien Doktorarbeiten, dann hätte heute keines mehr Bestand. Aber selbstverständlich kannte man damals nicht die Methoden kritischer Text-Arbeit.

Zur kritischen Forschung gibt es prinzipiell keine Alternative. Bei den Theologen allerdings war dies nur kurzzeitig eine selbstverständliche Erkenntnis. Die Angst, liebgewordene Glaubensvorstellungen aufgeben zu müssen, wenn man es nun besser weiß, wurde zu groß.

Vorangegangen war der historisch-kritischen Forschung bereits als eine subjektive, von Gefühlen bestimmte Gegenbewegung zur Aufklärung eine »Erweckungsbewegung«, die im 18. und 19. Jahrhundert den Protestantismus der westlichen Welt erfasste. In der ersten Hälfte des 19. Jahrhunderts drückte sich die »Innerlichkeit« im sogenannten Biedermeier aus. Die Zeit übrigens, in der sich in Deutschland das häusliche deutsche Weihnachtsfest mit dem Christbaum im Lichterglanz durchgesetzt hat. Das hatte profane Gründe:

Die Kerzen für den Baum konnten sich nach der Erfindung von Stearin (1818) und Paraffin (1830) nun nicht mehr nur die Privilegierten leisten. Anders als das teure Bienenwachs, das bereits seit viel früherer Zeit bei Hofe leuchtete.

Friedrich Schleiermacher (1768–1834), in einem biblizistischen Milieu aufgewachsen, selbst aber ein historisch-kritischer Wissenschaftler, wurde in den 1820er-Jahren dennoch zu einem der frühen »Gefühlstheologen«. Frömmigkeit dachte er sich zum Beispiel als ein Gefühl der »schlechthinnigen Abhängigkeit«. Dieses Gefühl aber, so spottete Kollege Georg Wilhelm Friedrich Hegel, habe auch ein Hund gegenüber seinem Herrchen. Das Gefühl ist eben eine höchst unbestimmte Angelegenheit.

Der Kulturprotestantismus im Deutschen Reich

Im 19. Jahrhundert verbanden sich »Bildung« und »Protestantismus« zum sogenannten Kulturprotestantismus. Seine Wortführer betonten die Zusammengehörigkeit der Protestanten mit dem Kaiser und König von Preußen als zugleich kirchlichem Oberhaupt »von Gottes Gnaden« und der bürgerlichen Gesellschaftsordnung. Kaiser Wilhelm II. war christlich geprägt von den Ergebnissen historisch-kritischer Theologie. Einer seiner engsten Berater und wie er selbst ein großer Förderer der wissenschaftlichen Forschung, war der schon erwähnte Theologe Adolf Harnack, dessen Berufung 1888 an die Berliner Universität Wilhelm II. durchgesetzt hatte.

Wilhelm II. war am wissenschaftlichen Fortschritt sehr interessiert, auch wenn dieser die »Bibeltreuen« seiner Kirche entsetzte: Am 13. Januar 1902 beehrte der Kaiser die Deutsche Orientgesellschaft in Berlin. Anlass war ein öffentlicher Vortrag des Assyriologen Friedrich Delitzsch. Er berichtete von der Entdeckung des Gilgamesch-Epos auf Tontafeln, wenige Jahre zuvor in den Ruinen des assyrischen Herrschers Assurbanipal (ca. 668–627 v. Chr.). Damit löste er den »Babel-Bibel-Streit« mit den konservativen Christen und Juden aus.

Worum ging es? Der historische Gilgamesch, der Erbauer des Schutzwalls um die erste Großstadt der Welt, Uruk im Zweistromland zwischen Euphrat und Tigris, hat vermutlich um 2650 v. Chr. gelebt. Ein gewisser Sinleqe-unninni, der vermutlich gegen Ende des zweiten vorchristlichen Jahrtausends lebte, hatte in das von ihm verfasste Gilgamesch-Epos die Geschichte von Noah und der Sintflut eingefügt. Mit dem Fund des Epos stellte sich nun an einem exemplarischen Beispiel heraus, »das Wort Gottes war nichts als die Abschrift eines mesopotamischen Textes«, so Raoul Schrott, der im Jahr 2001 eine Neuübersetzung der Texte des Epos vorgelegt hat. So viel Aufklärung ist den christlichen Fundamentalisten bis heute unerträglich.

Die Diffamierung der Geschichte

Nach dem Ende des Ersten Weltkriegs wurde die historisch-kritische Methode, die Bibel zu verstehen, die damals so genannte liberale Theologie, als Historismus diffamiert. Dies geschah vor allem durch den protestantischen Schweizer Dogmatiker Karl Barth, der von vielen seiner Kollegen als bedeutendster Theologe des 20. Jahrhundert angesehen wurde. Aus heutiger Sicht sind die Vorstellungen vom christlichen Glauben, wie Barth und manche Theologen sie in den letzten 150 Jahren erdacht haben, nicht eben erhellend. So definierte Karl Barth in seiner Ethik (1928) den Glauben: Das »Sich-Gesagtseinlassen des Wortes durch die Macht des Geistes Gottes, das Wunder des menschlichen Vernehmens des göttlichen Logos, das ist der Glaube.« Glaube ist für Barth auch »ein Sprung, ein Trauen und Wagen«. Die Formulierung ist, so der schon erwähnte Philosoph und Historiker Kurt Flasch, ein »Einfall philosophischer Schriftsteller«, wie Sören Kierkegaard, und »seit etwa 1850 Tradition«.[1] Auch Joseph Ratzinger benutzte die Metapher des Glaubens als einen »Sprung«.

IX. Historisch-kritische Forschung – und Gegenbewegungen

Doch, so Flasch: »Wer springt, möchte doch wissen, wohin er springt und warum er das tun soll.«

Zwar hat Barth den Kampf der protestantischen Minderheit in der deutschen »Bekennenden Kirche« gegen die Adolf Hitler anhängenden evangelischen Landeskirchen maßgeblich beeinflusst. Allerdings mit historisch-unkritischen Argumenten. Damals gab es aber wohl keine wirksamere Waffe im Kirchenkampf, als der Naziideologie mit einer christlichen Ideologie zu widerstehen. Doch dabei blieb es dann eben auch.

Die Langzeit-Folgen solcher Theologie sind verheerend: Karl Barth »erklärte historische Forschung für theologisch irrelevant und formte die historische ›liberale Theologie‹ zu einer ›nachkritischen Schriftauslegung‹ um, die eine radikale Vergleichgültigung alles Historischen zum Ziel hat«. So kommentiert den Prozess der protestantische Münchner Theologe Friedrich Wilhelm Graf.[2] Und weiter: »Der Abbau historischen Bewußtseins vollzieht sich als ein höchst reflektierter, programmatischer Prozeß. Gerade für die protestantische Theologie gilt: Die antihistoristische Revolution des frühen 20. Jahrhunderts muß als Versuch einer bewußt gewollten Zerstörung von zentralen Partien des Gedächtnisses der herrschenden Wissenschaft begriffen werden.«

Kirchliche Sinndeutungen im 20. Jahrhundert

Die Evangelische Kirche in Deutschland hat einst den Kaiser als »von Gottes Gnaden« im Amt und Adolf Hitler als einen dem Deutschen Volk von Gott Gesandten gedeutet und gepriesen. Kirchliche Deutungen des Weltgeschehens sind zeitbedingt und manchmal fürchterlich falsch.

Das Verhalten der protestantischen Kirchen vor und zu Beginn des Ersten Weltkriegs beschreibt hundert Jahre später der Landesbischof Ralf Meister aus Hannover so: »Weite Teile der evangelischen Kirche haben den Krieg begrüßt. Von der Ehre, für das Vaterland zu kämpfen, war damals viel die Rede, auch von der Ehre, für das Vaterland zu sterben … Die

Kirchen nahmen in dieser Zeit die Funktion nationaler Sinndeutungsagenturen ein. Mit einer nationalen Opfertheologie verliehen sie den Soldaten Märtyrerstatus. ... Nach Meinung mancher Historiker gab es keine gesellschaftliche Gruppe, die die Kriegsanstrengungen mit größerer Entschlossenheit unterstützt haben als die Landeskirchen. Sie erhofften sich auch einen institutionellen Gewinn: Hatten die Kirche und der christliche Glaube in den Jahren zwischen 1871 und 1914 an öffentlichem Zuspruch verloren, so hoffte man durch den nationalen Geist von 1914 wieder zu einer starken Volkskirche zu werden.«[3]

Am 24. Februar 1934 formulierte der frisch ernannte Leiter des Außenamtes der Deutschen Evangelischen Kirche (DEK), Theodor Heckel: »Durchdrungen von der Größe und dem Ernst der Stunde, die uns deutsche Evangelischen allerorts durch dieses politische Erwachen unseres Volkes gegeben ist, bitte ich alle evangelischen Gemeinden und Geistlichen über den Wandel geschichtlicher Formen den Blick zu richten auf die Aufgabe der DEK in dieser Wende der Zeiten. ...«.[4] Zum Kriegsausbruch erklärte der »Geistliche Vertrauensrat« der Deutschen Evangelischen Kirchenkanzlei am 2. September 1939: »Die Deutsche Evangelische Kirche stand immer in treuer Verbundenheit zum Schicksal des deutschen Volkes. Zu den Waffen aus Stahl hat sie unüberwindbare Kräfte aus dem Wort Gottes gereicht ...«

Vom Ungeist des Antisemitismus geprägt

Gewiss war die Evangelische Kirche keine Befürworterin der Judenpogrome oder gar des Holocausts. Immerhin schrieb sogar der württembergische protestantische Landesbischof Theophil Wurm am 6. Dezember 1938 nach den Pogromen vom 9. November, der »Reichskristallnacht«, »warnend« an den Reichsjustizminister Franz Gürtner, »weil wir unserem Volk ersparen möchten, daß es später dieselben Demütigungen und Leiden über sich ergehen lassen muß ...«

Anderseits aber erklärte dieser eigentlich mutige Bischof im selben Schreiben: »Ich bestreite mit keinem Wort dem Staat das Recht, das Judentum als ein gefährliches Element zu bekämpfen. Ich habe von Jugend auf das Urteil von Männern wie Heinrich von Treitschke und Adolf Stoecker über die zersetzende Wirkung des Judentums auf religiösem, sittlichem, literarischem, wirtschaftlichem und politischem Gebiet für zutreffend gehalten und vor 30 Jahren als Leiter der Stadtmission in Stuttgart gegen das Eindringen des Judentums in die Wohlfahrtspflege einen öffentlichen und nicht erfolglosen Kampf geführt.«[5]

Heinrich von Treitschke war Historiker und Reichstagsabgeordneter. Von Treitschke stammt der Satz *Die Juden sind unser Unglück*, der später das Schlagwort des NS-Hetzblattes *Der Stürmer* wurde. Treitschke formulierte diesen Satz im Aufsatz *Unsere Aussichten* (1879) als angeblichen parteiübergreifenden Konsens seiner Zeitgenossen »wie aus einem Munde« und erhob darin Forderungen nach dem Zurückdrängen des gesellschaftlichen Einflusses der Juden. Der protestantische Theologe Adolf Stoecker, zur selben Zeit Hof- und Domprediger sowie Reichstagsabgeordneter in Berlin, war ein militanter Antisemit. Er brüstete sich damit, »die Judenfrage aus dem literarischen Gebiet in die Volksversammlungen und damit in die politische Praxis eingeführt« zu haben.

Diese nur eben angedeuteten Erfahrungen sollten die Evangelische Kirche lehren, sich mit einer theologischen Deutung der Geschichte zurückzuhalten.

Beim »Johannisempfang« der EKD am 29.6.2012 in Berlin betonte der Ratsvorsitzende Nikolaus Schneider, »Des großen Gottes großes Tun«, wie es in einem Lied von Paul Gerhardt heißt, »lässt sich – leider Gottes! – nicht so einfach ablesen und besingen, weder in unserem persönlichen Leben, noch im großen Weltgeschehen.« Ich finde, das ist noch sehr vorsichtig ausgedrückt. Es lässt sich nämlich überhaupt nicht »ablesen«. In derselben Rede sagte Schneider auch: »Wer keinen Himmel über sich kennt, der macht menschliche Urteile zur letzten Instanz.« Dem freilich muss ich widersprechen.

Wir kennen nur von Menschen gesprochene oder geschriebene Urteile und keine »Gottes-Urteile«. Auch die Bibel ist von Menschen geschrieben. Und den Himmel über uns deuten wir einerseits als Symbol, andererseits kennen wir ihn – sehr begrenzt in aller Unvorstellbarkeit dessen, was wir messen – dank astronomisch-physikalischer Forschung. Der Satz Schneiders ruft so sympathisch zur Bescheidenheit auf. Aber was bedeutet er denn wirklich?

Kirche der Feiglinge

Nach meinem Verständnis muss die Evangelische Kirche, wenn ihr Reden von Gott ernst genommen werden soll, nicht nur die Erkenntnisse der historisch-kritischen theologischen Forschung beherzigen, was sie nicht tut, sondern auch die Erkenntnisse der Naturwissenschaften, was erst recht nicht geschieht. Theologie müsse »nachvollziehen können, was Menschen meinen, wenn sie von Gott reden, aber auch kritisch in Frage stellen. Kritik ist der größte Dienst, den Theologie der Kirche erweisen kann, denn das hilft ihr, sich zu bewegen und zu erneuern.« Das sagte der Theologe Heinrich Bedford-Strohm,[6] bevor er zum evangelischen Landesbischof in Bayern gewählt wurde. Und als Ratsvorsitzender bekannte er: »Gebildeter Glaube schützt vor Fundamentalismus.«[7]

Der Bischof hat sich nicht erkennbar an die Maximen des Professors gehalten. Und der EKD-Chef beweist in der Tat sogar das Gegenteil. Nach seiner Wahl zum Ratsvorsitzenden bekannte Bedford-Strohm: (Die Evangelikalen) »sind eine große Kraft in unserer Kirche: Da erwarte ich mir von den Evangelikalen und Pietisten viel.«[8] Ende März 2015 hat der Rat der EKD den Vorsitzenden des Dachverbands der Evangelikalen, der Evangelischen Allianz, Michael Diener, zum Mitglied der neuen Synode der Evangelischen Kirche berufen. Diener wurde von der Synode im November 2015 dann sogar in den Rat der EKD gewählt.

Die EKD beeilt sich jetzt auf dem Weg in den Fundamentalismus: Bedford-Strohms Amtsvorgänger Nikolaus Schneider hatte noch meinen Vorschlag aufgenommen, einen Diskurs zwischen Repräsentanten der Wissenschaften und der Evangelischen Kirche über deren Lehre im Lichte heutigen Wissens zu beginnen. Schneider hatte deshalb im Sommer 2014 als Ratsvorsitzender mit dem Präsidenten der Nationalen Akademie der Wissenschaften *Leopoldina* eine Vereinbarung über einen solchen Disput getroffen. Bereits wenige Wochen nach dem Amtsantritt von Bedford-Strohm hat die EKD diese Vereinbarung auf Eis gelegt. Offensichtlich ist die Angst davor bei den Kirchenfunktionären zu groß. Sie und ihre Vorgänger haben in den letzten hundert Jahren aus der Kirche der evangelischen Freiheit die Kirche der evangelischen Feigheit gemacht. Heinrich Bedford-Strohm ist wie sein Doktorvater und einer seiner Amtsvorgänger, Wolfgang Huber, Ethiker und Professor für systematische Theologie, ein Dogmatiker also.

Sachgemäße Deutungen

Der Theologe, Publizist und Präsident des Deutschen Evangelischen Kirchentags, Heinz Zahrnt, stellte bereits vor über 40 Jahren fest: »Die Bibel ist von Menschen geschrieben, sie ist ein menschliches Buch, und darum kann sie nicht anders gelesen und verstanden und nicht nach anderen Methoden ausgelegt werden als andere menschliche Bücher auch.« Insofern hätte die Kirche die wichtige Aufgabe, für ein der historisch-kritischen Exegese entsprechendes »historisch sachgemäßes und dem neuzeitlichen Wahrheitsbewusstsein verpflichtetes Textverständnis« zu sorgen, wie dies der evangelische Heidelberger Alttestamentler Jan Gertz verlangt.[9]

Nikolaus Schneider hat in seinem Rechenschaftsbericht auf der 11. Synode der EKD im November 2013 gesagt: »Ich halte es für ein ›Markenzeichen‹ protestantischer Theologie, die Einsichten einer jeden Zeit wahrzunehmen und sie im Lichte biblisch-theologischer Einsichten zu klären und zu deuten.« Der bloße Verweis auf einen Wortlaut der Bibel sei »kein hinreichendes Argument, um theologische Fragen zu klären«. Die historisch-kritische Auslegung der Bibel verhindere, »dass wir historische Gegebenheiten der damaligen Umwelt als Gottes geoffenbartes Wort missverstehen.« All dem stimme ich gerne zu.

Das scheint im Übrigen auch eine Aufforderung zu guter Predigt zu sein. Und ohne Zweifel gab und gibt es gute Prediger und gute Predigten. Doch das Problem ist, wie ich es sehe, grundsätzlicher Art. Es gibt nämlich im Lichte der wissenschaftlichen Erkenntnisse, nicht zuletzt der Theologen selbst, keine Gewissheiten mehr zu »verkünden«.

Seit über hundert Jahren wissen die kritisch arbeitenden Forscher – kritisch im Unterschied zu den Ideologien bedenkenden Dogmatikern, Systematikern, Soteriologen, Angelologen usw.: Das jüdisch-hellenistisch-christliche Weltbild, auf dem das allen Konfessionen gemeinsame nicäische Glaubensbekenntnis beruht, ist im Lichte heutiger Erkenntnis als Mythen-Sammlung anzusehen. Das haben bereits protestantische Theologen wie Adolf von Harnack im 19. und Rudolf Bultmann im 20. Jahrhundert deutlich ausgesprochen. Dies schließt überhaupt nicht aus, dass Mythen und auch Märchen zeitlose psychologische Wahrheiten ausdrücken können. Dennoch müssen sie kritisch reflektiert werden. Denn wer ist bereit, für die Verkündung von Mythen Kirchensteuern zu bezahlen?

Nicht angekommen

Doch im 21. Jahrhundert muss Jan Gertz immer noch fragen, ob die Ergebnisse historisch-kritischer Exegese »wirklich jemals in der kirchlichen und außerkirchlichen Öffentlichkeit angekommen sind«. Ich meine, sie sind es *nicht!* Wären sie es, könnte der Pfarrer nicht mehr predigen. Wie kann man einen Gottesdienst – schon das Wort »Dienst« ist problematisch – »im Namen Gottes« beginnen? »Im Namen«, das heißt doch »im Auftrag« wenn nicht gar »stellvertretend«. »Die verbreitete Meinung, der biblische Text sei ›für uns‹ geschrieben worden, wird nicht relativiert, obschon diese Meinung dem Wortlaut der biblischen Texte offensichtlich widerspricht, die oft datiert, adressiert und signiert sind.« Das betont der Schweizer Theologe Walter J. Hollenweger, einst Exekutivsekretär beim Ökumenischen Rat der Kirchen in Genf. Resigniert stellte er fest: »Die wissenschaftliche Theologie lebt davon, dass sie eine Geheimwissenschaft ist.«[10]

Andernfalls müssten die Theologen nämlich um ihre Daseinsberechtigung als Ausbilder von Pfarrern fürchten. Deren zentrale Aufgabe aber ist es heute immer noch, auf der Kanzel »Gottes Wort« zu verkünden und auszulegen. Die Predigt, auch darauf verweist Hollenweger, gibt es im Alten Testament nicht. Dennoch würden in der (auch in diesem Buch zitierten) revidierten Lutherbibel von 1984 im Alten Testament 44 Mal die Begriffe predigen/ Prediger verwendet, »wodurch eine scheinbare Kontinuität zwischen den alttestamentlichen Propheten und heutigen Predigern vorgetäuscht wird«. Ich meine, die Predigt im herkömmlichen Sinn hat keine Zukunft.

X. Der Pfarrer auf der Kanzel

Die wenigsten Christen in Deutschland gehen sonntags in die Kirche. Doch ist nach wie vor der Gottesdienst (bei Katholiken die Messe) Zentrum kirchlichen Selbstverständnisses. Der Pfarrer darf, ja er soll Hoffnung vermitteln. Er wird sich im Allgemeinen auch persönlich seines Glaubens gewiss sein. Aber er kann, wenn er redlich ist, keine Gewissheiten verkünden. Insofern steht er auf der Kanzel am falschen Ort. Denn allein der Zweifel lässt sich schlecht predigen. Zu tun bleibt dennoch genug für die rund 20000 evangelischen Pfarrerinnen und Pfarrer,[1] denn die Frohe Botschaft des Evangeliums wird damit nicht weniger wichtig, dass sie kritisch interpretiert werden muss. Aber nicht *ex cathedra* im weitesten Sinn.

Kritik an der Predigt

Meine Kritik am Predigen ist insofern grundsätzlich, als ich meine, die Kirche verfüge außer der Erfahrung einer zweitausendjährigen Beschäftigung mit der Sache Gottes, die ich nicht kleinreden will, über kein besonderes Wissen. Der Pfarrer oben auf der Kanzel ist Gott nicht ein Stückchen näher als jeder andere Mensch, auch wenn das insbesondere die katholische Kirche (in Überhöhung der »Weihe«) anders sieht. Und so kann der Prediger auch nicht »Gottes Wort« verkünden – trotz aller Hoffnung, in der Bibel auch Gottes Wort zu finden, wenngleich von Menschen in deren je eigener Deutungsweise notiert. Die angesehene US-Physikerin Lisa Randall (Harvard-Universität) zweifelt: »Ich bin mir jedoch nicht sicher, ob der Priester die Wahrheit auch gesucht hat oder immer nur glaubt, sie schon zu kennen. Wissenschaftler jedenfalls suchen die Wahrheit.«[2] Albert Einstein formulierte es einmal so: »Wir glauben, daß die Wissenschaft der

X. Der Pfarrer auf der Kanzel

Menschheit am besten dient, wenn sie sich von allen Beeinflussungen durch irgendwelche Dogmen freihält und sich das Recht vorbehält, alle Thesen einschließlich ihrer eigenen anzuzweifeln.«[3] Das sollte auch für die Theologie gelten, sofern sie als Wissenschaft verstanden werden will, und müsste Konsequenzen für den Pfarrer auf der Kanzel haben.

Die Jünger Jesu und vor allem der Apostel Paulus haben einst die »Frohe Botschaft« ihres Meisters weitergetragen und im ganzen Römischen Reich Menschen davon überzeugt. Problematisch wurde das erst, als aus den staatlich verfolgten Gemeinden die katholische Kirche entstanden war, die sich mit staatlicher Gewalt verbinden konnte. Da ging es nicht mehr primär um eine frohe Botschaft, sondern um Macht über die Menschen. Der Wendepunkt begann mit dem Übertritt Kaiser Konstantins des Großen anno 313 zum Christentum. Damals gab es bereits den (im 2. Jahrhundert nach massiven internen Auseinandersetzungen) entstandenen Kanon der biblischen Bücher. Dieser war und ist bis heute die Grundlage für die christliche Predigt.

Doch die Predigt steht längst nicht mehr im Mittelpunkt des religiösen Lebens. Das sehen auch manche Theologen so. »Die Predigt heute ist extrem erfolglos.« Das stellt der Religionspädagoge Joachim Kunstmann von der Kirchlichen Hochschule in Weingarten fest.[4] Kunstmann kandidierte im November 2015 als Ratsmitglied der EKD vergeblich mit der Forderung einer Reform der Predigt: »Es kann nicht sein, dass wir unsere Gottesdienste nach dem Schema von Belehrungen abhandeln.«[5] Kunstmann bezweifelt auch, dass es sinnvoll sei, »so stark auf gesellschaftliche Themen zu setzen«. Damit fand er jedoch keinen Anklang. Bei der Wahl erhielt Kunstmann nur fünf statt der mindestens erforderlichen 92 Stimmen.

Wenn aber, wie ich meine, die Sonntagspredigt (anders als das individuelle Gespräch mit dem Kranken, dem Sterbenden, aber auch die persönliche Ansprache bei Hochzeit, Taufe und Beerdigung) nicht reformierbar, sondern nicht mehr angemessen ist, dann erst recht nicht das *Missionieren*.

Mission und Gewalt

Dabei beziehen sich die Kirchen auf den biblischen »Missions- und Taufbefehl« Jesu: »Machet zu Jüngern alle Völker: Taufet sie ...« (Mt 28, 29). Den Bibelwissenschaftlern ist jedoch längst bekannt, dass dieser »Befehl« gewiss nicht von Jesus stammt. Im ältesten Evangelium, dem des Markus, ist er ursprünglich auch nicht enthalten.

Die Geschichte der Mission ist vor allem eine Geschichte der Gewalt. Denn die Missionare kamen zumeist mit den Eroberern und manchmal sogar als Wegbereiter der Kolonialisten in alle Welt. Die Nachkommen der Opfer haben das augenscheinlich nicht vergessen. Die Nachkommen der Täter versuchen das zu kaschieren. Das größte protestantische »Missionswerk« in Deutschland, die Deutsche Missionsgemeinschaft (DMG) nennt sich seit Ende 2013 »DMG Interpersonal«. Missionsleiter Detlef Blöcher begründete das so: Der Begriff »Mission« verursache in etlichen Einsatzländern zunehmend Probleme: »Mission ist dort zu einem Unwort geworden.«[6]

Nach wie vor missionieren vor allem die Fundamentalisten aller christlichen und neuerdings islamischen Glaubensgemeinschaften. Wenn man ihnen irgendwo auf einem Marktplatz hierzulande begegnet, fällt vor allem auf, wie intellektuell unbedarft diese Missionare sind. Die »Akademie für Weltmission« (Korntal bei Stuttgart) hat im November 2015 den sogenannten Ludwig-Krapf-Preis verliehen. Erhalten hat ihn die Schweizerin Elisabeth Buser. Sie bietet Flüchtlingsfrauen Jodel-Kurse als Integrationshilfe an.[7] Im Gegensatz zu Loriots Vorschlag eines »Jodel-Diploms« meint die Preisträgerin es völlig ernst.

Im neuen Jahrhundert versuchen auch die evangelischen Kirchen in Deutschland, Mission populärer zu machen; zunächst einmal wieder, indem man betont, sie solle »nicht mit Fundamentalismus oder Kreuzzügen verbunden werden«, so die damalige Hamburger Bischöfin Maria Jepsen.[8] Kurz zuvor hatte auch der Vatikan »das Recht und die Pflicht der katholischen Kirche zur Missionsarbeit und zur Evangelisation bekräftigt«.[9] Der EKD-Ratsvorsitzende Bedford-Strohm sieht die Mission gar als eine »völlig unverzichtbare Dimension der Kirche und des Christseins«.[10]

Papst Benedikt XVI. hatte sich in Lateinamerika bei seinem Besuch im brasilianischen Aparecida anno 2007 besonders unbeliebt gemacht. Benedikt hatte nämlich behauptet, den Ureinwohnern sei durch die Verkündigung des Evangeliums keine fremde Kultur aufgezwungen worden. Die Indianer hätten die Christianisierung vielmehr »still herbeigesehnt«.[11]

Auf der karibischen Insel Puerto Rico beispielsweise, von Christoph Kolumbus auf seiner zweiten Amerikareise »entdeckt« (europazentrisch gedacht), lebten etwa 30000 Indianer, die Taínos. Sie hielten die weißen Eroberer zunächst für gottähnlich und unsterblich. Aufgrund der fürchterlichen Erfahrungen, die sie mit den frommen Spaniern machen mussten, bekamen sie jedoch alsbald ihre Zweifel. Und so unternahmen die Indianer im Jahre 1521 einen grausamen Test. Sie schnappten sich einen jungen Spanier, Diego Salcedo, ertränkten ihn in einem Fluss und beobachteten, was mit dem Leichnam passierte. Dieser zeigte natürlich alsbald Zeichen von Verwesung. Das war für die Taínos der Beweis: Die Eroberer waren nicht unsterblich. So planten die Indianer eine erste Rebellion. Sie überfielen die Ortschaft Aguanda, töteten alle Einwohner und brannten die Ortschaft nieder. Doch die Kolonialherren blieben die Stärkeren. Auf Puerto Rico rotteten die angeblich »still herbeigesehnten« Christen alle Indianer aus. Es gibt keine Nachfahren mehr.

Bemerkenswerterweise hat Papst Franziskus das Geschwätz seines Amtsvorgängers noch zu dessen Lebzeiten korrigiert. Im Juli 2015 stellte Franziskus in Santa Cruz in Bolivien klar: »Ich sage Ihnen mit Bedauern: Im Namen Gottes sind viele schwere Sünden gegen die Ureinwohner Amerikas begangen worden.«[12]

Offenkundig haben auch die Muslime in aller Welt die Geschichte christlicher Mission in ihren Kulturkreisen nicht vergessen. Und sie legen sie anders aus, als das im christlichen Abendland so üblich ist. Im Juni 2009 wurden im Jemen zwei junge Frauen aus Deutschland, aus der »Bibelschule« in Brake, ermordet, weil sie dort versuchten, missionarisch tätig zu sein. Andere Schülerinnen der Evangelikalen Einrichtung hatten sich daraufhin vor laufender Kamera der Fernseh-Sendung »Frontal 21« dazu bekannt, bereit zu sein, »notfalls für Jesus zu sterben«.[13]

Der Väter-Glaube wird nicht in Frage gestellt

Die Gesellschaft in Deutschland emanzipiert sich, wenn auch sehr langsam, von ihren patriarchalen Strukturen. Das geschieht teilweise im Streit, etwa um die Gleichberechtigung der Geschlechter oder um das Recht auf homoerotische Beziehungen. Eine noch deutlich härtere Auseinandersetzung erleben wir auf dem Weg zu einer vaterlosen katholischen Kirche, also einer Institution ohne unfehlbaren Papst. Sie wird von engagierten Minderheiten vor allem in den deutschsprachigen Ländern geführt. Der evangelischen Kirche laufen die Mitglieder größtenteils einfach davon. Es gibt keinen Diskurs über die von mir angesprochenen Fragen. Der Glaube der Väter wird im Allgemeinen nicht in Frage gestellt – und deshalb wird die evangelische Kirche auch nicht erwachsen.

Wenn die Entwicklung der letzten Jahrzehnte so weitergeht, wird sich ohnedies alsbald die Sonntagspredigt erübrigen, weil weder die Pfarrer dazu vorhanden sein werden noch nennenswert Gläubige. Da wird es mutmaßlich auch nicht helfen, »die Lust am Predigen«[14] zu fördern, wie das der vom damaligen EKD-Ratsvorsitzenden Wolfgang Huber Anfang des neuen Jahrtausends initiierte Reformprozess »Kirche im Aufbruch« vorsieht, und zwar in einem »Zentrum für evangelische Predigtkultur« in Wittenberg. Ich denke, wenn schon überhaupt, sollte die Lust am Predigt-*Hören* gefördert werden. Denn was nutzt das lustvolle Predigen, wenn niemand zuhört?

XI. Der Glaube der Fundamentalisten

Selbstverständlich wäre es für die wissenschaftlich arbeitende Theologie wie für die Kirche wichtig, ihre Fundamente zu reflektieren und die Ergebnisse auch öffentlich zu diskutieren. Um sich dieser Mühe *nicht* unterziehen zu müssen, die ja offensichtlich leicht von einem christlichen Glauben abbringen kann, ist als Trotz-Reaktion auf die Aufklärung der Fundamentalismus entstanden.

Die erwachsenen Menschen mit dem nicht reflektierten Kinderglauben werden *Fundamentalisten* genannt. Der Begriff kommt aus den USA. Dort erschien in den Jahren 1910 bis 1915 als Reaktion auf die Erkenntnisse der Historiker eine Schriftenreihe, »The Fundamentals«. Als die fünf Fundamente des christlichen Glaubens wurden erklärt:

Die Irrtumslosigkeit der Bibel,
die Gottheit Jesu Christi und seine Geburt von einer Jungfrau,
der Tod Jesu zur Sühne für die Sünden der Menschheit,
die leibliche Auferstehung Jesu,
die Wiederkunft Christi.

Keine dieser Vorstellungen ist heute noch in der Theologie unbestritten.

Ich beziehe mich in diesem Buch auf die »Fundamentals«, wenn ich von christlichen *Fundamentalisten* spreche. Dabei bin ich mir bewusst, dass es gegenwärtig viele Varianten von Fundamentalismus gibt. Gemeinsam ist allen christlichen Fundamentalisten, dass sie *bestreiten*, Fundamentalisten zu sein. So hat der damalige Ratsvorsitzende der EKD, Bischof Huber, nicht nur im Frühjahr 2008 das »Christival« genannte Treffen fundamentalistischer Christen in Bremen mit seiner Anwesenheit beehrt. Huber behauptete in Bremen auch öffentlich, es sei falsch, theologisch konservative evangelikale Christen mit Fundamentalisten gleichzusetzen, und berief sich auf seine »Lebenserfahrung«.[1] Friedrich Wilhelm Graf konstatierte bei Wolfgang Huber einen »autoritären Gestus des Allwissens. Wer selbst nicht zweifelt, wird Nachdenklichen nicht viel zu sagen haben.«[2]

Niemand will Fundamentalist genannt werden

Auch das Netzwerk der Evangelikalen, die Deutsche Evangelische Allianz, wehrt sich gegen die Bezeichnung »Fundamentalisten« und sieht sich als konservative »Bewegung der Mitte«. So der damalige Allianz-Vorsitzende Jürgen Werth.[3] Beim *Christival* trat unter anderem der schon erwähnte ehemalige Generalsekretär des Christlichen Vereins Junger Menschen (früher: Männer), CVJM, und nun Leiter der europaweiten Missionskampagne »ProChrist«, Ulrich Parzany, auf. Er beklagte die »Fundamentalismus-Keule« der Kritik und behauptete, die Pointe der Reformation sei, dass die Bibel bis heute im wörtlichen Schriftsinn für Christen maßgeblich bleibe: »Das ist kein Sonderpfründlein irgendwelcher Sektierer.«

Die Pietisten wollen ebenfalls nicht als Fundamentalisten angesehen werden. Das betonte anno 2011 zum Beispiel der württembergische Landesbischof Frank Otfried July (Stuttgart). Sie sind es jedoch gemäß der ursprünglichen Definition in den »Fundamentals«. »Der heutige Pietismus bekennt sich in vielen seiner Ausprägungen zur Irrtumslosigkeit (Bibeltreue) bzw. gemäßigter zur Widerspruchsfreiheit oder zum für Heilsfragen hinreichenden Charakter der Heiligen Schrift«. So Wikipedia 2015.

Ähnliches gilt auch für die Baptisten. Sie behaupten ebenfalls von sich: »Wir sind keine Fundamentalisten, sondern wollen Bibelbewegung bleiben.«[4] Nach dem Konzept der von den Baptisten betriebenen, staatlich genehmigten Grund- und Hauptschule im Hohenlohekreis in Baden-Württemberg beispielsweise ist allein die Bibel Grundlage für Erziehungsmaßstäbe und -ziele. Die Schüler sollen Gehorsam gegen Gott, Eltern und Obrigkeit, Schamhaftigkeit und Keuschheit lernen. Sexualerziehung ist den Eltern vorbehalten. So der Bürgermeister der Gemeinde.[5] Die Baptisten sind weltweit aktiv. Der Baptistische Weltbund mit 214 nationalen Baptistenbünden ist derzeit eine der größten evangelischen Denominationen (das sind christliche Religionsgemeinschaften).

Die evangelische Lukas-Schule in München hatte einen Leiter, der zugleich als Vorsitzender des christlich-konservativen Vereins »Die Wende« aktiv war. Dieser Verein, der sich mit gleichgesinnten Gruppierungen zu einem Forum zusammengeschlossen hatte, verschickte Pressemeldungen, die gegen Homosexuelle agitierten und wunderlicherweise als Namensartikel des Schulleiters bei *kreuz.net* erschienen sind. In der Schule gab es nach kritischen Berichten der *Süddeutschen Zeitung* eine Untersuchung durch die Evangelisch-Lutherische Landeskirche – ohne personelle Konsequenzen.[6] Der für die Untersuchung verantwortliche Oberkirchenrat Detlev Bierbaum bestätigte, dass die Lukas-Schulen »eine evangelikale Ausrichtung« haben. Diese sei aber nicht fundamentalistisch, sondern könne als pietistisch bezeichnet werden.[7]

Es entspricht dies der Sprachregelung, die der EKD-Ratsvorsitzende Wolfgang Huber pflegte. Sie dient objektiv der Irreführung der Öffentlichkeit. Offensichtlich ist es jedoch für Bedford-Strohm kein Widerspruch, wenn er trotzdem als EKD-Ratsvorsitzender, wie ich finde, sehr zu Recht, fordert: »Schüler müssen lernen, die eigene Religion selbstkritisch zu hinterfragen ...«.[8] Das wäre eine Aufgabe des Religions- und Ethikunterrichts.

Allianzen der Glaubenswächter

Die *Evangelische Allianz*, ein bereits 1846 in Großbritannien gegründeter Verbund der Fundamentalisten, bekennt sich »zur göttlichen Inspiration der Heiligen Schrift, ihrer völligen Zuverlässigkeit und höchsten Autorität in allen Fragen des Glaubens und der Lebensführung.« Die Deutsche Evangelische Allianz wurde 1886 in Bad Blankenburg, Thüringen, gegründet und 2004 von Stuttgart in den Gründungsort zurückverlegt. Sie versteht sich als »Netzwerk evangelikaler Christen«. Für den jetzigen Vorsitzenden der Allianz, Michael Diener, soll die Allianz »so evangelisch wie möglich und so evangelikal wie nötig« sein.[9] Dahinter steckt, freundlich gesagt, ein großes Selbstbewusstsein.

Glaubenswächter sind keine muslimische Erfindung. In den 1950er-Jahren »sah sich eine kleine Anzahl von Männern aus dem theologisch-konservativen kirchlichen Lager und dem Pietismus von Gott zu einem stellvertretenden und prophetischen Wächterdienst gerufen.« So die Selbstbeschreibung. Diese Männer, natürlich nur Männer, gründeten die deutsche Bekenntnisbewegung »Kein anderes Evangelium«. Die Vorstellung, von Gott zu einem »Wächterdienst« berufen zu sein, ist an und für sich schon eine unglaubliche Anmaßung und natürlich auch nicht zu belegen.

Gemeinsamkeiten aller religiösen Fundamentalisten

Moderne historisch-kritisch arbeitende *islamische* Theologen, wie Mouhanad Khorchide, Professor für islamische Religionspädagogik am Centrum für Religiöse Studien der Universität Münster, haben mit den »Glaubenswächtern« der islamischen Verbände in Deutschland ähnliche Probleme wie die historisch-kritischen christlichen Theologen mit ihren Fundamentalisten. Was Khorchide zum Beispiel über die islamischen Rechtsgelehrten sagt, kann man genauso über die sogenannten Kirchenväter sagen, und über manche andere Deuter von »Gottes Wort«. Khorchide: »Ich habe nichts gegen die Rechtsgelehrten. Ich habe etwas dagegen, dass wir Muslime ihre Aussagen unhinterfragt als göttliche Wahrheit für alle Zeiten übernehmen. Dabei haben auch sie nur den Koran interpretiert. Wir haben aus ihnen Götter gemacht.«[10] Das Votum des Islamwissenschaftlers Khorchide lautet: »Theologie braucht Debatte. Sonst kann sie sich nicht entfalten. Sie lebt von Argumenten und Gegenargumenten. Sie lebt von der Vernunft, ohne die es keine Wissenschaft des Glaubens gibt.«[11]

Der Salafismus, so der deutsche Islamwissenschaftler Rüdiger Lohlker (Wien), ist »die islamische Ausprägung eines Evangelikalismus«. Dies ist eine globale gesellschaftspolitische Situation, die nicht gleichgültig lassen sollte. Fundamentalistische Juden, Christen und Muslime berufen sich jeweils auf solche Formulierungen in ihren Heiligen Schriften, die als Machtinstrumente ihren Zielen dienlich sind.

Zurück zu den christlichen Glaubenswächtern: 1970 wurde schließlich in Deutschland »von Repräsentanten aus Landes- und Freikirchen, die dem Pietismus beziehungsweise der evangelikalen Bewegung nahestehen«, die auch der Evangelischen Allianz »nahestehende« Nachrichtenagentur *idea* gegründet. Deren biblizistischen Ansatz zeigen bereits kleine Beispiele: Der Bürgerkrieg in Syrien ist für »Das christliche Nachrichtenportal« die Frage wert: »Syrien: Sagt die Bibel das Bürgerkriegschaos voraus?«[12] Steht doch im Buch Jesaja (17,1) in einem Teil, der aus dem 8. vorchristlichen Jahrhundert stammt: »Damaskus wird keine Stadt mehr sein, sondern ein zerfallener Steinhaufen.« Quelle für die Agentur ist der »wiedergeborene« US-Evangelikale Joel C. Rosenberg, der Endzeit-Science-Fiction-Bestseller schreibt. Zwei Jahre später meldete dann *idea*: »Die Wiederkunft Jesu steht kurz bevor«[13] und berief sich dabei auf den Evangelisten Franklin Graham, den Sohn von Billy. *idea* wird von der EKD subventioniert.

Die evangelischen Fundamentalisten eint nicht nur, dass sie behaupten, *keine* Fundamentalisten zu sein; vielmehr auch die Behauptung, der »Neuen Rechten« *nicht* nahe zu stehen. Diese Nähe hat unter anderem die katholische Theologin Sonja Angelika Strube von der Forschungsgruppe »Frieden, Religion, Bildung« an der Universität Osnabrück detailliert beschrieben.[14]

XI. Der Glaube der Fundamentalisten

»Konservative Gläubige und Rechtspopulisten verfolgen gemeinsame Ziele«, konstatierte Peter Wensierski im *Spiegel*.[15] Er zitiert Strube mit dem Satz: »Das mediale Zusammenwirken christlicher und neurechter Kreise verläuft in Wechselseitigkeit.« Die Osnabrücker Theologin verweist mit umfangreichen Belegen darauf, dass sich die Deutsche Evangelische Allianz sowie die Medien *idea* und *medrum* »auf die Berliner Wochenzeitung *Junge Freiheit* und ähnliche Scharnierorgane bezögen« und sie die *Junge Freiheit* »im Anschluss an zahlreiche Rechtsextremismusforscher als Medium der ›Neuen Rechten‹ bewerte«.[16] Auch der erwähnte unsägliche Pastor Olaf Latzel gab, nachdem er sich ins Gerede gebracht hatte, der *Jungen Freiheit* ein Interview,[17] das noch am selben Tag von *idea* zitiert wurde. Der Allianz-Vorsitzende Michael Diener erklärte auf den *Spiegel*-Artikel hin, der Eindruck, dass die 1,3 Millionen theologisch konservativen Christen, die der Allianz nahestehen, »durchweg rechtsradikal«[18] sind, sei falsch. Dass sie es »durchweg« sind, hat freilich auch niemand behauptet.

XII. Die Angst vor der Evolution

Nach Untersuchungen des Meinungsforschungsinstituts Gallup aus dem Jahre 2008 glauben 44 Prozent der US-Amerikaner, dass die Erde vor etwa zehntausend Jahren von Gott geschaffen wurde. Der republikanische Abgeordnete Paul Broun, Arzt und sogar Mitglied des Wissenschaftsausschusses, sagte in einer Rede vor der *Liberty Baptist Church* im Oktober 2012: »All das, was ich einmal gelernt habe über Evolution, Embryologie und die Urknalltheorie, sind Lügen direkt aus der Hölle.«[1] Der republikanische evangelikale US-Präsidentschaftskandidat Ben Carson ist davon überzeugt: Die Pyramiden in Ägypten sind keine Pharaonengräber. Sie wurden vielmehr von Josef, dem Sohn des biblischen Erzvaters Jakob, als Getreidespeicher angelegt.[2] Dass die ersten Pyramiden Jahrtausende älter sind als die ältesten Bibeltexte und dass es zur Pharaonenzeit eine Hieroglyphen-Schrift gab, mit deren Hilfe die Alten Ägypter ihre Geschichte und ihre Weltsicht für uns Heutige nachvollziehbar gemacht haben, hat sich womöglich bis zu den Evangelikalen noch nicht herumgesprochen.

Die vor allem in den USA agierenden christlichen *Kreationisten* von *creatio* (Schöpfung) sehen, entgegen allen Erkenntnissen seriöser Forschung, die biblischen Schöpfungsberichte als Grundlage ihres Weltbildes an. Um zu vermeiden, dass der Begriff »Gott« als Schöpfer der Welt verwendet wird, sprechen die Kreationisten in den USA von »Intelligent Design«, wobei Gott der Designer ist. Denn in den USA sind Staat und Kirche strikt voneinander getrennt. Mit dieser Wortwahl können die Kreationisten trotzdem politisch agieren.

Im Gegensatz zum kreationistischen Glaubensbekenntnis zeigen die naturwissenschaftlichen Erkenntnisse, dass die Evolution ein Zusammenspiel von »Zufall und Notwendigkeit« ist. Die Formulierung »Zufall und Notwendigkeit« ist Titel eines Buchs des Medizin-Nobelpreisträgers von 1965,

Jacques Monod.³ Allerdings wusste so bereits der griechische Philosoph Demokrit (etwa 460–370 v. Chr.) die Welt zu deuten: »Alles, was im Weltall existiert, ist die Frucht von Zufall und Notwendigkeit.«

Einbruch in eine spiritualisierte Welt

Die Entdeckung einer Evolution, also einer permanenten Entwicklung und Weiterentwicklung der Welt, war für die Christenheit etwas fundamental und erschreckend Neues. Man muss, um das zu begreifen, sich vorzustellen versuchen, wie im Mittelalter das Weltbild der Christen aussah, soweit uns das die Historiker heute vermitteln können.

Der Professor für mittlere und neuere Geschichte, Otto Borst, hat beschrieben, wie die mittelalterliche Gesellschaft »das Ding, das Leben, die Welt damals spiritualisiert hat. So wenig es damals in der ›Zeit‹ und in der ›Geschichte‹ ein Werden und eine Entwicklung gab, so sehr ist die Gegenwart des Heiligen gegenwärtig und greifbar«.⁴ Das war freilich kein Leben in frommer Gelassenheit, sondern ein angsterfülltes. Borst: »Ohne ihre Höllenangst (und andererseits ihre Heilsbesessenheit) wird man die Wesensart dieser Menschen von damals kaum verstehen können.« Angst sei auch der Grund, warum sich zum Glauben der Aberglaube gesellte. Otto Borst zitiert aus den Notizen zur Religion des Dichters Novalis aus dem Jahr 1798, der, obgleich in einem streng pietistischen Elternhaus aufgewachsen, ein naturwissenschaftlich gebildeter Mensch war: »Ich muss ordentlichen Aberglauben zu Jesus haben.« Und: »Der Aberglaube ist überhaupt notwendiger zur Religion, als man gewöhnlich glaubt.«

Borst kommentierte das so: »Gläubigkeit liegt dann nahe bei Gutgläubigkeit, Einfachheit bei Naivität, die tatsächlich von den Priestern, von den Klugen und wissenden ›Medizinmännern‹ hinters Licht geführt und missbraucht wird.« Dennoch, so Borst, könne dieser Aspekt, nämlich die Volksfrömmigkeit, die gewaltige Wirkung mittelalterlichen Glaubenslebens als die prägende Kraft eines halben Jahrtausends nicht verdecken, die erst durch die Errungenschaft der Aufklärung gelockert wurde, »durch die Vernunft«.

Dies jedoch offenkundig und bis heute nur begrenzt: Der schon mehrfach erwähnte nordelbische Altbischof Ulrich Wilckens – die Evangelikalen zitieren immer wieder dieselben Schwarmgeister – beklagte auf der Herbsttagung der fundamentalistischen »Kirchlichen Sammlung um Bibel und Bekenntnis« im Herbst 2012: Die historisch-kritische Auslegung sei ein Produkt der Aufklärung im 18. Jahrhundert: »Von Anfang an war es eine tiefgreifende Verfehlung, die Vernunft zur Richterin über Gott zu machen, so dass Glaubensgehorsam gegenüber Gott als des autonomen Menschen unwürdige Heteronomie (Fremdbestimmtheit) erschien.«[5] Dazu passt die Vorstellung von Papst Benedikt XVI., der »Durst« nach »Wissen« habe den Menschen »von seiner wahren Bestimmung abgebracht«.[6] Josef Ratzinger war immerhin, wie Wilckens, auch einmal Hochschullehrer und hat wissensdurstige Studenten unterrichtet.

Das Weltbild der christlichen Fundamentalisten ist dem der Antike näher als dem des 21. Jahrhunderts. Fundamentalistische Vorstellungen sind auch nicht beschränkt auf die Mitgliedschaft in den eben genannten Gemeinschaften. Wie eng der evangelikale Horizont ist (auch wenn dies im Einzelfall anders sein kann), besagt wiederum ein Text der evangelikalen Nachrichtenagentur *idea* vom 5.3.2014: »Christen sollten die Evolutionstheorie nicht leichtfertig akzeptieren.« Darin steht die nun wirklich hanebüchene Theorie der Herren Henrik Ullrich und Reinhard Junker (von der sogenannten Studiengemeinschaft Wort und Wissen): »Wenn der Mensch aus dem Tierreich stammte, gäbe es nicht den einen – Adam, durch den die Sünde in die Welt kam. Außerdem wäre Sünde genauso ein Evolutionsprodukt wie zum Beispiel der aufrechte Gang.« Im Mai 2014 habe ich in der Prager U-Bahn diesen Reklametext gelesen: »Adam und Eva, musikalisches Lustspiel nach einer wahren Begebenheit ...« Das wird die Herren von »Wort und Wissen« freuen.

XII. Die Angst vor der Evolution

EKD kontra Kreationismus

»Die Lehre vom Ursprung des Lebens darf nicht den Kreationisten überlassen werden, sondern muss auf wissenschaftlich gesicherten Erkenntnissen beruhen.« Das forderten im Juni 2006 die Union der Deutschen Akademien der Wissenschaften und 66 weitere Akademien der Wissenschaften weltweit.[7] Der Rat der EKD hat in einer *Orientierungshilfe* »Weltentstehung, Evolutionstheorie und Schöpfungsglaube in der Schule« im Februar 2008 betont, es müsse »klar gesagt werden«: »Aus theologischen Gründen ist der Kreationismus abzulehnen. Er setzt sich über die bibelwissenschaftlichen und systematisch-theologischen Einsichten in die Entstehung, Ausformung und Bedeutung des biblischen Schöpfungszeugnisses hinweg und missachtet die geschichtlichen Kontexte seiner Entstehung.« Die Konzepte des »intelligent design« müssten »als pseudowissenschaftlich eingeschätzt werden«.

Die Katholische Kirche tut sich dagegen bis heute schwer mit dem Verständnis der Evolution und steht dem Weltbild der Kreationisten sehr aufgeschlossen gegenüber. Papst Benedikt XVI. sagte bei seiner Amtseinführung anno 2005: »Wir sind nicht das zufällige und sinnlose Produkt der Evolution. Jeder von uns ist Frucht eines Gedankens Gottes.«

Auf evangelischer Seite in Deutschland ist das Mittelalter in fundamentalistischen Kreisen weiterhin tief verwurzelt. Der Vorsitzende Henrik Ullrich von der erwähnten »Studiengemeinschaft Wort und Wissen«, dem »wichtigsten Zusammenschluss der Kreationisten in Deutschland«, bekannte zum Beispiel vor der Evangelischen Akademie in Tutzing, er wolle »an einer Vorstellung von Gott festhalten, nach der die Welt in sechs Tagen geschaffen worden sei«.[8] Immerhin hat der Präsident der Katholischen Bibelföderation, Bischof Vincenzo Paglia, festgestellt: »Fundamentalismus entsteht dort, wo sich verunsicherte Menschen zur Bibel wenden, ohne sie wirklich zu verstehen.«

Kreationisten helfen Islamisten

Die »kreationistische Internationale« (Graf) ist mittlerweile zu einer Weltmacht geworden. Mitte der 1980er-Jahre erreichte das »Institute for Creation Research« die Bitte des türkischen Erziehungsministeriums um Unterstützung bei der Reform der Lehrpläne für den Biologieunterricht: »Die gut bezahlten Kreationsexperten aus den USA lassen nun ihre Lehrbücher ins Türkische übersetzen, fügen statt der Bezüge auf die Bibel jedoch Belege aus den Schöpfungssuren des Koran ein – eine religionspolitisch erfolgreiche Operation. Denn diese vermeintlich genuin türkischen, muslimischen Curricula werden inzwischen in den Golfstaaten sowie in Marokko und Tunesien rezipiert. Auch gibt es in der Türkei und in anderen dominant muslimischen Gesellschaften inzwischen eine ganze Reihe von überaus finanzkräftigen kreationistischen Forschungsinstituten und Organisationen, die Wissenschafts- und Bildungspolitik zu machen suchen – etwa die in Durban residierende Ansaar Foundation« (Graf). In diesem Zusammenhang erwähnte Friedrich Wilhelm Graf auch indische Hindu-Kreationisten, »smarte junge Banker aus der City, extrem erfolgreiche Verkäufer scharia-konformer Finanzprodukte«.[9]

XIII. Verblichene Hoffnungen

Nach dem Zweiten Weltkrieg wurde auf unterschiedliche Weise versucht, was in der ersten Hälfte des 20. Jahrhunderts gescheitert war: naturwissenschaftliche Beweise für die Richtigkeit des christlichen Weltbildes zu finden oder wenigstens Lücken in den Naturgesetzen. 1955 erschien das Buch von Werner Keller ›Und die Bibel hat doch recht‹. Es wurde ein Welterfolg. Der Autor glaubte, archäologische Belege für die historische Zuverlässigkeit der Mythen des Alten Testaments gefunden zu haben. Sie erwiesen sich im Lichte genauerer Forschungsergebnisse jedoch als falsch.

Jahrzehntelang haben nach dem Zweiten Weltkrieg Forscher zu ergründen versucht, ob nicht manche Menschen – wie dies unter anderem auch aus den biblischen Berichten hervorzugehen scheint – übersinnliche Fähigkeiten haben. Die *Parapsychologie* als wissenschaftliche Disziplin ist jedoch völlig gescheitert. Der einzige deutsche Lehrstuhl für parapsychologische Forschung, an der Universität Freiburg, wurde 2001 aufgelöst, desgleichen neben anderen auch der weltweit erste Lehrstuhl auf diesem Gebiet an der Universität Utrecht in den Niederlanden.

Die Hoffnung, Beweise für das Wirken übernatürlicher Kräfte oder Belege für übernatürliche menschliche Fähigkeiten zu finden, erfüllte sich nicht. Allerdings haben auch die Parapsychologen immer darauf hingewiesen, dass singuläre Ereignisse, wenn es sie gibt, im Nachhinein kaum zu verifizieren sind. Das gilt umso mehr, als das, was nicht unter Laborbedingungen im menschlichen Gehirn passiert, kaum zu objektivieren ist. Grund genug, auf diesem Gebiet weiter zu forschen.

XIII. Verblichene Hoffnungen

Nahtod-Erfahrungen passieren im Kopf

Wissenschaftler versuchen seit einigen Jahrzehnten, »Nahtod-Erfahrungen« (*Near Death Experiences*, NDE) zu objektivieren und sie zu dokumentieren. Über NDE wird bereits im 5000 Jahre alten Gilgamesch-Epos berichtet. Diese Erfahrungen sind nach heutigem Wissen keine Folge einer psychischen Störung oder eines physischen Gehirnschadens. Und sie sind schon gar nicht übernatürlich. Sie sind auch keine Wunschvorstellungen. Denn die Betroffenen machen paradiesische wie höllische Erfahrungen. Möglicherweise sind die Vorstellungen von Paradies und Hölle als Orte posthumen Weiterlebens das *Ergebnis* entsprechender Nahtod-Erfahrungen. Betroffene, sofern sie überlebt haben, berichten auch von Begegnungen mit bereits verstorbenen Angehörigen sowie mit göttlichen Gestalten. Allerdings, so beobachteten die britischen Psychiater Glenn Roberts und John Owen: »Von keinem Hindu wurde berichtet, er habe Jesus gesehen, und kein Christ begegnete einer Hindu-Gottheit.«[1] Die beiden Forscher vermuten, dass »viele der volkstümlichen Bilder von einem Leben nach dem Tode ihren Grund in Nah-Todeserfahrungen haben und kulturspezifische Erwartungen nicht nur die Bilder von NDE bestimmen, sondern vielmehr ihren Ursprung in diesen Erfahrungen haben.« Was immer Menschen als Nahtod-Erfahrungen beschreiben, sie haben diese er-*lebt*. Das heißt, sie waren *nicht* tot. Ihr Gedächtnis funktionierte, sonst könnten sie nichts darüber berichten. Das heißt, die Nahtod-Erfahrungen passieren im lebendigen menschlichen Kopf.

Spontanheilungen sind etwas Natürliches

Man kann, wie viele Fundamentalisten, an Wunder glauben. Man muss allerdings wissen, dass es keinen einzigen belegten Fall eines den Naturgesetzen widersprechenden Wunders gibt. Es ist wahr: Manche Menschen mit einer üblicherweise unheilbaren Krankheit werden spontan wieder gesund, und zwar unabhängig von ihrem Glauben. Das ist etwas Natürliches, wenngleich noch längst nicht völlig verstanden. Die Biochemikerin Caryle Hirshberg und der Redakteur der Zeitschrift *Psychology Today*, Marc Ian Barasch, haben nachweisbare Fälle von Spontanheilungen in einem Buch dokumentiert: *Unerwartete Genesung,* mit dem erklärenden Untertitel »Die Kraft zur Heilung kommt aus uns selbst«.[2]

Wer Beobachtungen als »übernatürlich« deutet, wie dies in christlichen Kirchen geschieht, pflegt einen Glauben, der sich mit jeder natürlichen Erklärung der Sachverhalte infolge zunehmender Erkenntnis als Aberglaube entlarvt. Glaube als Lückenbüßer für eben noch Unerklärliches ist eine vorläufige Angelegenheit. Eckart Voland, Professor für Philosophie der Biowissenschaften an der Universität Gießen, sieht es so: »Der Glaube an Übersinnliches ist eine Leistung des menschlichen Gehirns, die sich in der Evolution herausgebildet hat. Wir können sie nicht unter Einsatz der Vernunft einfach ›abstellen‹. Sehr wohl steht Religiosität aber der wissenschaftlichen Erforschung offen. Und Wissenschaft ist auch der bestmögliche Weg, sich dem Phänomen zu nähern. Denn nur sie fördert Wissen zu Tage.«[3]

Alle wissenschaftlichen Bemühungen, bei einzelnen Menschen einen »Sechsten Sinn«, und damit übernatürliche, parapsychologische Wahrnehmungsfähigkeiten nachzuweisen, sind, wie gesagt, gescheitert. Offenkundig gibt es jedoch Menschen, die über eine besonders ausgeprägte Sensibilität verfügen. Und es gibt allgemein die Erfahrung, dass Menschen in komplexen, nicht durchschaubaren Situationen »aus dem Bauch heraus« richtige Erkenntnisse haben, richtige Entscheidungen treffen können. Der Psychologe und Direktor am Max-Planck-Institut für Bildungsforschung in Berlin, Gerd Gigerenzer, hat »Die Intelligenz des Unbewussten und die Macht der Intuition« zu einem Forschungsthema und seine Erkenntnisse öffentlich gemacht.[4]

Der Heiler Jesus

Jesus wurde zu Lebzeiten »zuallererst als Heiler wahrgenommen und sein Heilungs-Charisma begründete den Erfolg seines Wirkens«. So formuliert es der Theologe Udo Schnelle. »Die Exorzismen bilden das Zentrum des heilenden Wirkens Jesu«, darüber bestehe Konsens in der gegenwärtigen Forschung. Jesus teilte, so Schnelle, die »Überzeugungen im antiken Judentum, wonach die Entmachtung des Teufels und seiner Dämonen ein Kennzeichen der hereinbrechenden Endzeit« sei. Jesus nutzte als Heiler die damals »gebräuchlichen Techniken«, so Schnelle.

Seit Anfang des 20. Jahrhunderts und dank der bahnbrechenden Erkenntnisse von Sigmund Freud wissen wir viel über das menschliche Unbewusste, die Ursachen psychischer und psychosomatischer Störungen und die Möglichkeiten, manche von ihnen zu heilen. Wir wissen auch um die selbstheilende Kraft eigener Vorstellungen, den *Placebo-Effekt*. Um das zu verstehen, ist die Vorstellung einer »Besessenheit« durch Teufel und Dämonen nicht mehr nötig. Der Neurowissenschaftler Gerhard Roth beschreibt den gegenwärtigen Erkenntnisstand der Psycho-Neurobiologie so: »Fest steht, dass alles normale und krankhafte seelische Geschehen untrennbar an Hirnprozesse gebunden ist und dass sich Psyche und Persönlichkeit des Menschen in strengem Zusammenhang mit der Entwicklung seines Gehirns entwickeln, genauer: des sogenannten limbischen Systems. Zugleich steht aber auch fest, dass das Gehirn zwar der unmittelbare ›Produzent‹ des Psychischen ist, als solcher aber zugleich der Ort, an dem ganz unterschiedliche Faktoren aufeinandertreffen. Das Gehirn verarbeitet diese Einflüsse und setzt sie in Zustände psychischen Erlebens und in Verhalten um.«[5]

Unter schlichten Christen ist die archaische Vorstellung der Besessenheit dennoch nicht ausgestorben. Die Stärke des Teufels liege in seinem unbemerkten Wirken: »Der größte Sieg des Dämonen ist, glauben zu machen, dass es ihn nicht gibt.« So zitiert im 21. Jahrhundert die Katholische Nachrichtenagentur den römischen Priester und Exorzisten Gabriele Amorth.⁶ Selbsterkenntnis mit Hilfe psychoanalytischer Techniken zu vermitteln, wurde noch 1961 den katholischen Priestern ausdrücklich untersagt. Das »Heilige Offizium« befand: »Den Geistlichen und Ordensleuten ist die psychoanalytische Betätigung ... verboten. Die Meinung derjenigen, die der Auffassung sind, daß eine psychoanalytische Prüfung vor der Priesterweihe notwendig ist, ist zu verwerfen.«⁷

Seit Urzeiten deutet der Mensch, was er nicht versteht, als Mysterium. Das sind etwa besondere Erfahrungen, die er mit Hilfe von Drogen oder auch beim intensiven Meditieren macht. Sie vermitteln ihm ein hoch emotionales Bild von einer Wirklichkeit, die im menschlichen Alltag verborgen bleibt. Mystiker versuchen freilich auch aufgrund ihrer persönlichen Erfahrungen Gott und die Welt zu *erklären*. Dieses Bemühen durchzieht die ganze Kirchengeschichte. Bereits im 2. Jahrhundert war die Vorstellung weit verbreitet, wonach in einem durchgeistigten Menschen (*Gnostiker*) ein »göttlicher Funke« lebe. Der deutsche Mystiker Meister Eckhart (1260–1328) glaubte, »dass etwas in der Seele ist, das Gott so verwandt ist, dass es eins ist und nicht vereint.« Das sind jedoch, wie ich meine, zwar weiterhin beliebte Bilder, die aber keine neue Erkenntnis bringen.

Ockhams Rasiermesser bleibt nützlich

Der englische Philosoph und Theologe Wilhelm von Ockham, etwa 1285 geboren und zwischen 1347 und 1350 in München gestorben, hat eine Idee entwickelt, die immer noch fruchtbar ist und von den Engländern *Ockham's Razor* (Rasiermesser) genannt wird: Wenn man einen Sachverhalt auf komplizierte und auf einfache Weise erklären kann, solle man es zunächst mit der einfachen Erklärung versuchen und diese so lange beibehalten, wie sie den Fakten standhält. Für die Naturwissenschaftler ist eine solche Vorgehensweise selbstverständlich. Das Denk- und Spekulationsgebäude, welches

Juden und Christen in dreitausend Jahren aufgetürmt haben, verdiente es, mit Ockhams Rasiermesser gründlich bearbeitet zu werden. Eckart Voland formuliert es heute so: »Wissenschaftler können bestimmte Phänomene schlicht sparsamer erklären, nämlich ohne metaphysische Einkleidung ... Kann ich Wissen vermehren, indem ich über mich selbst nachdenke, in mich hineinhorche? Dieses Verfahren ist höchst unzuverlässig. Ich bleibe dabei: zur kritisch-rationalen Methode der Wissenschaft gibt es keine Alternative.« Es gibt wundersame und verwunderliche, unerklärliche Ereignisse, aber keine Wunder, die nachweisbar den Naturgesetzen widersprechen. Wären solche Ereignisse nachweisbar, würden wir die Naturgesetze umschreiben müssen. Der protestantische Theologe Klaus-Peter Jörns sagt: »Jenseits dessen, was Menschen mit ihren Sinnen wahrnehmen können, gibt es weder Offenbarung noch irgendwelche Sonderwahrnehmungen.« Alles andere wäre aus heutiger Sicht Aberglaube.

Aberglaube, so wie ich ihn in diesem Buch verstanden wissen will, ist Glaube wider besseres Wissen. Glauben heißt, seine Hoffnung setzen auf etwas, das man nicht weiß. Vieles vom Glauben unserer Altvordern ist im Lichte unseres heutigen Wissens Aberglaube. Allerdings hält sich Aberglaube offenkundig dort besonders gut, wo es an kritischer Distanz zum eigenen Milieu fehlt, wovor natürlich auch Kirchenfürsten (oder Journalisten) nicht gefeit sind.

XVI. Schlagworte als Waffen

Die Angst der Fundamentalisten vor einer historisch-kritischen Deutung der biblischen Bücher hat einen Grund. Nämlich den, damit jegliche Gewissheit zu verlieren. Deshalb das Beharren darauf, dass die Bibel »göttlich inspiriert« und daher irrtumsfrei sei. Gegen jegliche *Erkenntnis* steht das *Bekenntnis*. Man ist *erkenntnisresistent* und nennt das *bekenntnistreu*. »Die Suche nach Eindeutigkeit«, so beschrieb Harald Lamprecht, der Sektenbeauftragte der Evangelisch-Lutherischen Landeskirche Sachsens, auf der Internet-Seite *confessio.de* der Landeskirche das Bemühen der Fundamentalisten. Fundamentalismus sei »immer reduktionistisch: Aus der Fülle der Möglichkeiten wird nur eine einzige als möglich und richtig angesehen.« Jedoch so eindeutig ist nicht einmal die Mathematik. Wo Zählen und Addieren erlaubt sind, wird es, wie der deutsche Mathematiker Kurt Gödel 1931 nachwies, immer Sätze geben, deren Gültigkeit sich *weder* beweisen *noch* widerlegen lässt. Doch die Angst vor dem »Relativismus« ist konfessionsübergreifend. Das Schlagwort ist buchstäblich zur Waffe gegen die Kritiker der Fundamentalisten geworden.

Der katholische Relativismus

Vor allem Papst Benedikt XVI. kämpfte dagegen an – und war doch selbst der größte Relativist seiner Kirche. Er beklagte die »Diktatur« eines Relativismus außerhalb der katholischen Kirche, der »nichts als endgültig anerkennt«. Doch sah der Papst dabei nicht die Beliebigkeit und den Relativismus der eigenen hochspekulativen Lehren. Benedikt XVI. kannte sogar einen »Plan Gottes, der uns vorausgeht und eine Pflicht darstellt, die anzunehmen allein das Wohl aller und des Einzelnen garantieren kann«. Auch ein solcher

Glaube ist »Relativismus«. Denn einen »Plan Gottes mit der Menschheit«, wenn auch einen anderen als der Papst, hatte zum Beispiel ebenfalls ein gewisser Charles Taze Russel 1874 in Pittsburgh entdeckt, der Gründer der sich heute »Zeugen Jehovas« nennenden Gemeinschaft. Der von Russel vorausgesagte plangemäße Weltuntergang fand allerdings nicht statt. Gott habe eben seine Meinung geändert, so deuten das die »Zeugen Jehovas«. Ihr Gott ist eben auch ein Relativist. Einen Weltuntergang hatte bereits Jesus selbst seinerzeit fälschlich vorhergesagt, wie der Evangelist Markus berichtet.

Alle »Offenbarungsreligionen« berufen sich auf göttliche Offenbarungen. Die Offenbarung aber ist sozusagen die Mutter des Relativismus. Im Gegensatz zu den naturwissenschaftlichen Erkenntnissen haben sich menschliche Glaubensvorstellungen ins Beliebige hinein ausdifferenziert; ein Prozess, der offensichtlich zu keinem Abschluss kommt. Das gilt allein schon für das Christentum. Nach Angaben des evangelischen Theologen Friedrich Wilhelm Graf wurden um das Jahr 1900 rund 1800 christliche Bekenntnisse gezählt, im Jahre 2000 waren es bereits weltweit 34 000,[1] und heute sind es 45 000 sogenannte Denominationen, die sich auf »Offenbarungen« berufen, die nur ihnen selbst oder den jeweiligen Gründern oder Leitern zuteil wurden.[2]

Papst Benedikt XVI. behauptete, dass, im Gegensatz zu jeglichem Relativismus, Gott als Urheber und Ziel alles geschaffenen Seins von der natürlichen Vernunft »mit Sicherheit erkannt werden« könne. Seine Priester sind deshalb verpflichtet, in »selbstverschuldeter Unmündigkeit« (Kant) zu verharren und »alles und jedes Einzelne, was vom Lehramt der Kirche in der Glaubens- und Sittenlehre definitiv vorgelegt wird«, zu glauben. Andernfalls droht der Papst in dem von ihm neu erfundenen »Treueid«, den das Kirchenpersonal abzulegen hat, mit »gerechter Strafe« bis hin zur »großen Exkommunikation«. Einen ersten, noch abstruseren »Antimodernisteneid«, den Josef Ratzinger, ehe er Priester werden konnte, selbst noch leisten musste, hatte Papst Pius X. – Namensgeber der ultrakonservativen »Piusbrüder« –, wie schon erwähnt, im Jahre 1907 dekretiert.

Dabei hat, wie oben beschrieben, bereits Goethe dank seiner natürlichen Vernunft erkannt: »Es irrt der Mensch, solang er strebt.« Und der Jesuit und Publizist Wolfgang Seibel weiß: »Die Träger des Lehramts in der Kirche besitzen kein privilegiertes Wissen und keinen nur ihnen eigenen Zugang zur Offenbarungswahrheit.« Der Apostel Paulus gar relativierte: »Unser Wissen ist Stückwerk.« In diesem Sinn sind erwachsene, reife Menschen Relativisten, also bestenfalls auf der Suche nach der Wahrheit.

Glücklicherweise hat Benedikts Nachfolger Ratzingers Rigorosität relativiert. Papst Franziskus hat in seinem Apostolischen Schreiben *Evangelium gaudii* am 26.11.2013 erklärt, vom päpstlichen Lehramt könne man *keine* »endgültige und vollständige Aussage zu allen Fragen« erwarten. Der Ratsvorsitzende der Evangelischen Kirche, Nikolaus Schneider, hatte während der Synode der EKD eine Woche zuvor als »Kern reformatorischer Einsichten« betont: »Kein Amt und keine Person anzuerkennen, das oder die Gottes Wort in Menschenworten eindeutig und abschließend zu definieren beansprucht.«

Tatsächlich hat die katholische Kirche vernünftigerweise so manche von Papst und Bischöfen einst übereinstimmend vertretene Lehre auch wieder aufgegeben. Dazu zählt jene von der Berechtigung der Sklaverei, der Folter, der Todesstrafe für Häretiker, bis zu einem Zinsverbot, bei dem ansonsten der vatikanische Gottesstaat pleitegehen würde.

Messen mit zweierlei Maß

Beliebigkeit drückt sich auch darin aus, wie wenig ernst, entgegen ihrer Selbstbeschreibung, die katholische Kirche fundamentale Aussagen der Bibel nimmt. Der Evangelist Matthäus zitiert Jesus mit der Forderung, »dass ihr überhaupt nicht schwören sollt«. Und dennoch müssen die Amtsträger, wie gesagt, einen Treueid leisten. Der Apostel Paulus berichtete einst, dass die anderen Apostel, Jesu Brüder und sogar Petrus, verheiratet waren. Dennoch gilt für katholische Priester der Zölibat. Mit zweierlei Maß zu messen aber ist Relativismus. Am Fest Maria Himmelfahrt 2007 behauptete Papst Benedikt XVI.: »Die Bibel zeige die Gottesmutter stets engstens mit ihrem Sohn im Kampf gegen das Böse vereint.«[3] Tatsächlich berichtet die Bibel das Gegenteil. Zum Beispiel beschreibt das älteste Evangelium, das des Markus, die Reaktion Jesu auf seine Familie. Jesus wurde danach darauf aufmerksam gemacht: »Siehe, deine Mutter und deine Brüder und deine Schwestern draußen fragen nach dir. Und er antwortete ihnen und sprach: Wer ist meine Mutter und meine Brüder? Und er sah ringsum auf die, die um ihn im Kreise saßen, und sprach: Siehe, das ist meine Mutter und das sind meine Brüder!« (Mk 3,32–34) Der Widerspruch zwischen der Behauptung des Papstes und der biblischen Schilderung ist offensichtlich. Die Reaktion Jesu fanden bereits seine Jünger offenkundig so bemerkenswert, dass sie ins Evangelium kam.

Die Vorstellung, wonach Jesus der Sohn Gottes mit der »Jungfrau« Maria sei, ist im Übrigen ägyptischen Ursprungs. Dort war der Pharao der Sohn eines göttlichen Vaters und einer menschlichen Mutter, eine Chimäre gewissermaßen. Das Bild einer Jungfrau hat der Evangelist Lukas in die Welt gesetzt und das Alte Testament dabei zur Hilfe genommen. Der Prophet Jesaja schreibt dort im 8. vorchristlichen Jahrhundert, und natürlich in völlig anderem Zusammenhang: »Siehe, eine *junge Frau* ist schwanger und wird einen Sohn gebären, den wird sie nennen Immanuel« (Jesaja 7,14). So jedenfalls heißt es, korrekt übersetzt, im hebräischen Original. Das bezog der Evangelist auf die Maria, machte daraus nach zeitgenössischem Vorbild eine *Jungfrau*, und diese kam später in das christliche Glaubensbekenntnis. Daher glauben bibeltreue Christen bis heute an die »Jungfrau Maria«.

Das katholische Lehramt versteht den Glauben als geschlossenes System, offensichtlich aus Angst, sonst die Kontrolle zu verlieren. Geschlossene Systeme sind aus der Psychopathologie bekannt. Psychotiker zum Beispiel – und natürlich auch Sektierer – haben ein geschlossenes Weltbild. Das ist also keine fundamentalistisch-katholische Besonderheit.

Die Angst vor dem Zeitgeist

Grundvoraussetzung naturwissenschaftlicher Forschung ist es, die Richtigkeit ihrer Erkenntnisse und Theorien anzweifeln zu können und im Lichte besseren Wissens notfalls zu revidieren. So entsteht wissenschaftlicher Fortschritt. Dieser manifestiert sich, viel langsamer als Entdeckungen und Erfindungen, auch im gesellschaftlichen Leben. In den Kirchen gibt es diesen Prozess nicht, weshalb antike, sogar archaische Vorstellungen dort noch immer präsent, ja prägend sind. Erkenntnis wird dagegen gerne als »zeitgeistig« diffamiert. Auch dies ist ein Schlagwort im Kampf gegen theologischen Erkenntnis-Fortschritt.

Der »Zeitgeist« ängstigt die Katholische Kirche, seit im 19. Jahrhundert die moderne wissenschaftliche Forschung begann und damit die Kirche ihre Deutungshoheit verloren hat. Ihre Deutungshoheit darüber, was Moral ist, muss sie in einer Demokratie ohnedies an den Gesetzgeber abgeben, den sie dann kritisieren darf. Der »Zeitgeist« seiner Zeit hat im Übrigen selbstverständlich auch das Weltbild des Jesus von Nazareth beeinflusst, so etwa seine Vorstellungen von einem Weltuntergang. Andererseits bestimmte der ein knappes Jahrhundert jüngere »Zeitgeist« – geprägt zum Beispiel von der Zerstörung des Tempels in Jerusalem – unter anderem die Theologien der Verfasser der biblischen Evangelien.

Der Begriff *Zeitgeist* ist (nach *Wikipedia*) erstmals 1769 von Johann Gottfried Herder verwendet worden, in Anlehnung an die lateinischen Formulierungen *genius saeculi* (Geist des Zeitalters). Johann Wolfgang Goethe lässt 1790 seinen Faust gegenüber dessen Schüler Wagner sagen:

»Was ihr den Geist der Zeiten heißt,/Das ist im Grund der Herren eigner Geist,/In dem die Zeiten sich bespiegeln.«

Und was ist der Zeitgeist von heute? Der flüchtige Geist, der sich aus Umfragen herauskristallisieren lässt? Oder der Geist der Wissenschaften? Dieser in der Tat könnte für eine Kirche gefährlich werden, die meint, die Welt von heute aus der Tradition deuten zu können, das heißt, indem sie auf die eigenen Weltdeutungen von gestern zurückgreift. Der Geist der Vergangenheit ist, jedenfalls im Vatikan, »im Grund der Herren eigener Geist« geworden.

»Zeitgeistig« ist allerdings auch, dass, je weniger Menschen an Gott glauben, desto mehr fundamentale Erkenntnisse mit Gott assoziiert werden. Da wird das elementare »Higgs-Boson« als *Gottes-Teilchen* apostrophiert. Tatsächlich wollte der US-amerikanische Physiker Leon Lederman 1993 ein Buch über das »Goddamn particle«, das *gottverdammte* Teilchen schreiben. Sein Verleger fand »Gottesteilchen« attraktiver, und so kam der Begriff in die Welt. Das kam dann auch viel besser an.

Spiritualität sei ein grundlegender Bestandteil unseres genetischen Erbes, behaupten Biowissenschaftler, die auch gleich den passenden Namen für ein entsprechendes potenzielles Gen gefunden haben: *Gottes-Gen*. Aus der Arbeit für *Gottes Lohn*, also umsonst, ist allerdings der *Ein-Euro-Job* geworden. Und das Synonym für einen Priester, er sei ein *Gottes-Mann*, ist spätestens mit dem Bekanntwerden der Missbrauchs-Affären aus dem Vokabular verschwunden.

Zeitgemäß von Anbeginn

»Es ist nicht Aufgabe eines Bischofs, zeitgemäß zu sein. Ein Bischof muss das Evangelium verkünden, ob gelegen oder ungelegen.« So sieht es der (damals erst designierte) Weihbischof in Augsburg, Florian Wörner.[4] Ein solcher Satz klingt, als verkünde die Kirche in alle Ewigkeit dieselbe Botschaft. Aber die Frohe Botschaft wurde schon von Anbeginn »zeitgemäß« gedeutet, bereits bevor daraus die Evangelien entstanden sind, jeweils auch mit unterschiedlichen Ergebnissen. Paulus hat die Welt anders gesehen als etwa Petrus. Und um ein krasses Beispiel zu nehmen: Vom Teufel besessen zu sein, war zu Jesu Zeiten »zeitgemäß«. Dass es Hexen gibt und diese verbrannt werden müssen, war jahrhundertelang »zeitgemäß«, für Katholiken wie auch für Protestanten. Für Martin Luther, der Sigmund Freud und dessen Nachfolger noch nicht kennen konnte, war die Welt »voller Teufel«. Heute ist der Teufel nicht mehr »zeitgemäß«, außerhalb von sektiererischen Ecken, die es freilich besonders in der katholischen Kirche, aber auch weit verbreitet in den Pfingstkirchen, noch immer gibt.

»Zeitgeistig« ist freilich heute auch die Gleichgültigkeit vieler Menschen gegenüber allen Spekulationen über Gott und die Welt. Benedikt XVI. deutete die Gleichgültigkeit so: »Diese Gleichgültigkeit ist verursacht von der immer weiter verbreiteten Meinung, dass die Wahrheit für den Menschen nicht zugänglich sei; man müsse sich also darauf beschränken, Regeln für eine Praxis zu finden, um die Welt zu verbessern.«[5] Eben das geschieht in einer Demokratie. Doch eben das beklagte auch der Papst: »Das wäre ein Moralismus ohne tiefes Fundament.« Bereits anno 2010 behauptete Benedikt: Die Säkularisierung »droht die Menschenwürde zu leugnen«.[6] Bekanntlich hat der Vatikan die Menschenrechtskonvention der Vereinten Nationen *nicht* unterzeichnet. Und zur Vielstimmigkeit in Fragen der Moral betonte Benedikt XVI. im Januar 2012: »Es ist wichtig, zu diesen Themen mit einer einzigen Stimme zu sprechen, bezogen auf das Fundament der Schrift und der Tradition, und die Versuchung der Anpassung an den Zeitgeist zu vermeiden. Diese Tradition hilft uns, die Sprache des Schöpfers in seiner Schöpfung zu entziffern. Indem wir die großen Werte der Tradition der Kirche verteidigen, verteidigen wir den Menschen, verteidigen wir das Geschöpf.«

XV. Die Welt der Naturwissenschaftler

Die feindliche Gegenmacht

Für die Kirche war von Anfang an die Wissenschaft eine feindliche Gegen-Macht. Es galt nur die mehr oder minder gelehrte theologische Spekulation, die, zeitbedingt natürlich, in hellenistische und orientalische Welt-Vorstellungen eingebettet war.

In den ersten Jahrhunderten waren die Christen barbarische Kulturfrevler, ähnlich wie in unserer Zeit die Islamisten. Der riesige Bücherbestand der antiken Welt wurde im Einflussbereich des Christentums größtenteils vernichtet. Begründung: Es handele sich um »Zauberbücher«. Ich denke, es ging auch hier um Macht. Die Alte Welt war voller Gottheiten, und bereits Jahwe, der Gott der Juden, kämpfte hart gegen alle anderen Götter, deren Existenz gar nicht angezweifelt wurde. Auch der frühen Kirche ging es darum, allein für die Weltdeutung zuständig zu sein und sich nicht von den Erkenntnissen der Antike irritieren zu lassen.

Die Barbarei begann schon mit den missionarischen Aktivitäten des Apostels Paulus: »Viele aber, die Zauberei getrieben hatten, brachten die Bücher zusammen und verbrannten sie öffentlich und berechneten, was sie wert waren, und kamen auf fünfzigtausend Silbergroschen«, heißt es in der Apostelgeschichte (Apg 19,19).

Das Verbrennen unliebsamer Bücher ist also keine Erfindung von Joseph Goebbels und den Nationalsozialisten. Und auch nicht die Ermordung Andersdenkender. Anno 415 wurde Hypatia, eine hoch angesehene Wissenschaftlerin an der Universität von Alexandria, die platonische Philosophie lehrte, vom »christlichen Pöbel«[1] auf bestialische Weise ermordet, möglicherweise aufgehetzt durch den Patriarchen Kyrill, der bereits die Juden aus Alexandria vertrieben hatte. Auch die privaten Bibliotheken der Gebildeten wurden umfassend zerstört, die Codices verbrannt, ihre Besitzer hingerichtet. So berichtet der römische Geschichtsschreiber Ammianus Marcellinus (circa 330–395). Als letzte der alten Philosophenschulen ließ der byzantinische Kaiser Justinian I. 526 die Akademie Athens schließen. »Im Jahre 546 erließ er ein Lehrverbot für Heiden und ließ heidnische ›Grammatiker, Rhetoren, Ärzte und Juristen‹ verfolgen und 562 ›heidnische Bücher‹ öffentlich verbrennen.« Bereits seit dem Jahre 409 waren die Mathematiker verpflichtet worden, »ihre Bücher vor den Augen der Bischöfe zu verbrennen, andernfalls seien sie aus Rom und allen Gemeinden zu vertreiben«.[2]

Zusammen mit den Büchern verschwand die Bildung in Europa. Dagegen blühten die Wissenschaften in den entstehenden muslimischen Reichen auf. Die Mathematiker in Bagdad zum Beispiel gelten »als die Stammväter unserer heutigen Algebra«. Außerdem übersetzten und kommentierten Wissenschaftler in der islamischen Welt »einen Großteil der Werke der griechischen Mathematik und erhielten sie dadurch zum Teil überhaupt erst der Nachwelt«.[3] Mit dem Islam kam das, was übrig geblieben war von dem durch die christlichen Fundamentalisten verdammten Wissen, vor allem über Spanien zurück. Daran erinnert heute noch zum Beispiel die Vorsilbe »Al«, wie Algebra, Alchemie, aber auch Alkohol.

Die Verfolgung Galileis durch die kirchliche Inquisition ist allgemein bekannt. Weniger bekannt ist, dass über Jahrhunderte die Erforschung des menschlichen Körpers, die Anatomie, mit dem Vorwurf behaftet war, die Würde des Menschen zu verletzen. Die Einführung der schmerzfreien Geburt galt als Missachtung des göttlichen Fluchs über Eva im Paradies, die Einführung der Pockenimpfung war für christliche Fundamentalisten ein Gottesfrevel.[4] Die Embryonenforschung ist es noch heute.

Naturwissenschaftler als Ideologen

»Viele Philosophen und Theologen haben einen ausgeprägten Alleinvertretungsanspruch, die Hirnforschung hat diesen Anspruch nicht«, sagt der Philosoph und Gehirnforscher Gerhard Roth.[5] Das ist wohl richtig. Viele Naturwissenschaftler freilich handeln bedenkenlos. Sie sind nicht in der Lage, aus historischen Erfahrungen zu lernen, ebenso wenig wie die Theologen. Mit dem Unterschied allerdings, dass die Theologen die Vergangenheit falsch deuten und die Naturwissenschaftler die Zukunft. Zum Beispiel hätte man nach diesen ihren Prognosen längst den Krebs besiegt haben müssen oder den Mond besiedelt.

Dabei warnte schon der griechische Geschichtsschreiber Herodot vor nahezu 2500 Jahren: »Es ist aber bei jedem Ding zu bedenken, wie das Ende auslaufen wird.« Daraus hat dann ein paar Jahrhunderte später der Verfasser des alttestamentlichen Buches Jesus Sirach (7,40) die sehr optimistische Konsequenz gezogen: »Was du auch tust, so bedenke dein Ende, dann wirst du nie etwas Böses tun.« Das ist leider ein Irrtum, wie die Selbstmordattentäter unserer Zeit beweisen,

Böses zu tun, davor sind weder die Theologen gefeit, wie zum Beispiel der Tod vieler tausend »Hexen« und von noch viel mehr Andersgläubigen belegt, noch die Naturwissenschaftler. So hat die Gesellschaft Amerikanischer Psychologen (APA) Anfang dieses Jahrhunderts für das US-Verteidigungsministerium »moderne« Foltermethoden wie das »Waterboarding« entwickelt und angewendet.[6] Ein wenig Hoffnung macht, dass es mit der Entwicklung der Demokratie eine – wenn auch extrem langsame – Evolution der Moral gibt, manchmal gegen den Willen der Kirchen, manchmal gegen wissenschaftliche Möglichkeiten.

XV. Die Welt der Naturwissenschaftler

Der furchtbare Irrtum

Ich will nicht den Eindruck erwecken, als machten sich nur ungebildete Menschen törichte Weltbilder. Zu den schwerwiegendsten Irrtümern mit den schrecklichsten Konsequenzen im 20. Jahrhundert gehört die Übertragung der Evolutionstheorie von Charles Darwin durch Intellektuelle auf gesellschaftliche Zusammenhänge, der sogenannte Sozialdarwinismus. Ziel psychiatrischer Forschung nach dem verlorenen Ersten Weltkrieg war, neben der Behandlung von Individuen, die »Stärkung« des vermeintlich geschwächten deutschen »Volkskörpers«. So das Konzept von Emil Kraepelin (1856–1926), Begründer der Deutschen Forschungsanstalt für Psychiatrie 1917 in München, des späteren Instituts der Kaiser-Wilhelm- und der heutigen Max-Planck-Gesellschaft. Insbesondere der Direktor der epidemiologischen Abteilung, Ernst Rüdin aus St. Gallen in der Schweiz (1874–1952), war ein glühender Verfechter der sogenannten Rassenhygiene. Seine Arbeit wurde übrigens großzügig von der *Rockefeller Foundation* in den USA gefördert – und später von den Nationalsozialisten, teilweise direkt aus der Reichskanzlei Adolf Hitlers.[7]

Rassenhygiene und Eugenik waren damals auch international gesellschaftlich anerkannte Forschungsziele. Der Weg führte nach Auschwitz. Heute wissen wir, dass die Prinzipien dieser Forschung nachweisbar wissenschaftlich unsinnig und in der Anwendung verbrecherisch waren. Beteiligt an alledem waren renommierte Forscher der Kaiser-Wilhelm-Gesellschaft bis hin zu dem Nobelpreisträger und späteren Präsidenten der Max-Planck-Gesellschaft, Adolf Butenandt.[8]

Eugenik in der evangelischen Kirche

Beteiligt war aber, man mag es heute kaum glauben, auch die evangelische Kirche. Am 29. April 1931, also zwei Jahre *vor* Beginn der Nazi-Herrschaft, lud der Leiter des Referats Gesundheitsfürsorge im Central-Ausschuß (CA) für die Innere

Mission der Deutschen Evangelischen Kirche, Hans Harmsen, zur ersten Arbeitstagung der Fachkonferenz für Eugenik ein.[9] Grund für die Einladung, so Harmsen: »Auf dem Gebiet der Fürsorge für Minderwertige und Asoziale tritt immer bedrohlicher das Problem des Ansteigens bzw. der stärkeren Vermehrung des minderwertigen Bevölkerungsanteils gegenüber dem gesunden in Erscheinung ...«

Der Münchner Theologe Friedrich Wilhelm Graf verwies in der Bayerischen Akademie der Wissenschaften[10] auf den Zusammenhang zwischen Sozialdarwinismus und dem Aufkommen des »Kreationismus« in den USA: »Die frühen Kreationisten bekämpften im biologischen Evolutionsdenken primär einen Sozialdarwinismus, den sie als ideologische Basis eines radikalen Marktdenkens, unbegrenzter kapitalistischer Konkurrenz, Ausbeutung der Schwachen und Legitimation für eugenische Programme wahrnahmen.« Die Kritik am Sozialdarwinismus als unmoralische und überdies wissenschaftlich falsche Konsequenz der biologischen Erkenntnisse Darwins war sehr berechtigt. Nicht aber das Bestreiten der Tatsache der Evolution.

Wissenschaftliche Beschreibung des Unvorstellbaren

Ich kritisiere, dass die Kirchen und ihre Theologen als Erben der Aufklärung die Erkenntnisse der Naturwissenschaften nahezu gänzlich unbeachtet lassen. Warum das so ist, wird noch zu erklären sein. Zunächst nun nach den historischen Hinweisen der Versuch einer aktuellen Beschreibung des Unvorstellbaren.

Viele Märchen der Gebrüder Grimm enden mit dem Satz: »Und wenn sie nicht gestorben sind, dann leben sie noch heute.« Dahinter verbirgt sich der Grundgedanke der aristotelischen Logik, wonach entweder eine Aussage selbst oder die Negation dieser Aussage richtig sein muss. Ein Mensch zum Beispiel lebt oder er lebt nicht – ein Drittes gibt es nicht, *tertium non datur*.

Die moderne Physik lehrt uns im Gegensatz dazu, dass sehr wohl unentschieden sein kann, ob eine Aussage falsch oder richtig ist. Es *ist* dies dann tatsächlich *unentschieden*, nicht etwa, dass wir die Wahrheit nur nicht *wüssten*. Die Welt ist unendlich viel komplizierter, als sie uns im Alltag erscheint – und als wir glauben.

Eine besondere Eigenschaft einzelner quantenmechanischer Prozesse ist der hier obwaltende objektive Zufall. Die Tatsache des Zufalls im Verhalten elementarer Naturbausteine erklärt der Wiener Physiker Anton Zeilinger damit, »dass die Natur offenbar nicht reich genug ist, um schon von vornherein Antworten auf alle Fragen festgelegt zu haben.«

Zeilinger stellt sich auch die Frage, ob es einen Gott gibt, der eingreifen kann in den Lauf der Welt – und meint: »Dieser objektive Zufall wäre tatsächlich eine Möglichkeit für Gott, einzugreifen, ohne dass er mit den Naturgesetzen in Widerspruch gerät. Natürlich nur, wenn er das so selten macht, dass er die Gesetze der Wahrscheinlichkeit nicht verletzt.«[11] Gott, ein Gott des Zufalls? An anderer Stelle erklärt Zeilinger ernsthafter auf die Frage, ob Gott naturwissenschaftlich erfassbar sei: »Nein, das ist er nicht. Die Frage ist: Wo gibt es in den Naturwissenschaften eine Rolle für Gott, die nicht im Widerspruch zu den Naturgesetzen steht – und nie stehen wird? Ich sehe sie dort, wo es grundsätzlich nichts Erklärbares gibt, etwa die Naturgesetze selbst, wie zum Beispiel die Schwerkraft. Denn warum gibt es Naturgesetze? Niemand weiß es, sie sind einfach da. Das ist der Raum, den ich Gott geben kann, wenn ich ein gläubiger Mensch bin, weil er ja nicht im Widerspruch zu den Naturwissenschaften steht. Aber das ist eine persönliche Entscheidung.«[12]

Im Unterschied zu dem *objektiven* Zufall gibt es den allbekannten, von Werner Heisenberg so genannten *subjektiven* Zufall. »Zufällig« treffen sich zwei Menschen auf der Straße. Für die Anwesenheit eines jeden der beiden gibt es jedoch eine Kette von Gründen, die diesen Zufall erklären könnten. Nun hat der Mensch aber keinen Sinn für den Zufall, für den objektiven natürlich nicht, aber auch nicht für den subjektiven Zufall. Wohl aber haben wir das Bedürfnis, Ereignisse als bedeutungsvoll zu verstehen. »Unser Denkapparat ist gar nicht in der Lage, Unsinniges festzuhalten, und versucht daher, alles Wahrgenommene mit einer Bedeutung zu belegen.« So erklärt es der Bonner Neurophysiologe Detlef B. Linke. Das Weltdeutungsbedürfnis und die Weltdeutungsbedürftigkeit des Menschen sind Ursache aller Religion und aller Wissenschaft.

1927 schrieb Werner Heisenberg als Konsequenz der damals von den Vätern der Quantenmechanik gefundenen Naturerkenntnis über die Bahn eines Elektrons: »Die Bahn *entsteht* erst dadurch, daß wir sie beobachten.« Die *Beobachtung* bestimmt, welches Bild der Natur wir bekommen. Je nach Ansichtsweise erscheint uns zum Beispiel ein Photon als ein Licht-Teilchen oder als eine Welle. Beide Existenzformen schließen sich gegenseitig aus. Diese erstmals von dem dänischen Physiker Niels Bohr 1927 so bezeichnete *Komplementarität* weist, so Anton Zeilinger, auf das Folgende hin: »Ein physikalisches System kann offenbar nicht alle Information tragen, um zwei komplementäre Größen gleichzeitig genau zu repräsentieren.« Es handele sich also nicht nur um eine Beschränkung unseres Erkenntnisvermögens.

Wirklichkeit und Information

Hinzu kommt ein Weiteres, um die Aussage Heisenbergs fortzuführen: Ohne Beobachtung – etwa des Lichts als Welle oder als Teilchen – können wir nicht von Wirklichkeit sprechen. In der klassischen Physik wie in unserem Alltagsweltbild ist die Wirklichkeit das Primäre, die Information über diese Wirklichkeit dagegen etwas Abgeleitetes. Tatsächlich ist es umgekehrt, die Wirklichkeit selbst ist, so Zeilinger, »abhängig von der Information, die wir erhalten«. Der Physiker kommt zu dem Schluss: »Wirklichkeit und Information sind dasselbe.«[13]

Damit bekommt der Satz aus dem Johannes-Evangelium

»Im Anfang war das Wort«, also die Information, eine neue Deutung. Gewiss, Wörter sind Bilder, Abstraktionen, jedoch manchmal von großer Wirkmächtigkeit. Der Dichter Gottfried Benn beschreibt dies mit den ersten Zeilen seines Gedichtes *Ein Wort* so: »ein Wort, ein Satz –: aus Chiffren steigen erkanntes Leben, jäher Sinn …« Ein Autor ist glücklich, wenn gelegentlich von seinen Texten »ein Wort, ein Satz …« hängen bleibt, und dem Leser oder Zuhörer etwas plötzlich klar wird. Oft ist leider auch das Gegenteil der Fall, woraus die Münchner Lach- und Schießgesellschaft einst den Kabarett-Programmtitel gemacht hat: *Missverstehen wir uns richtig?*

Zurück zu Zeilingers Überlegungen: Es mache offenkundig »keinen Sinn, über eine Wirklichkeit ohne die Information darüber zu sprechen«. Der Physiker betont: »Es ist ganz offenkundig sinnlos, nach der Natur der Dinge zu fragen, da eine solche Natur, selbst wenn sie existieren sollte, immer jenseits jeder Erfahrung ist.« Niels Bohr formulierte es so: »Kein Phänomen ist ein Phänomen, außer es ist ein beobachtetes Phänomen.«[14] Als Konsequenz dieser Fundamentalerkenntnisse meine ich, kann man sagen: Über einen Gott, von dem man keine gesicherten Informationen hat, kann man keine Aussagen machen. Über Gott haben wir aber keine gesicherten Informationen, sondern nur Deutungen im Lichte der Weltbilder vor über zweitausend Jahren: Die Erde ist eine Scheibe, und Gott wohnt im Himmel darüber.

»Such ihn überm Sternenzelt, über Sternen muss er wohnen«, glaubte Friedrich Schiller.[15] Das Sternenzelt ist auch ein Bild der Antike. Und schon Heinrich Heine beklagte 1844 in seinem wunderbaren Gedicht »Deutschland. Ein Wintermärchen«: »Das Eiapopeia vom Himmel / Womit man einlullt, wenn es greint / Das Volk, den großen Lümmel« – und Heine schlug vor: »Den Himmel überlassen wir / Den Engeln und den Spatzen.« Im hohen Mittelalter stritten die Philosophen darüber, was real sei, im sogenannten *Universalienstreit*. Für die – von uns Heutigen missverständlich so bezeichneten – *Realisten* hatten die Allgemeinbegriffe eine von der Realität der Einzeldinge unabhängige Realität in den Ideen; das »Absolute«, nämlich Gott, sei das Allerrealste. Für den Theologen Anselm von Canterbury (1033–1109) war das ein Gottesbeweis. Für die *Nominalisten* dagegen, zu denen Wilhelm von Ockham (Occam) gehörte, waren die Allgemeinbegriffe nur Worte. Heute verallgemeinert Anton Zeilinger die Aussagen der Quantenphysik so: »Die Welt ist alles, was der Fall ist, und auch alles, was der Fall sein kann.« Das kommt der Vorstellung der Nominalisten nahe.

Der objektive Zufall

In den quantenmechanischen Prozessen herrscht der objektive Zufall. Man kann zum Beispiel mit Hilfe von Detektoren Lichtblitze beim Zerfall radioaktiver Atome beobachten. Ein richtig platzierter Detektor registriert ein solches Licht-Teilchen, ein weiterer Detektor daneben registriert natürlich nichts. Dies können alle Beobachter übereinstimmend feststellen. Aus diesem einfachen Experiment lässt sich bereits schließen, dass es eine objektive Welt gibt und sich nicht alles nur in unserem Kopf darstellt. Zeilinger beschreibt es so: »Diese Unbeeinflussbarkeit des Einzelereignisses und die Übereinstimmung aller Beobachter über das Ergebnis sind wahrscheinlich die stärksten Hinweise darauf, dass es eine von uns unabhängige Welt gibt.« Die Konsequenz des Gegenteils, »wenn alles nur eine Illusion wäre und nichts existierte«, formulierte Woody Allen allgemeinverständlich einmal so: »Dann hätte ich für meinen Teppich definitiv zu viel bezahlt.«[16]

Anton Zeilinger verdanken wir fundamentale Erkenntnisse über die Wirklichkeit. Er hat einen Effekt, den Albert Einstein als theoretisch denkbare »spukhafte Fernwirkung« bezeichnet hatte, experimentell bestätigt. Eine Quelle sendet elementare Teilchen aus, die jeweils in ein Teilchen-Paar zerfallen. Das ursprüngliche Teilchen hat keinen Drehimpuls (Drall oder Spin genannt), die beiden daraus entstehenden

Teilchen haben jeweils einen unterschiedlichen Drehimpuls, das eine dreht sich rechts um seine eigene Achse, das andere linksherum.

Soweit ist das noch nichts Besonderes. Niemand kann wissen, welches der beiden Teilchen welchen Spin hat. Das *entscheidet* sich nämlich erst in dem Moment, wo man den Drehimpuls des einen der Elementarteilchen *misst*. Erst damit steht fest, dass das zweite des Teilchenpaares den entgegengesetzten Drall hat – egal wie weit es vom ersten Teilchen mittlerweile entfernt ist. Die Teilchen sind miteinander »verschränkt«. Erst das *Wissen* über den Zustand des einen *bestimmt* den Zustand des verschränkten anderen Teilchens. Information ist wichtiger als die Wirklichkeit, sagt Zeilinger dazu oder, wie oben schon erwähnt, »Wirklichkeit und Information sind dasselbe«.[17]

Bilder vom Ur-Anfang

Indem wir heute schier unglaublich viel über die Natur wissen, wissen wir auch umso besser, was wir nicht wissen. Wir können die Natur nicht ermessen, womit zugleich logischerweise jede Aussage, etwas sei übernatürlich, unsinnig ist. Anscheinend gibt es also natürliche Grenzen sinnvollen Fragens. Das gilt es bei den Fragen nach Gott und erst recht beim Reden über Gott zu bedenken. Für mich heißt das: wider die falsche Selbstgewissheit der Kirche streiten.

»Am Anfang schuf Gott Himmel und Erde.« So beginnt das Buch Genesis des Alten Testaments – die Schöpfungsgeschichte. Die Kirchen waren begeistert, als im 20. Jahrhundert Kosmologen die Theorie von der Entstehung des Universums in einem Urknall, englisch *Big Bang*, entwickelten. Den Begriff »Big Bang« erfand übrigens 1949 ausgerechnet ein Kritiker der heute *nicht* mehr bezweifelten Vorstellung, der britische Astronom Fred Hoyle in einer BBC-Radiosendung.

»Und Gott sprach: Es werde Licht! Und es ward Licht«, heißt es weiter in der biblischen Schöpfungsgeschichte. Das

Johannes-Evangelium des Neuen Testaments beginnt mit dem Satz: »Im Anfang war das Wort«. Das passt doch wunderbar zusammen.

Ja, aber! Was war vorher? Die mathematisch-formalen Probleme, ein Vorher zu bedenken, sind mittlerweile anscheinend gelöst. Man kann in eine Zeit vor einem Urknall zurückrechnen, ohne allerdings zu wissen, ob die mathematische Formulierung eine Wirklichkeit abbildet. Der deutsche Forscher Martin Bojowald arbeitet an der Pennsylvania State University am Institut für Gravitation und Kosmologie über diese Probleme.[18] Vielleicht finden sich noch Überreste aus jener *Vor-Zeit*, ich meine buchstäblich Vor-Zeit, denn mit dem Urknall begann »unsere« Zeit. Allerdings sind für solche Beobachtungen sehr viel bessere Messinstrumente nötig, als es sie heute gibt. Vorstellbar sind auch für Bojowald seine Berechnungen nicht. Er selbst gibt an, es gebe »immerhin noch rund 100 Leute, die die Details verstehen und überprüfen könnten«.[19]

Das Universum hat sich unmittelbar nach dem Urknall ruckartig extrem rasch aufgebläht, was man *Inflation* des Kosmos nennt. Danach expandierte der Kosmos und expandiert bis heute weiter. Für diese theoretische Erkenntnis wurde der Nobelpreis für Physik 2011 verliehen. Der Urknall passierte nach heutigem Wissen ein paar hunderttausend Jahre, *bevor* es Licht wurde. Das erste sichtbare Ereignis im Universum sehen wir noch heute in seinen Spuren in Form der sogenannten Kosmischen Hintergrundstrahlung mit entsprechend empfindlichen Instrumenten.

Ein gigantischer Infraschall-Knall

Das Universum, das wir beobachten können, ist (nach der Standard-Urknalltheorie) deutlich kleiner als das Gesamtuniversum. Wenn das Licht nämlich jeweils vom »Ende der Welt« bei uns angekommen ist, hat sich dieses »Ende« schon sehr viel weiter entfernt. Nach den bisher genauesten Beobachtungen des ESA-Teleskops *Planck*, die im März 2013 veröffentlicht wurden, kam es zu dem Urknall vor 13,82 Milliarden Jahren. 380 000 Jahre später durchdrang der erste Lichtstrahl das All; Licht, das als Hintergrundstrahlung mit dem Mikrowellen-Teleskop »Planck« aufgespürt wurde. Wesentlich früher, nämlich wenige tausend Jahre nach dem Urknall, entstanden die ersten Schallwellen, deren Spuren die Sonde »Planck« mit ihrem hohen Auflösungsvermögen nun ebenfalls entdeckt hat. Insofern ist das Bild vom Urknall ganz gut getroffen: Infraschall mit gigantischen Wellenlängen von einer halben Million Lichtjahren, die sich mit einem Tempo etwa halb so groß wie die Lichtgeschwindigkeit ausbreiten.

Aufgrund der Expansion des Universums sehen wir dieses erste Licht mit entsprechenden Instrumenten als Hintergrundstrahlung, die sich mit Lichtgeschwindigkeit ausbreitet, in einer Entfernung von etwa 42 Milliarden Lichtjahren. Das heißt, während der 13,82 Milliarden Jahre, in denen sich das Licht auf uns zu bewegt hat, hat sich der Abstand auf etwa 42 Milliarden Lichtjahre ausgedehnt.

Der aktuelle Beobachtungsradius beträgt nach heutigem Wissen ungefähr 16 Milliarden Lichtjahre. Das heißt: Ein Ereignis, das heute in einer etwas *weniger* als 16 Milliarden Lichtjahre entfernten Galaxie passiert, wird in extrem ferner Zukunft als ganz schwaches Lichtsignal auf der Erde (falls diese dann noch vorhanden sein sollte) eintreffen. Ein Ereignis aber, das heute, 13,82 Milliarden Jahre nach dem Urknall, in einer Entfernung passiert, die *größer* als unser Beobachtungsradius ist, werden wir *niemals* sehen können. Es wird also auch niemals eine kausale Auswirkung auf die Erde haben. Der nicht beobachtbare Teil des Universums ist kausal nicht mehr mit unserem beobachtbaren Teil des Universums verbunden, da sich auch Kausalität nur höchstens mit Lichtgeschwindigkeit ausbreiten kann.[20] Ein Gott könnte seinen Sitz also nicht irgendwo »oben« in einem »Himmel« haben, wenn er gewissermaßen *online* Einfluss auf unsere Welt nehmen und sich der Naturgesetze bedienen wollte!

Bereits das Wort »Sitz« ist ein archaisches Bild, der Thron des Herrschers. Der nach-österliche Jesus wird im christlichen Glaubensbekenntnis »sitzend zur Rechten Gottes« verortet. Der Platz zur Rechten ist bis heute der »Ehrenplatz« geblieben. Freilich wären aus heutiger Sicht Sitzgelegenheiten im Universum doch etwas Überraschendes.

Alles oder nichts?

Der Atheismus, die Überzeugung, dass es keine Götter und keinen Gott gibt, ist mindestens zweieinhalb Jahrtausende alt, also etwa so alt wie die frühen Bücher des Alten Testaments. Der biblische Psalm 10 zitiert die Aussage eines Atheisten: »Es ist kein Gott« (Ps 10,4). Das allerdings lässt sich ebenso wenig beweisen wie die Existenz Gottes. Der Mensch kann sich lediglich in Analogie zu eigener Kreativität einen »Schöpfer« vorstellen. Dass aus Nichts (durch einen Gott) ein Etwas geschaffen worden oder (ohne einen Gott) »entstanden« ist, ist jedoch ebenso unvorstellbar wie eine Existenz Gottes »von Ewigkeit zu Ewigkeit« (Psalm 90,2).

Die Erkenntnisse der Physiker machen freilich die eben genannten Sätze wieder fragwürdig. Das »Nichts« ist nämlich auch nur ein Bild. Den Materie- und Felder-freien »leeren Raum« gibt es nämlich nicht. Aufgrund der Unschärferelation der Quantenmechanik finden im Vakuum, im »leeren Raum« also, fortwährend Fluktuationen statt: Die von Werner Heisenberg entdeckte Unschärferelation ist ein Naturgesetz. Es besagt, dass es eine fundamentale Grenze gibt für die Genauigkeit, mit der sich bestimmte komplementäre physikalische Merkmale messen lassen: Ort und Impuls eines Atomteilchens etwa. Noch allgemeiner: Wenn ein Feld (zum Beispiel ein elektromagnetisches Feld) den Wert Null annimmt, kann die Änderungsrate seines Wertes nicht gleichermaßen den Wert Null haben. Das Feld ist, wie die Physiker sagen, Vakuumfluktuationen unterworfen.

XV. Die Welt der Naturwissenschaftler

Grenzen menschlicher Begabung

Das kann man berechnen und experimentell bestätigen. Man kann es sich jedoch *nicht vorstellen*. Offensichtlich ist der Mensch dazu nicht begabt. Insofern sind Atheisten nicht besser dran als zum Beispiel Christen. Fantastischerweise ist jedoch *Homo Sapiens* zur *Erkenntnis* der Naturgesetze, weit über seinen eigenen Vorstellungsraum hinausgehend, fähig. Albert Einstein erklärte bereits 1929 am Beispiel der kinetischen Gastheorie das Bemühen der Physiker um solche Erkenntnis so: »Es handelt sich ... darum, die empirische Gesetzlichkeit als logische Notwendigkeit zu erfassen. Hat man nämlich einmal die Grundhypothese ... angenommen, so erlebt man gewissermaßen, daß selbst Gott jene Zusammenhänge nicht anders hätte festlegen können, als sie tatsächlich sind, ebenso wenig, als es in seiner Macht gelegen wäre, die Zahl vier zu einer Primzahl zu machen. Dies ist das prometheische Element des wissenschaftlichen Erlebens.«

Das heißt, die Naturgesetze lassen sich, anders als menschliche Gesetze, auch nicht mit Zwei-Drittel-Mehrheiten ändern, wie der eine oder andere Nicht-Naturwissenschaftler gelegentlich zu glauben scheint. Allerdings muss man die Aussagen Albert Einsteins etwas einschränken. Sie gelten nur, wenn unser Universum einzigartig ist. Wenn es aber ein »Multiversum« geben sollte, wofür bisher freilich nur theoretische Überlegungen sprechen, dann könnten die für unser Universum geltenden Naturkonstanten »andernorts« auch andere Werte annehmen. Vielleicht! Denn warum die Naturkonstanten in »unserem« Universum diese und keine anderen Werte angenommen haben, ist eine offene Frage.

Der Astrophysiker Gerhard Börner am Max-Planck-Institut für Astrophysik meint: »Wenn Gott die Welt geschaffen hat, dann muss er dies laut Urknalltheorie außerhalb von Raum und Zeit getan haben. ... Ein Schöpfungsakt, der Raum und Zeit vorausgeht, kann die gesamte Raumzeit auf einmal entstehen lassen, so dass der historische Ablauf nur unserer in Raum und Zeit eingebundenen Sicht der Dinge entspricht.

Für den zeitlosen Schöpfer ist sozusagen die komplette Geschichte gegenwärtig.«[21] Ich stelle mir nun als ein Gedankenexperiment vor, ich wäre ebenfalls ein Schöpfer und würde die gesamte Raumzeit auf einmal entstehen lassen. Und ich stelle mir außerdem vor, noch ein weiterer Schöpfer würde denselben Akt vollziehen. Es würde jedes Mal ein unterschiedliches Universum entstehen; deshalb, weil auf der Welt auch der objektive Zufall regiert. Was ist also »des Schöpfers Wille«?

XVI. Die Welt des Aberglaubens

Der Glaube vergangener Zeiten wird im Lichte besseren Wissens Aberglaube. Die längste Zeit in der Geschichte der Menschheit waren die Weltbilder der Menschen nach unserem heutigen Wissen von Aberglauben geprägt. Auch heute bestimmt das Wissen der Forscher nur sehr begrenzt die Weltbilder des Einzelnen oder von Institutionen. Selbstverständlich spiegeln die biblischen Bücher auch den Aberglauben ihrer Zeit.

So steht im Buch Genesis (1. Mose 6,4) über die Welt des legendären Noah: »Zu der Zeit und auch später noch, als die Gottessöhne zu den Töchtern der Menschen eingingen und sie ihnen Kinder gebaren, wurden daraus die Riesen auf Erden. Das sind die Helden der Vorzeit, die hochberühmten.«

Im 2. Buch Mose (4,1–5) bietet der HERR persönlich dem Moses als Gottesbeweis sogar einen Zaubertrick an, auf den offenkundig auch die Verfasser dieses biblischen Buchs selbst hereingefallen sind. Der Dialog von Gott und Moses geht so: »Der HERR sprach zu ihm: Was hast du da in deiner Hand? Er sprach: Einen Stab. Der HERR sprach: Wirf ihn auf die Erde. Und er warf ihn auf die Erde; da ward er zur Schlange, und Mose floh vor ihr. Aber der HERR sprach zu ihm: Strecke deine Hand aus und erhasche sie beim Schwanz. Da streckte er seine Hand aus und ergriff sie, und sie ward zum Stab in seiner Hand. Und der HERR sprach: Darum werden sie glauben, daß dir erschienen ist der HERR, der Gott ihrer Väter ...« Allerdings kannte man den Trick bereits am Hofe des Pharao, den Mose beeindrucken wollte: »... und die ägyptischen Zauberer taten ebenso mit ihren Künsten« (2. Mose 7, 11).

Man sollte meinen, dass nach so viel Leid, das auch die evangelischen Kirchen angeblichen Hexen zugefügt haben, die Angst vor Hexen und Zauberern der Vergangenheit angehört. Dem ist nicht so: Im Kindergarten der evangelischen Paul-Gerhardt-Gemeinde in Wiesbaden durften die Kleinen an Fastnacht anno 2014 sich nicht als Hexen oder Zauberer verkleiden. Der Pfarrer Friedrich-Wilhelm Bieneck begründet das so: »In der Heiligen Schrift steht, dass die Menschen von Zauberern und Hexen die Finger lassen sollen.«[1] Es gehört schon ein gehöriges Maß an gelebtem Aberglauben dazu, ein solches Verbot auszusprechen. Im Übrigen kommt das Wort Hexe in der Bibel nicht vor.

Der »Weltkatechismus« der katholischen Kirche aus dem Jahre 1992 beschreibt »Engel« als »geistige, körperlose Wesen« – und deren Existenz als »eine Glaubenswahrheit. Das bezeugt die Schrift ebenso klar wie die Einmütigkeit der Überlieferung.« Die Schrift und die Überlieferung kennen auch ein »Wesen, einen gefallenen Engel, der Satan oder Teufel genannt wird. Die Kirche lehrt, dass er zuerst ein von Gott geschaffener guter Engel war.«

»Ausdruck einer großen Dummheit«

Die Antike war eine Welt voller Aberglauben. Und zugleich gab es schon damals das Bemühen, Aberglauben mit Hilfe der Erkenntnisse der Wissenschaften oder einfach nur durch logisches Denken zu entlarven. Marcus Tullius Cicero (106–43 v. Chr.), Politiker, Schriftsteller, Philosoph und der berühmteste Redner Roms, bemühte sich darum. Er verfasste im Jahr 44 zusammen mit seinem jüngeren Bruder Quintus eine Abhandlung über die seinerzeit übliche *divinatio*, die Vorhersage der Zukunft mit Hilfe gottgesandter Zeichen.[2]

Der Glaube an Wunder, von dem auch das Neue Testament durchdrungen ist, bestimmt bis heute das Leben fundamentalistischer Christen aller Konfessionen. Doch Cicero wusste bereits über vierzig Jahre vor Jesu Geburt: »Für die Vorgänge aber, die bald auf natürliche Bedingungen, bald auf den Zufall zurückzuführen sind (manchmal wird beides auch verwechselt), die Götter verantwortlich zu machen und nicht nach den wirklichen Ursachen zu fragen, ist Ausdruck einer großen Dummheit.«

»Wir sind nicht Herr unserer Überzeugungen«

Das Gegenteil von Überzeugungen sind Zweifel. Sie machen jedoch dem Menschen Angst. »Wir wollen nicht zweifeln, sondern streben nach Sicherheit.« So formuliert es der Psychiater und Psychotherapeut Mario Gmür (Universität Zürich). Allerdings: »Wir sind nicht Herr unserer Überzeugungen.« Wenn wir von »unserer Überzeugung sprechen, erliegen wir der Illusion von Eigenständigkeit und Selbstverantwortung. In Wahrheit aber sind wir fremdbestimmt«. Eine Überzeugung sei »ein Machwerk von inneren und äußeren Einflüssen, die uns gewöhnlich nicht bewusst sind«.[3]

Die christlichen Prediger verstehen sich seit 2000 Jahren als »Glaubenszeugen«. Dabei bezeugen sie, in demokratischen Ländern ohne jedes Risiko, schlimmstenfalls lediglich ihre eigene Unwissenheit oder gar Dummheit: »Ich bin ein armes Zwiebelchen, nimm mir das nicht übelchen.«[4] In der europäischen Nachkriegsgeschichte gab es mutige Aktionen von Frauen, die in der Tat *Zeugnis* gaben, allerdings gegen in Strafrecht gegossene christliche Moralvorstellungen: »Ich habe abgetrieben. Und ich fordere dieses Recht für jede Frau.« So bekannten am 5. April 1971 in der französischen Zeitschrift *Le Nouvel Observateur* 343 Frauen auf Initiative von Jeanne Moreau. Am 6. Juni 1971 folgte in der Bundesrepublik der *Stern* auf Initiative von Alice Schwarzer. 374 Frauen bezeugten öffentlich: »Wir haben abgetrieben.« Sie bekannten, gegen geltendes Recht verstoßen zu haben, um dieses Recht, den berüchtigten Paragraphen 218 des Strafgesetzbuchs, zu verändern.

Warum nennen sich nicht auch die Anhänger der Astrologie »Glaubenszeugen« der Horoskope? Oder die Anhanger der Homöopathie Glaubenszeugen der Globuli? Warum erschiene uns das albern, die Bezeichnung »Glaubenszeuge« aber finden wir seriös? Ich meine, das ist ein Beleg für die Erkenntnis des US-amerikanischen Linguisten Benjamin Lee Whorf (1897–1941), dass unsere Sprache unser Denken beeinflusst. Wohl dem, der schöne Worte findet. Zum Beispiel der Sportbeauftragte der EKD, Bernhard Felmberg, der seine Existenzberechtigung so begründet: »Da unser Glaube einer ist, der uns ganzheitlich in Bewegung bringt und hält, haben Kirche und Sport mehr miteinander zu tun, als man denkt.«[5]

Weltweit sind die frommen christlichen Dummköpfe in der Überzahl; etwa jene Pfingstler, die quasi auf Kommando Offenbarungen vom »Heiligen Geist« zu bekommen meinen, oder Kreationisten, welche die Evolution bezweifeln, oder die Orthodoxen, die sogar die Evolution der Moral bestreiten.

Die Notwendigkeit der Skepsis

Der Kirchenhistoriker und systematische Theologe Martin Ohst hat einen Aufruf »Ökumene jetzt« von deutschen Katholiken und Protestanten im Sommer 2012 auch gewissermaßen als Aberglauben identifiziert und so kritisiert: Das Motto des Aufrufs, »Ein Gott – ein Glaube – eine Kirche« sei »unter den Wahrnehmungsbedingungen des 21. Jahrhunderts eine in Integrationsrhetorik gefasste deutliche Absage an die Aufgabe des Verstehens, Akzeptierens und Gestaltens gelebter christlicher Pluralität – und damit eine Absage an den neuzeitlichen Toleranzgedanken.«[6] Diese Toleranz ist nicht etwa als eine bloße Duldung des Andersgläubigen zu verstehen, sondern Ergebnis einer fundamentalen Erkenntnis. Ohst bezieht sich dabei bereits auf den protestantischen Hugenotten Pierre Bayle (1647–1706). Dieser wusste, was den Reformatoren noch fremd war: »In Fragen des Glaubens, der es mit Gott und der Ewigkeit zu tun hat, gibt es keine festen, jedermann zwingend vernünftig einsichtigen Wahrheitskriterien, und darum kann es in der Religion, anders als auf dem Felde des Rechts, keinen Zwang geben. Das Neue hieran ist eine skeptische Grundhaltung. ... Ohne diesen skeptischen Einschlag ist der moderne Toleranzgedanke nicht zu haben.« Soweit Ohst. Eine solche skeptische Grundeinstellung ist der katholischen Kirche völlig fremd. Der Bischof der Evangelischen Landeskirche Berlin-Brandenburg-schlesische Oberlausitz, Markus Dröge, bezieht sich ebenfalls auf Pierre Bayle und kommt zu dem Schluss: »Wer sich auf den biblischen Gott bezieht, kann seinen Glauben und seine Überzeugungen nicht zu einer fundamentalistischen Heilsgewissheit erheben. ... Fundamentalisten pfuschen Gott ins Handwerk.«[7]

Glauben ist zwar etwas Natürliches, eine der Möglichkeiten der Weltdeutung, aber ebenso natürlich *nicht* Ausdruck besonderer Nähe Gottes oder gar mit Offenbarungen zu verbinden. Vor allem die katholische Kirche beklagt einen »Abfall vom Glauben« dort, wo ihren Spielregeln widersprochen wird. Ich meine, den Begriff etwas anders deutend, der Abfall ist der Aberglaube, und von dem muss sich der Glaubende, und müssen sich die Kirchen trennen. Oder als alte Indianerweisheit etwas drastischer formuliert: »Wenn du merkst, dass du ein totes Pferd reitest, steig ab.« Geschieht das nicht, dann bleiben den Kirchen nur die Naiven, jene, von denen der Berliner sagt, und das ist überhaupt nicht böse gemeint: »Du hast's jut, du bist doof.«

Aberglaube hat viele Formen. Da gibt es die eher harmlosen Rituale, wie sie etwa Künstler pflegen, ehe sie auf die Bühne kommen. Manche Sportler bekreuzigen sich vor einem Wettkampf. Ein magisches Ritual, das zwanghafte Menschen unfrei machen kann. Der österreichische Dichter Ernst Jandl spottete einst: »ich bekreuzige mich vor jeder Kirche / ich bezwetschkige mich vor jedem Obstgarten ...«.[8]

Aberglaube kann aber auch höchst gefährlich sein. Die Daten der letzten Jahre scheinen zum Beispiel zu bestätigen, dass die vor wenigen Jahrzehnten vorausgesagte – menschengemachte – globale Erwärmung bereits Realität ist. Die Konsequenzen sind, weil auch hier der Zufall eine entscheidende Rolle spielt, nicht im Detail vorhersehbar. Da ist es einfacher, zu glauben. Der Innenminister der USA zu Zeiten des Präsidenten Ronald Reagan (1981–1989), der Evangelikale James Watt, hielt den Umweltschutz für überflüssig, da die Endzeit ohnehin unmittelbar bevorstehe.

XVI. Die Welt des Aberglaubens

Der Geist der Pfingstler

Die von Martin Luther protestantische Schwärmer oder Schwarmgeister Genannten, die sich im aufgeklärten Europa nicht zurechtfanden und nach Amerika auswanderten, fanden dort ein Biotop, in dem sie sich ungebremst vermehren können. Und seit Josef Ratzinger aus Marktl am Inn als Vorsitzender der Glaubenskongregation im Vatikan die moderne katholische Kirche in Lateinamerika mit ihrer sozial engagierten »Theologie der Befreiung« kaputtgemacht hat, treten dort die Katholiken in Scharen zu den spätkapitalistischen Zielen verpflichteten Pfingstgemeinden über. In Brasilien zählt man nach Graf[9] in den letzten zwanzig Jahren »zumeist 600 000 Konvertiten pro Jahr« – »Gesundheit und Wohlstand prämierende Frömmigkeit, die sich auf kreationistische Weltbilder stützt.« Der brasilianische Katholizismus habe in nur dreißig Jahren ein Viertel der Bevölkerung an die Pfingstkirchen verloren. Der brasilianische Befreiungstheologe Leonardo Boff beschrieb den Zustand der katholischen Kirche unter Josef Ratzinger drastisch so: »Die Kirche von heute hat den Menschen in ihrem Alltagsleben nichts mehr zu sagen. Dieser Papst wird zum Würgeengel der Kirche.«[10] Vielleicht kommt gerade für Lateinamerika die Rettung durch Papst Franziskus.

Die Pfingstler sind seit 1910 in Brasilien, sie kamen zunächst aus den USA, dann auch aus Schweden. Ihren Erfolg erklärt Friedrich Wilhelm Graf so: Während die katholische Kirche »die patriarchalischen Strukturen der Diskriminierung von Frauen ebenso konserviert wie sozialpaternalistische Entmündigung«, sorgen die Pfingstgemeinden für eine »religiös-sittliche Disziplinierung von Männern«.[11] Außereheliche Sexualverbindungen, Drogen, Alkohol und Tabakkonsum werden tabuisiert. Das macht die Pfingstgemeinden für Frauen attraktiv. Sie verlassen die katholische Kirche und gehen zu den Pfingstlern, wo sie sich als gleichberechtigt erfahren können. Der Familiendruck verändert auch die Männer. Geld, das nicht mehr für Hurerei und Drogen verwendet wird, erhöht den Wohlstand der Familien und sorgt für sozialen Aufstieg. So seien die Pfingstkirchen »Religionen der Mittelstandsbildung«. Der katholische Diskurs hingegen bleibe »auf eine Mitleidsrhetorik fixiert, in der man Armen Almosen gibt.«

Hohes theologisches Ansehen genießen die Pfingstler bei der *Frankfurter Allgemeinen Zeitung*, jedenfalls außerhalb von deren Wissenschaftsredaktion. Diese vermittelt in beispielhafter Gründlichkeit den Stand neurowissenschaftlicher Forschung. Dagegen kommt der Protestant Reinhard Bingener in einem Leitartikel, wie auch immer, zu der Erkenntnis: »Pfingstgemeinden ermöglichen ihren Anhängern eine ganzheitliche religiöse Erfahrung, die sowohl den Verstand wie auch den Willen, Emotionen und den Körper umfasst.«[12]

Exorzismus als Waffe

Der Glaube, den die Pfingstgemeinden vermitteln, ist tatsächlich einfach dumm, fern von jeglicher Aufklärung, ja sogar jenseits von schlichtem psychologischem Allgemeinwissen, wie es jedenfalls in der Alten Welt bekannt ist. Mittlerweile können Neurowissenschaftler erklären, warum zum Beispiel manche Menschen das Gefühl haben, von (bösen oder guten) Geistern umgeben zu sein. Ja, sie können dieses Gefühl bei Versuchspersonen im Labor sogar erzeugen. Das gelang zum Beispiel den Forschern um Olaf Blanke und Giulio Rognini von der Ecole Polytechnique Fédérale de Lausanne.[13]

In Brasilien ist eine wichtige Aktivität der Pfingst-Pfarrer und -Pfarrerinnen der Exorzismus. Sie treiben die bösen Geister wieder aus, die Anhänger traditioneller Kulte den pfingstlich »erweckten« Gläubigen angeblich angehext haben. *Die Zeit*[14] formuliert es so: »In Brasilien tobt ein hässlicher Religionskrieg: Christliche Erweckungskirchen hetzen gegen traditionelle Kulte der schwarzen Bevölkerung.« Ich verstehe zwar nicht die Betonung *hässlicher* Religionskrieg, da ich keinen *schönen* Religionskrieg kenne. Aber dass evangelischer Fundamentalismus wie jeglicher Aberglaube zu Gewalt neigt, wird auch hier wieder deutlich.

In Washington D.C. wurde in einer Pfingstkirche im Juni 2012 der damals elf Jahre alte Ezekiel Stoddard offiziell zum Pfarrer geweiht. Seine Auftritte finden sich auf YouTube, es waren bereits Wochen später viele Hunderte.[15] Das zeigt, wie belanglos für die Angehörigen dieser Sekte der Inhalt der Verkündigung ist – und natürlich nehmen auch diese Frommen die Bibel wörtlich.

Den Pfingstlern geht es vornehmlich um mentale Effekte, die sie als »Offenbarungen« Gottes verstehen. Das ursprüngliche Pfingstereignis beschreibt der Verfasser der Apostelgeschichte Ende des ersten oder Anfang des zweiten nachchristlichen Jahrhunderts, viele Jahrzehnte nachdem es stattgefunden haben soll. Dabei wird ein »Event« beschrieben, bei dem sich die international zusammengesetzte Gemeinschaft der verschiedenen christlichen Gemeinden als »erfüllt von dem heiligen Geist« erlebte, weil die Menschen einander verstanden, unabhängig davon, was ihre Muttersprache war. »Andere«, so der Chronist, »hatten ihren Spott und sprachen: Sie sind voll von süßem Wein« (Apg 2,13).

Gefühlsbestimmt muss nicht gefühlsstark sein

Es gibt Menschen, die können sehr klug sein, sind aber vorzugsweise vom Gefühl gesteuert. Sie treffen auch »aus dem Bauch heraus« instinktsicher richtige Entscheidungen. Solche Menschen finden sich zum Beispiel unter Künstlern. Sie sind unter den Journalisten eher im Feuilleton zu finden als etwa in den Wirtschaftsredaktionen – obgleich deren Klientel, die Börsenhändler, traditionell aus dem Bauch heraus ihre Entscheidungen treffen. Den Christen unter den vorzugsweise Gefühlsgesteuerten ist vor allem die Liturgie wichtig, die Musik, vielleicht auch der Weihrauch – weniger die christliche Lehre. Übrigens müssen die gefühls*bestimmten* Menschen weder gefühlsstark sein noch denkschwach. Gleichzeitig hängt Kunst nicht nur von Gefühlsstärke ab, sondern auch von Stärke im Denken. Der Dirigent und Pianist Daniel Barenboim sagt auf die Musik bezogen: »Qualität kommt von Denken.«[16] Was die Thesen in diesem Buch betrifft, lässt sich vermuten, dass die gefühlsgesteuerten frommen Menschen sich eher weniger dafür interessieren. Sie wollen aber – anscheinend zunehmend – ihre guten Gefühle mit anderen teilen.

Wir wissen, dass viele Pop-Konzerte die Massen berauschen. Aber auch »Gottesdienste in US-amerikanischen Mega-Kirchen wirken auf die Besucher wie eine Droge«. Das ist zum Beispiel das Ergebnis einer Studie des Soziologen James Wellman von der University of Washington in Seattle, die dieser auf der Jahrestagung der Amerikanischen Soziologischen Vereinigung im August 2012 in Denver vorstellte.[17] Der mentale Effekt dieses Events wird provoziert durch laute Musik sowie die Projektion von Bildern lachender oder weinender, singender, tanzender Menschen auf Großleinwand. Mega-Kirchen haben definitionsgemäß jeweils mehr als 2000 Gottesdienst-Besucher. Es gibt in den USA bereits etwa 2000 solcher Gemeinden. Die meisten »sind evangelikal geprägt«.[18]

Die Suche nach dem Sinn

Den Gläubigen in allen Religionen geht es auch darum, Antwort auf die Frage nach dem Sinn des Lebens zu finden. Graf zitiert[19] Adolf von Harnack mit der Aussage: »Wissenschaft kann nicht Sinn stiften, das kann nur Religion.« Dagegen betonte der Physik-Nobelpreisträger Steven Weinberg,[20] man werde »nichts finden, was unserem Leben einen objektiven Sinn verleiht«. Den Sinn »müssen wir unserem Leben selbst geben«. Man kann das freilich auch wie Loriot betrachten: »Ein Leben ohne Mops ist möglich, aber sinnlos.«[21]

Ich meine, die Suche nach dem Sinn ist als weitere Konsequenz des naturnotwendigen Weltdeutungsbedürfnisses dem Menschen angeboren, wenn auch nicht unbedingt bewusst. *Den* Sinn des Lebens kann das Christentum nicht vermitteln. Wohl aber vermag ein jesuanisch geprägter Glaube dem eigenen Leben einen Sinn *zu geben.*

Bereits die Verfasser der Bücher des Alten Testaments wussten keine Antwort auf die Frage, warum es das Böse in der Welt gibt, warum Krankheit und Leid. Ich werde darauf noch zurückkommen. Die Bibel selbst übrigens kennt die Frage nach dem Sinn des Lebens nicht. Vielleicht weil sie immanent beantwortet wird für den Frommen, dessen Leben von den göttlichen Geboten bestimmt ist und der ohnedies das Weltende erwartet.

Wissenschaft ist zwar »keine Sinngebungsinstanz« (Graf). Sie erklärt uns aber die Welt, eingeschlossen die Bedingungen unseres Denkens und Fühlens. Und diese Erkenntnisse helfen dabei, unserem Leben durch eigene Anstrengungen einen Sinn zu geben. Überdies hat meines Erachtens Eckart Voland Recht, wenn er darauf hinweist: »Religionen schaffen keine Werte, sondern sie interpretieren sie nur und schaffen vielleicht Räume, in denen sie zur Geltung kommen sollen.«

Des Kaisers neue Kleider

Wohl jeder kennt den »Aha-Effekt«. Plötzlich wird einem etwas klar, und man bekommt eine ganz neue Sicht der Dinge. Kann das auch in Bezug auf eine Religion passieren? Es könnte ja sein, dass etwas geschieht, so ähnlich, wie es Hans Christian Andersen in seinem Märchen *Des Kaisers neue Kleider* beschrieben hat. Das Märchen handelt von einem Kaiser, der sich von zwei Betrügern für viel Geld neue Gewänder weben lassen möchte. Die Betrüger machen ihm weis, die Kleider besäßen die wunderbare Eigenschaft, für jeden Menschen unsichtbar zu sein, der nicht für sein Amt tauge oder einfach dumm sei. Tatsächlich geben die Gauner nur vor, zu weben und dem Kaiser die Kleider zu überreichen. Aus Eitelkeit und innerer Unsicherheit erwähnt dieser nicht, dass er die Kleider selbst auch nicht sehen kann. Seine Minister und Ratgeber, denen er die neuen Gewänder präsentiert, heucheln ebenfalls nur Begeisterung über die scheinbar schönen Stoffe. Niemand mag für dumm oder unfähig gehalten werden. Bei einem Festumzug des Herrschers in seinen neuen Kleidern spricht schließlich ein Kind aus, was zwar offensichtlich ist, aber zuvor niemand zu sagen wagte: »Der Kaiser ist ja nackt!«

Können sich vielleicht nicht nur Herrschaftssysteme wie die Sowjetunion, sondern auch archaische Weltbilder plötzlich auflösen, weil sie ihre Gläubigen nackt dastehen lassen? Die modernen Kommunikationsmittel verändern die Welt in unvorhersehbarer Weise. Das belegen unter anderem die revolutionären Entwicklungen im arabischen Raum seit 2011. Während bis vor wenigen Jahren die Kirchengemeinden auch für die persönliche Kommunikation junger Menschen eine wesentliche Rolle spielten, gilt das heute allenfalls noch für die ältere Generation. Allerdings wird der Event gesucht. Die erfolgreichsten Kirchen, sämtlich fundamentalistisch orientiert, machen den Gottesdienst, wie schon angesprochen, zur Großveranstaltung mit vielen tausend Teilnehmern, ähnlich den Events bei Papstbesuchen, wie sie Johannes Paul II. eingeführt hat und Benedikt XVI. und Franziskus fortsetzten. Die Theatralisierung ist das Gegenteil von Reflektion – biologisch beschrieben: Sie spricht unterschiedliche Bereiche im Gehirn an. So ist die Hoffnung darauf, dass der fundamentalistische Spuk ein Ende hat, weil Menschen plötzlich ein Licht aufgeht, derzeit völlig unbegründet.

XVII. Beleidigungen des Verstands

In der Bundesrepublik ist die Beschimpfung von Bekenntnissen, Religionsgesellschaften und Weltanschauungsvereinigungen nach § 166 des Strafgesetzbuchs (dem »Gotteslästerungsparagraphen«) dann strafbar, wenn sie geeignet ist, den öffentlichen Frieden zu stören. Der Bamberger Erzbischof Ludwig Schick hat nach einer geschmacklosen Karikatur des Papstes Benedikt XVI. in dem deutschen Satire-Magazin *Titanic* am 1. August 2012 via Pressemitteilung erklärt: »Wer die Seele der Gläubigen mit Spott und Hohn verletzt, der muss in die Schranken gewiesen und gegebenenfalls auch bestraft werden. Wir brauchen daher in unserem Staat ein Gesetz gegen die Verspottung religiöser Werte und Gefühle.« Gegen »heilige Personen, heilige Schriften, Gottesdienste und Gebete sowie heilige Gegenstände und Geräte aller Religionen« dürfe kein Spott und Hohn zugelassen werden.

Da kommen Fragen auf: Eine *Seele* ist bisher weder bei Gläubigen noch bei Ungläubigen entdeckt worden. Sie ist ein Bild. Jeder Mensch hat jedoch einen mehr oder minder ausgeprägten *Verstand*. Darf der Verstand des Menschen durch einen Erzbischof oder gar einen Papst beleidigt werden?

Es dauerte unvorstellbar lange, ehe die Menschheit im Zeitalter der Aufklärung darauf kam, dass eine Zweiteilung der Welt in heilig und profan dem Gedanken der Universalität widerspricht. Und nun darf nach Vorstellung eines Erzbischofs kein Spott mehr über »heilige Gegenstände« laut werden; etwa über Jesu Windeln im Dom zu Aachen? Oder über Jesu Vorhaut, das sogenannte *Sanctum Praeputium*, das mittlerweile 14-fach vorhanden sein soll, unter anderem im Kloster Andechs in Oberbayern? Ach du heiliger Bimbam, der Verstand darf offenkundig ungestraft beleidigt werden.

Nach dem Mordanschlag auf die Cartoonisten der Satire-Zeitschrift *Charlie Hebdo* in Paris durch Islamisten am

Nach dem Attentat auf die Redaktion der Satire-Zeitschrift *Charlie Hebdo* am 7. Januar 2015 demonstrierten am 11. Januar Millionen Menschen, rund anderthalb Millionen allein in Paris, für Meinungs- und Pressefreiheit – auch für die Freiheit, religiöse Gefühle verletzen zu dürfen. »Je suis Charlie« wurde zum Schlagwort, und der Bleistift der Karikaturisten und Journalisten zum Symbol für diese Freiheit. Der *idea*-Redaktionsleiter Wolfgang Polzer freilich kommentierte: »Ich bin nicht Charlie.«[1] Und auch der EKD-Ratsvorsitzende Bedford-Strohm betonte am »Treffpunkt Gendarmenmarkt« in Berlin am 28. Januar 2015 seine Distanz: »Ich bin nicht Charlie.«[2] Ich meine, religiöse Gefühle sind kein Wert an sich. Auch Islamisten haben »religiöse Gefühle«. Das soll freilich kein Votum sein für Geschmacklosigkeit oder Lieblosigkeit.

Es gibt jedoch einen engen Zusammenhang zwischen einer Selbststilisierung als Opfer einer Beleidigung und dem angeblichen Recht des Beleidigten auf Rache. Papst Franziskus hat seine eigene Gewaltbereitschaft vor laufender Fernsehkamera im Flugzeug während seiner Reise auf die Philippinen im Januar 2015 simuliert und ausgesprochen: Wer seine, des Papstes Mutter beleidige, könne von ihm einen Faustschlag erwarten. Der Rektor des Jesuitenkollegs in St. Blasien, Pater Klaus Mertes, von dem noch die Rede sein wird als einem Aufklärer von Missbrauch in der katholischen Kirche, beschreibt es so: »Inzwischen gibt es Christen, die es als Zeichen der Schwäche ansehen, dass das Christentum nicht so scharf auf Blasphemie reagiert wie der Islam. Sie haben vom Evangelium nichts verstanden und folgen offenbar einer archaischen Gewaltlogik, die in den letzten Jahren weltweit ihr Medusenhaupt erhoben hat.«[3]

Wenn Aufklärung noch ein Markenzeichen der protestantischen Kirchen wäre, dann könnte sie demonstrieren, dass »religiöse Gefühle« nicht im Zentrum des Glaubens stehen müssen; dass die Gefühlstheologie nicht mehr heutigem theologischen Verständnis entspreche. Doch leider ist das Gegenteil der Fall.

Wie kommt es zu einem Auseinanderfallen von Glauben und Wissen? Wir werden leichtgläubig geboren. Ein kleines

Kind glaubt, was ihm die Eltern sagen. So entsteht ein Weltbild, dessen Grundlagen als »schon immer da gewesen« verstanden und natürlicherweise nicht in Frage gestellt werden. Manche und offenkundig nicht wenige Menschen halten trotzig an ihrem Kinderglauben fest.

»Warum sollte es Gott nicht möglich sein, Jesus aus dem Grab zu holen, den Leichnam dort nicht verwesen zu lassen?«, fragte der bayerische evangelisch-lutherische Landesbischof Johannes Friedrich in einer Osterpredigt.[4] Das zeugt von der gleichen Gedankentiefe wie die alt-scholastische Überlegung: Warum sollte es Gott nicht möglich sein, einen Stein zu erschaffen, der so schwer ist, dass Gott selbst ihn nicht aufheben kann? Im Übrigen ist das auch ein Beispiel dafür, wie unsinnig es ist, von Allmacht zu sprechen.

In Bayern ist traditionell neben bedeutender Wissenschaft auch viel Aberglaube zu Hause. Der katholische Münchner Philosoph Wilhelm Vossenkuhl meinte, sozusagen den Spieß umdrehen zu können, und verkündete anno 2008, wer behaupte, dass es aus naturwissenschaftlichen Gründen keine Wunder gebe, verkünde einen Aberglauben.[5]

Dabei scheint mir die Antwort auf die Frage interessant: Warum glaubst du nicht mehr an den Osterhasen? Natürlich, weil ein Hase keine Eier legt und keine Eier transportiert. Und warum glaubst du dann an die leibliche Auferstehung Jesu?

Glauben an den Vater

»Glaubensstärkung für die Welt« (Margot Käßmann) vermitteln zu können, erscheint mir denn auch als eher naiv, denn: Zu glauben ist kein Willensprozess, wie der Religionswissenschaftler Sebastian Murken von der Universität Trier betont. Und er erklärt auch gleich realistisch die Zusammenhänge: Wer ein vertrauensvolles Verhältnis zu seinen Eltern entwickelt habe, empfinde Gott wahrscheinlich auch positiv. Wer dagegen seine Eltern als strafende Instanz erlebte, für den sei wahrscheinlich Gott ebenfalls strafende Instanz.[6]

Das Letztere gilt wohl auch für Martin Luther selbst und seine schreckliche Gottesfurcht. Der junge Martin hatte einen sehr aggressiven Vater. »Er zeigte den heftigsten Jähzorn bei dem Versuch, ihn seinen Kindern auszutreiben. Hier liegt nach meiner Ansicht die Ursache für Martins Zweifel, daß der Vater, wenn er sein Kind straft, wirklich von Liebe und Gerechtigkeit geleitet wird und nicht von Willkür und Bosheit. Dieser frühe Zweifel wurde später mit solcher Heftigkeit auf den Vater im Himmel übertragen, daß es Martins Lehrern im Kloster auffiel. ›Gott haßt dich nicht, du hassest ihn‹, sagte einer von ihnen.« So der Psychoanalytiker Erik Erikson, der an der Universität Pittsburgh in den USA lehrte.[7] Allerdings hat Martin Luther einiges von seinem Vater verinnerlicht: »Ich wolt lieber einen todten, denn einen ungezogenen Sohn haben«, betonte er einmal.[8] Zwar konnte Luther seine Gottesfurcht im Vertrauen auf einen gnädigen Gott überwinden – doch wohl nicht ganz. So fordert Martin Luther in seinem *Kleinen Katechismus* von 1529 in der Deutung der Zehn Gebote immer wieder: »Wir sollen Gott *fürchten* und lieben.«

Pietisten haben seinerzeit den griechischen Namen Timotheus (aramäisch Thaddäus) eingedeutscht und daraus einen Fürchtegott gemacht. Der bekannteste Fürchtegott war der seinerzeit berühmte deutsche Dichter, der Pastorensohn Christian Fürchtegott Gellert (1715–1769). Mit dem heutigen Wissen gesehen, ist »Gottesfurcht« Folge mangelnder Aufklärung.

Die Macht der Vorstellung

Eine historisch-kritische Umgangsweise mit den »Fakten« ist auch aufgrund einer weiteren Eigenschaft des menschlichen Gehirns besonders wichtig: Der Mensch hat zwar sehr wohl die Fähigkeit, Zusammenhänge, Ordnung, Muster zu erkennen. Dabei kann er aber, wie schon dargestellt, ohne dies zu bemerken, Erinnerung mit der Stimulation von Vorstellungskraft verwechseln.

Das menschliche Vorstellungsvermögen lässt sich bemerkenswert leicht reizen. Die schon erwähnte Gedächtnisforscherin Elisabeth Loftus machte das folgende Experiment. Versuchspersonen konnten das Video eines Autounfalls anschauen und wurden anschließend gefragt: »Wie schnell waren die Autos, als sie zusammenstießen?« Die Probanden schätzten im Mittel 55 Kilometer pro Stunde. Wenn aber Loftus andere Versuchsteilnehmer fragte: »Wie schnell waren die Autos, als sie zusammen*krachten*?«, schätzten diese die Geschwindigkeit um zehn Kilometer pro Stunde höher ein. Die Forscherin hatte nur ein einziges Wort, aber damit zugleich das »Weltbild« der Befragten verändert. Mehr als doppelt so viele Probanden der zweiten Versuchsgruppe »erinnerten« sich eine Woche später, zersplittertes Glas gesehen zu haben, das objektiv in dem Film nicht zu sehen war. »Erinnerungen sind datengestützte Erfindungen«, so kommentiert Wolf Singer.[9] Das sollten auch die Theologen bedenken!

Papst Benedikt XVI. sagte am 3. Juni 2012 in einer Fragestunde nach einer Messe in Mailand: »Um die Wahrheit zu sagen, ich stelle mir vor, dass es im Paradies so sein wird, wie es in meiner Jugend war, meiner Kindheit.« Josef Ratzinger wurde 1927 im bayerischen Marktl am Inn als Sohn eines Gendarmen geboren. Seine Kindheit und Jugend war die finsterste Zeit neuerer deutscher Geschichte. Der spätere Papst wurde mit 14 Jahren, anno 1941, auch Mitglied der Hitlerjugend. Ein Paradies? Man kann davon ausgehen, dass Benedikt XVI. das NS-System nicht paradiesisch fand, sondern die negativen Seiten seiner Biographie schlicht vergessen hat.

Sollte es anders sein, wird er wohl ähnlich enttäuscht werden wie muslimische Selbstmordattentäter. Sie erhoffen sich im Paradies »großäugige Huris als Gattinnen«, wie es im Koran heißt. Den Glaubenskriegern vom 11. September 2001 wurden gar jeweils 72 Jungfrauen versprochen. Der 21-jährige Ufuk C. wurde am 29. April 2015 vom Oberlandesgericht München zu einer dreieinhalbjährigen Jugendstrafe verurteilt. Ufuk hatte sich in Syrien einem Ableger von al-Qaida angeschlossen. Er habe, so sagte er, den Märtyrertod erleiden und ins Paradies zu 72 Jungfrauen kommen wollen.[10]

Der deutsche Islamwissenschaftler Christoph Luxenberg hat allerdings darauf hingewiesen, dass es sich hier um einen Übersetzungsfehler handele. Nicht 72 großäugige Jungfrauen stehen den neuen Gästen im Paradies zur Verfügung, sondern weiße Weintrauben. Ob man diese tatsächlich »für sein Leben gerne« essen wollte?

Papst Franziskus nannte in seiner Weihnachtsansprache 2014 vor dem Personal des Vatikans als eine von 15 »kurialen Krankheiten« den »spirituellem Alzheimer«, der zur Abhängigkeit von oftmals selbst konstruierten Glaubensüberzeugungen führe.[11]

Der mittlerweile emeritierte Papst Benedikt XVI. wird sich mit seinen etwas verschrobenen Erinnerungen begnügen müssen. Denn: Erinnerung entsteht im Kopf, und zwar nicht als Abbild der Geschichte, sondern in andauerndem Prozess als etwas Eigenständiges. Aus seinen Bildern der Welt, die nicht die Welt sind, formt der Mensch Bilder-Lehren, das heißt Ideologien. Dabei funktioniert sein Gehirn, wie gesagt, nach erzkonservativen Prinzipien. Weil die Welt so unendlich komplex ist, versucht unser Kopf, das ihm Neue auf ihm bereits Vertrautes zurückzuführen, etwa von der Art: »Es ist nichts anderes als …«. Das ist überdies von Vorteil, weil Bekanntes weniger Angst macht als Unbekanntes. Deshalb neigen wir dazu, die Bilder und Deutungen, die sich bereits unsere Urahnen von der Welt gemacht haben, so weit als möglich beizubehalten.

Analog ist nicht identisch

Wie der Evangelist Matthäus berichtet, sah Jesus, nachdem er durch Johannes getauft worden war, »den Geist Gottes wie eine Taube herabfahren und über sich kommen« (Mt 3,16), aber natürlich nicht »als« eine Taube. Seither symbolisiert die Taube in der christlichen Ikonografie den Heiligen Geist. Doch der Mensch verwechselt leicht Bild und Wirklichkeit. Der sächsische Kurfürst Friedrich III., zunächst ein frommer Katholik und später Beschützer Martin Luthers, sammelte leidenschaftlich Reliquien. Zu seiner umfangreichen Sammlung gehörte auch ein Ei, das der Heilige Geist gelegt haben soll. Tauben legen Eier, und der Kurfürst mit dem Beinamen »der Weise« unterschied nicht zwischen Bild und Wirklichkeit. Er hat sich vielmehr 1500 Jahre später das vorgeblich vom Heiligen Geist persönlich gelegte Ei in Palästina aufschwatzen lassen. Der Aberglaube behält seine Macht, selbst wenn er den Verstand beleidigt.

Das ist ein Grundphänomen der Theologie: Analogie und Identität werden allzu leicht verwechselt. Oder anders gesagt, was real gemeint war, wird im Nachhinein als Bild (Metapher) oder Sinnbild (Allegorie) gedeutet und umgekehrt. So wird das Gottvertrauen mit dem Vertrauen in einen lieben Menschen gleichgesetzt – ist es aber natürlich nicht.

Die Vergottung Jesu und die Vorstellung seiner leiblichen Auferstehung und Himmelfahrt gehören zum altehrwürdigen Glaubensinventar, von dem die Kirchen nach diesen Erklärungen nur unendlich schwer Abschied nehmen könnten. Aberglaube ist eben für viele Menschen besser als gar kein Glaube.

Auch wenn wir diese Zusammenhänge erst in den letzten Jahren verstehen, waren sie natürlich auch in der Antike nicht anders. Allerdings wusste man damals nicht, wie der menschliche Kopf funktioniert. Umso kühner waren die Bemühungen, die Welt zu verstehen. Vor zweitausend Jahren verließ man sich noch auf allerlei vermeintlich von den Göttern übermittelte Vorzeichen, aus denen man die Zukunft erschloss. Anno 44 v. Chr. verfassten, wie schon erwähnt, Marcus Tullius Cicero und sein jüngerer Bruder Quintus eine Abhandlung über das Wesen der *divinatio*, der Vorhersagen mit Hilfe gottgesandter Zeichen. Allerdings gab es damals bereits Überlegungen, die in unserer Zeit einerseits zum rechtsstaatlichen Denken gehören, die sich andererseits aber noch nicht bis zu den Geheimdiensten herumgesprochen haben. Gemeint ist die von Cicero propagierte Idee, »es sei mit der Würde der Götter unvereinbar, in die Häuser der Menschen hineinzuschauen, was für jeden Einzelnen gut ist.« Das führt jedoch weg von meinem Thema.

XVIII. Das Konzept Kirche

Die Vorgeschichte

Im Alten Testament finden sich Spuren einer sogenannten Priesterschrift, nach heutigem Wissen das jüngste Dokument in den fünf Büchern Mose. Nach Othmar Keel ist diese Priesterschrift um das Jahr 520 v. Chr., gegen Ende des babylonischen Exils oder kurz danach, noch bevor der Tempel in Jerusalem wieder aufgebaut worden war, entstanden, allerdings »höchstwahrscheinlich nicht in Jerusalem«. Die Priesterschrift hatte, so meint Keel, das Ziel, »die Existenz Israels vor Jahwe auf eine neue Grundlage zu stellen. Sie ersetzte den nach dem Modell assyrischer Vasallitätsverpflichtungen konzipierten ›Sinaibund‹ mit seinen Loyalitäts- und ethischen Verpflichtungen durch die Heilszusagen ... und durch ein System von Symbolen, die die Gottgemäßheit Israels rituell-kultisch herstellen sollten«.[1]

Was ursprünglich ein umfassendes Weltdeutungs- und Verhaltenskonzept für das sich nach dem Exil mit seiner Religion neu auseinandersetzende jüdische Volk war, wurde mit dem Entstehen des neuen Tempels in Jerusalem eine (für damalige Verhältnisse) gigantische Institution. Zu Zeiten Jesu waren (nach Jörns) im Tempel etwa 8000 Priester tätig, außerdem gab es Geldwechsler, Opfertierhändler und viele andere.

Ein gutes Geschäft

Das war nicht zuletzt, ideologisch gut begründet, ein großes Geschäft. Gott selbst habe, wie seine Priester notiert hatten, »dem Priester Aaron und seinen Söhnen als ewiges Anrecht« jeweils die Brust und die rechte Keule der Opfertiere als ihren Anteil zugesagt »als ewiges Anrecht bei allen ihren Nachkommen« (3. Mose 31–36). Da lohnt es doch, auf reiche Opfergaben zu setzen.

Man kann noch weiter zurückgehen und findet bereits eine ähnliche Einstellung: Die Verfasser der Geschichten über die Erzväter der Hebräer haben diese so beschrieben, wie man heute etwa die Oligarchen in Russland, den orthodoxen Metropoliten in Moskau eingeschlossen, beschreiben würde: extrem reich und sehr besorgt um das eigene Wohlergehen und um das der Familie. Die älteste biblische Geschichte ist übrigens die des jüngsten Erzvaters, Jakob, und entstand nach 700 v. Chr.[2]

Der Erzvater Jakob war nach der biblischen Beschreibung zugleich ein Erz-Betrüger, seines Vaters, seines Bruders, seines Schwiegervaters. Doch für mich erstaunlicherweise gibt es unter den biblischen »Zehn Geboten« keines, das besagt: »Du sollst nicht betrügen.« In unserer Zeit wird etwa in Bayern so mancher Betrüger respektvoll charakterisiert: »Aber a Hund issa scho!« So sah man vielleicht einst auch den Erzvater Jakob.

Die hebräische Priesterkaste jedenfalls konnte auf eine lange Geschichte des theologisch begründeten eigenen machtvollen Wohlergehens zurückblicken. Dann aber kam auf einmal der Wanderprediger Jesus und machte Rabatz! Die Vertreibung der Händler aus dem Tempel durch Jesus kurz vor seiner Verhaftung und Kreuzigung war der Höhepunkt seiner Auseinandersetzung mit den – vorgeblich gottgegebenen – Gesetzen seiner Religion.

In den Evangelien sind markante Beispiele für die von Jesus verkündete Freiheit von religiös begründeten Zwängen notiert: »Der Sabbat ist um des Menschen willen gemacht und nicht der Mensch um des Sabbats willen« (Mk 2,27) oder: »Was zum Mund hineingeht, das macht den Menschen nicht unrein; sondern was aus dem Mund herauskommt, das macht den Menschen unrein« (Mt 15,11). Solche Aussagen waren für das System bedrohlich – und der Verursacher der Bedrohung dieses Systems musste sterben.

Die christliche Kirche ist, im Widerspruch zu den Lehren Jesu, wie sie in der Urgemeinde gelebt wurden, alsbald nach ihrem Entstehen, ähnlich wie das jüdische Vorbild, »gesetzlich« geworden. »Im nachjesuanischen, katholisch-kirchlichen (nicht mehr im protestantischen und auch daher eher ›jüdischen‹) Christentum finden wir fast spiegelbildlich die theologisch-soziologische Pyramide der zweiten jüdischen Tempelepoche: Dem Cohen Gadol, dem Hohepriester, entspricht der Papst; den Cohanim, den Priestern, entsprechen die Bischöfe; den Leviten, im tridentinischen Ritus, der bis zum Zweiten Vatikanischen Konzil galt, die Diakone und Subdiakone, die den Priester während der Heiligen Messe unterstützen.« So beschreibt der Historiker Michael Wolffsohn »Die Geschichte zweier Rivalen«.[3]

Das katholische Selbstverständnis

»Dies ist die einzige Kirche Christi, die wir im Glaubensbekenntnis als die eine, heilige, katholische und apostolische bekennen.« So steht es im »Weltkatechismus« als Selbstbeschreibung der katholischen Kirche von 1992. Anno 2000 produzierte der damalige Chef der »Glaubenskongregation«, Josef Ratzinger, eine Erklärung »Dominus Jesus«, in der er den protestantischen Kirchen attestierte, sie seien »nicht Kirchen im eigentlichen Sinne«. Papst Johannes Paul II. hatte diese Erklärung »mit sicherem Wissen und kraft seiner apostolischen Autorität bestätigt und bekräftigt und deren Veröffentlichung angeordnet«.

Nach katholischer Lehre hat Jesus selbst die Kirche gegründet. Das ist freilich historisch falsch. Jesus hat keine Kirche gegründet, denn er war und blieb bis zu seinem Tode ein kritisch-frommer Jude. Jesus hat nämlich – irrtümlich, denn auch er war ein Mensch, der sich irren konnte – das Nahen des »Reiches Gottes« verkündet, was die Konstruktion einer Kirche durch Jesus selbst als überflüssig ausschließt. Der von den Katholiken gerne zitierte Satz, den der Evangelist Matthäus Jesus in den Mund legt: »Du bist Petrus, und auf diesen

Felsen will ich meine Gemeinde (Ekklesia) bauen«(Mt 16,18), stammt nicht von Jesus. So dass »die Kirche in dem Sinn, wie sie heute verstanden wird, des biblischen ›Grundes‹ verlustig geht«.[4]

Die ältesten christlichen Lehnwörter, zu denen das Wort Kirche gehört, sind übrigens von den Goten donauaufwärts und rheinabwärts nach Deutschland gebracht worden. Die Goten unter ihrem König Theoderich (gestorben 526) waren Arianer. Das heißt, sie glaubten weder an die Gottgleichheit Jesu noch an den Heiligen Geist (Logos). Das althochdeutsche Wort für Kirche, *kirihha* oder *chirihha* ist erstmals anno 718 im elsässischen Ortsnamen *Chirihhunwilari* nachweisbar.[5]

Die Vorstellung von der besonderen Qualität der Kirche im Unterschied zu anderen Institutionen ist Ergebnis einer Entwicklung, die zwar lange nach Jesu Tod, aber bereits mit dem Entstehen des Papsttums einsetzte und ihren Höhepunkt mit der Ausrufung des Dogmas von der Unfehlbarkeit des Papstes anno 1870 erreichte. »Die Kirche selbst wird zum Gegenstand der Frömmigkeit; und da der Laie eigentlich als selbständige Figur nicht vorkommt, ist Kirche nicht das Gottesvolk, sondern die Institution und ihre Hierarchie ... Die Kirche predigt sich selbst; Gehorsam gegenüber der Kirche z.B. – wider das eigene Meinen und Wollen – wird zu einer immer wieder eingeschärften Tugend.« So, bezogen natürlich auf die katholische Kirche, der Münchner Professor für Neuere Geschichte, Thomas Nipperdey.[6]

Hierarchie bedeutet übrigens wörtlich »heilige Herrschaft«. Kaiser und Könige verstanden sich einst als Regenten »von Gottes Gnaden«. Wir wissen es heute besser, aber dazu musste zunächst der Erste Weltkrieg kommen. Der Papst und die Bischöfe verlangen weiterhin von ihren Gläubigen Gehorsam. Jesus dagegen tat das nicht – aber er war ja auch kein Kirchenoberhaupt. Er hat keine Kirche gegründet, und er war eben auch kein Christ, sondern, wie angesprochen, ein frommer Jude, der den Menschen Freiheit von den alten unmenschlichen Gesetzen seiner Religion verkündete. Diese Freiheit hat die viel später entstehende Kirche den Menschen alsbald wieder genommen, vor allem mit Höllendrohungen, die, wie die historisch-kritischen Theologen längst wissen, nicht von Jesus stammen.

Die katholische Kirche verlangt weiterhin von ihren Gläubigen Gehorsam. Der katholische Bischof von Augsburg, Konrad Zdarsa, der wie schon sein Vorgänger Walter Mixa beim Kirchenvolk besonders unbeliebt ist, hielt es für angebracht, in seinem »Hirtenwort« 2011 zu betonen, dass »die Rede nach Art des guten Hirten auch das richtungsweisende, notfalls gebietende Wort kennt«.

Kirche von unten

Erstaunlicherweise lässt sich das Kirchenvolk dies heute nicht unter allen Umständen gefallen. Zwar gibt es im Bistum Augsburg mit 14 Prozent nicht mehr Kirchgänger als sonst in den katholischen Gemeinden. Doch haben dort Anfang März 2012 immerhin 25 000 Gläubige gegen die vom Bischof geplante Schließung ihrer Ortskirchen demonstriert. Motto der Aktion: die »Kirche umarmen«. Man war empört über das bischöfliche Verbot von »Wortgottesdiensten« in den Dorfkirchen, die wegen des Pfarrermangels Laien halten müssen. Möglicherweise springt der Zündfunke der österreichischen Pfarrer-Initiative mit ihrem »Aufruf zum Ungehorsam« vom 19. Juni 2011 nach Deutschland über. Die Priester missachten das Predigtverbot für kompetent ausgebildete Laien, etwa Religionslehrer, akzeptieren auch eine priesterlose Eucharistiefeier und verlangen die Zulassung von verheirateten Männern und Frauen zum Priesteramt. Die aufmüpfigen Pfarrer in Österreich vermeiden es, selbst mehrmals hintereinander an jeweils verschiedenen Orten den Gottesdienst zu halten. Sie finden, ein selbstgestalteter Gottesdienst der Gemeinden »ist besser als liturgische Gastspielreisen« – man könnte das einen reformatorischen Aufbruch nennen.

Natürlich sind die papstfrommen deutschen Bischöfe empört. Der Passauer Bischof Wilhelm Schraml bezeichnete eine priesterlose Eucharistie-Feier als »Abfall vom Glauben«. Der Regensburger Bischof Gerhard Ludwig Müller, mittlerweile Präfekt der Glaubenskongregation, kommentierte: »Der Ungehorsam gegenüber Gott und der Ungehorsam gegenüber der legitimen kirchlichen Leitung – gegen Papst und Bischöfe – ist ein Übel, das Spaltung in die Kirche hineinträgt und unser Grundverhältnis zu Gott verfälscht.«[7] Müller verwechselte nach alter Tradition Gott und die Kirche.

XIX. Die Kirche und die Moral

Die Kirchen *aller* Konfessionen beschäftigen sich am liebsten mit Moral, neuerdings unfreiwillig mit der eigenen Unmoral. Als Sünde gilt den Eiferern insbesondere (Homo-)Sexualität, wovon die katholischen Priester von Amts wegen *nichts wissen dürften*, neuerdings die Präimplantationsdiagnostik (PID) und die Blutdiagnose bei einer Schwangeren auf einen Erbfehler des Fötus, wovon die Kirchen *nichts verstehen*. Ich meine nämlich, entscheidend für eine pränatale Medizin ist, wann ein befruchtetes »Eiweißklümpchen«, aus dem ein Mensch entstehen *kann* und das oft genug von allein aus dem Mutterleib »abgeht«, bereits ein empfindungsfähiges Lebewesen geworden *ist*. Etwa wann die ersten funktionsfähigen Nervenbahnen es befähigen, Schmerzen zu empfinden. Und hier sind *nicht* die Theologen gefragt, sondern die Biologen – und selbstverständlich vor allem die werdenden Mütter. Die Kirchen, denen bis in die jüngste Zeit das Leid der *geborenen* Kinder, etwa in Heimen, gleichgültig war und für die Missbrauch zum Brauchtum gehörte, sollten hier deshalb lieber schweigen.

Aber das können sie nicht. Stattdessen forderte zum Beispiel die evangelische Bischöfin von Magdeburg Protest dagegen, dass in Deutschland mit öffentlichen Mitteln ein möglicher Test zur Früherkennung des Down-Syndroms entwickelt wurde. Es sei ein Skandal, »dass kein Sturm der Entrüstung durch dieses Land geht«.[1]

Der Begriff der *Sünde* soll in den Gottesdiensten nach dem Willen der lutherischen Bischöfe wieder mehr Raum bekommen. Die Vorstellung der Sünde sei aus dem öffentlichen Bewusstsein und dem Wortschatz der Menschen weitgehend verschwunden. Das beklagte Anfang 2010 der damalige Leitende Bischof der Vereinigten Evangelisch-Lutherischen Kirchen Deutschlands (VELKD) und bayerische Landesbischof Johannes Friedrich. Sein Amtsbruder Bischof Gerhard Ulrich von Schleswig Holstein ergänzte, es solle die theologische Kategorie »Sünde« auch in der Ausbildung der Pfarrer stärker thematisiert werden.[2]

»Umkehr« zu »Buße« verfälscht

Der Begriff »Sünde« ist aufs Engste verbunden mit dem Begriff der »Buße«. Dahinter verbergen sich archaische Vorstellungen, die im Alten Testament ihren Niederschlag fanden. Jesus dagegen hat, wie schon Johannes der Täufer, *nicht* von Buße, sondern von »metanoia« gesprochen, was im Griechischen *Umkehr* bedeutet. Im Neuen Testament wurde daraus fälschlich »Buße«.

»Die Geschichte des kirchlichen Bußwesens steht fast durchgehend in krassem Gegensatz zum biblischen Bußverständnis«, heißt es denn auch im Taschenlexikon *Religion und Theologie*. Für die katholische Kirche ist die Buße sogar ein Sakrament. Dem historisch-kritischen Befund entsprechend, wenn auch tatsächlich aus finanziellen Erwägungen, ist der evangelische »Buß- und Bettag« 1995 als Feiertag in Deutschland abgeschafft worden. Dies geschah gegen den Willen der evangelischen Kirchen. Ihnen ging es dabei auch um den Verlust von Macht.

Denn die Möglichkeit der Deklarierung als »Sünde« ist das wichtigste Machtinstrument der Kirche. Es beruht auf Sätzen, die der Evangelist Matthäus um die Jahre 80 bis 90 nach Christus, also mehr als ein halbes Jahrhundert nach dessen Tod, Jesus zuschreibt – mit Aussagen, die sicher nicht von Jesus stammen. Dennoch dienen sie bis heute als Gründungsvotum für den Beruf des Papstes. Jesus hat nach Matthäus zu Petrus gesagt (Mt 16, 18–19): »Du bist Petrus, und auf diesen Felsen will ich meine Gemeinde (Ekklesia) bauen, und die Pforten der Hölle sollen sie nicht überwältigen. Ich will dir die Schlüssel des Himmelreichs geben: alles, was du auf Erden binden wirst, soll auch im Himmel gebunden sein, und alles, was du auf Erden lösen wirst, soll auch im Himmel gelöst sein.« Die Ekklesia, übersetzt: die Gemeinde oder gar die Kirche als Institution, gab es zu Lebzeiten Jesu nicht. Disziplinarregeln oder gar »institutionalisierte Kirchenzuchtmaßnahmen«,[3] wie sie der Evangelist an mehreren Stellen Jesus in den Mund legt, gab es ebenso wenig. Matthäus hat die Verhältnisse seiner Zeit ein paar Jahrzehnte zurückgerechnet und als gottgewollt dargestellt. Kein anderer Evangelist als Matthäus kennt die Schlüsselregel. Auf der Drohung, jemand notfalls gar in die Hölle schicken zu können oder ihm den Himmel zu öffnen, fußt seit fast zweitausend Jahren alle kirchliche Gewalt, jedenfalls gegenüber den Gläubigen. Sie haben sich seither ihr Seelenheil, wenn sie es sich leisten konnten, viel kosten lassen und die Kirchen damit reich gemacht.

Der berühmte (katholische) Feldherr des kaiserlichen Heeres im Dreißigjährigen Krieg, Johann Tserclaes Reichsgraf von Tilly, Sieger der Schlacht am Weißen Berg in Böhmen, hatte zum Beispiel gerade noch rechtzeitig vorgesorgt, bevor er 1632 vom (protestantischen) König Gustav II. Adolf von Schweden besiegt und tödlich verwundet wurde. Er stiftete anno 1630 nach Altötting 6300 Gulden »zum Unterhalt eines eigenen Capellan zu ewigen Zeiten«, der »für und für, alle Tage durch das ganze Jahr« dem Feldherrn in der Kapelle eine Messe für dessen Seelenheil zu zelebrieren habe. So geschah es durch die Jahrhunderte, bis Ende 2011 der zuständige Passauer Bischof Schraml meinte, es sei nun genug gebetet worden, der Schatz längst aufgebraucht.[4]

Geistlicher Missbrauch und mehr

»Geistlichen Missbrauch« nennt es Harald Lamprecht[5] von der Evangelisch-lutherischen Landeskirche Sachsens, wenn »ein rigider Moralkodex zum Kennzeichen und Prüfstein für das rechte Glaubensleben wird«. Und da geht es heute natürlich nicht mehr um eine Stiftung für Seelenmessen – schon gar nicht bei Protestanten. Dabei ist der wirkmächtige Wanderprediger Jesus eben gerade *nicht* als Moralapostel aufgetreten, sondern hat die Unmoral der theologischen Moralapostel seiner Zeit kritisiert. Mit den armen »Sündern« hat er vor allem Mitleid gezeigt. Die Worte gehorchen oder Gehorsam hat Jesus, soweit er von den Evangelisten zitiert wird, *nicht* in den Mund genommen.

Geschlossene Systeme, das kann man wohl verallgemeinernd sagen, sind unmenschlich; biblisch gesprochen: Sie sind unjesuanisch, weil sie kein Mitleid kennen. Und da geht es nicht nur um »geistlichen« Missbrauch. Die katholische Kirche vertuscht anscheinend noch immer Verbrechen ihrer Priester, weil ihr die Institution wichtiger ist als ihre Opfer. Das niederländische *NRC Handelsblad* berichtete anno 2012: Ein junger Mann namens Henk Heithuis erstattete 1956 bei der Polizei Anzeige. Er gab an, in einem katholischen Jugendinternat in Hareveld in der Provinz Gelderland sexuell missbraucht worden zu sein. Statt ihm zu helfen, schickte die Polizei den damals 20-Jährigen in eine von der Kirche geführte psychiatrische Einrichtung. Dort beschuldigte man Heithuis, die Priester verführt zu haben und ließ ihn kastrieren. Ähnlich sei es, so die Zeitung, mindestens zehn anderen Jungen ergangen.

Priester schickten schwule Jungen nach dem Beichtgespräch zum Chirurgen, der sie kastrierte. Das sei eine »nicht ungewöhnliche Praxis« gewesen. Bei einer Anhörung des Parlaments berichtete ein Medizinhistoriker, so das *NRC Handelsblad*, ein Chirurg habe ihm berichtet, er sei von einem Bischof, »der übrigens noch lebt«, zu solchen Kastrationen aufgefordert worden. Vorwürfe über eben diese Scheußlichkeiten kannte die von der katholischen Kirche mit der Aufklärung beauftragte sogenannte Deetman-Kommission, ging ihnen aber nicht nach.[6]

»Barmherzige Schwestern« – mitleidlos

In Spanien haben bis in die 1980er-Jahre die »Hijas de la Caridad«, die »Barmherzigen Schwestern« im Auftrag ihrer Oberinnen und Priester in großem Maßstab in den Gebärstationen meist jungen oder alleinstehenden Müttern aus einfachen Verhältnissen ihr neugeborenes Kind geraubt und gut katholischen Ehepaaren verkauft. Den Müttern wurde gesagt, ihr Kind sei gestorben. Seit 2012 gibt es dazu erste Ermittlungen der Justiz.[7]

Diese und unzählige andere Verbrechen katholischer Priester (mir ist sehr wohl bewusst, dass diese Verbrechen nicht nur eine katholische Spezialität sind) und die spezifische Umgangsweise der Amtskirche damit haben mit deren Weltbild, mit der Ideologie zu tun. *Ideologiekritik* wäre, meiner Meinung nach, die zeitgemäße Antwort darauf.

Mitleidlose Ideologien als Folge eines christlich motivierten Weltbildes sind, wie ich nochmals betonen will, kein rein katholisches Spezifikum. Angebliche Hexen um deren Seligkeit willen verbrannt haben einst sowohl die Katholiken als auch die Protestanten.

XX. Die Kirche und die Familie

Nichts regt die konservativen Protestanten in den letzten Jahren mehr auf, als der Wandel der Vorstellungen von »Familie«, die mittlerweile auch gleichgeschlechtliche Partnerschaften einschließt.

Acht deutsche ehemalige protestantische Landesbischöfe, an der Spitze Ulrich Wilckens aus Lübeck, haben anno 2011 gegen gleichgeschlechtliche Partnerschaften im evangelischen Pfarrhaus protestiert.[1] Zur Begründung berufen sie sich auf den ersten Brief des Paulus an die Korinther sowie den Brief eines Paulus-Imitators an Timotheus aus dem Neuen Testament. Danach schließe gleichgeschlechtliches Zusammenleben »von der Teilhabe an Gottes Reich aus«. Die katholische Kirche sieht das ähnlich Der Münchner Kardinal Reinhard Marx äußerte sich zum Thema Homosexualität so: »Der liebe Gott hat sich schon etwas dabei gedacht, dass es Männer und Frauen gibt.«[2] Und dabei, dass ER auch homosexuelle Männer und lesbische Frauen sowie die ganze Palette sexueller Orientierungen geschaffen hat, hat ER sich nichts gedacht? Bischof Franz-Josef Overbeck, Essen, meint in aller Schlichtheit: »Praktizierte Homosexualität ist objektiv Sünde.«[3] Kirchen mit solchem Personal dürfen sich nicht wundern, wenn man sie nicht besonders ernst nimmt.

Immerhin, es gibt auch theologisches Wissen reflektierende Bischöfe – jedenfalls in der evangelischen Kirche. Der damalige Landesbischof Jochen Bohl von Sachsen verwies auf etwas, das in der Kirche endlich selbstverständlich sein soll. Man dürfe die Bibel nicht zu einem »Denkmal« machen, »indem man jedes ihrer Worte für unantastbar erklärt, offenkundige Widersprüche leugnet und Zeitbedingtem dauernde Gültigkeit zuspricht.« Es gebe nun einmal »Aussagen der Bibel, die zeitgebunden sind, den Wissensstand ihrer Entstehungszeit widerspiegeln und nichts wissen von den Erkenntnisfortschritten, die uns geschenkt wurden.«[4] Zu diesen Aussagen gehöre etwa der Satz im 3. Buch Mose (20,13), der sich scharf gegen Homosexualität wende (»Wenn jemand bei einem Manne liegt wie bei einer Frau, so haben sie getan, was ein Gräuel ist, und sollen beide des Todes sterben; Blutschuld lastet auf ihnen.«). Immerhin aber sagte Papst Franziskus auf dem Rückflug vom Weltjugendtag in Brasilien im Juli 2013: »Wenn jemand homosexuell ist und Gott sucht und guten Willens ist, wer bin ich, um über ihn zu richten.«

Im Übrigen kennt die Bibel auch Aussagen, welche die ach so bibeltreuen christlichen Fundamentalisten offensichtlich nicht bemerkt haben. Im Buch Samuel klagt König David über den Tod seines Freundes Jonatan im Krieg gegen die Philister: »... Jonatan, ich habe große Freude und Wonne an dir gehabt; deine Liebe ist mir wundersamer gewesen als Frauenliebe ist« (2. Samuel 1,26). Ausgerechnet der berühmte König David, dessen Nachfahre Jesus höchstselbst gewesen sein soll, war homophil! Und das »bezeugt« ausgerechnet die Bibel.

Mit Spannungen leben

1996 hatte der Rat der EKD in einer »Orientierungshilfe« bestätigt, was offensichtlich ist: In der Bibel – dem Alten wie dem Neuen Testament – wird Homosexualität weitgehend abgelehnt. Für die Verkündigung Jesu spielte sie allerdings keine Rolle. Entscheidend ist, so der Rat: »Der im Liebesgebot ausgesprochene Wille Gottes gilt (auch) für die Gestaltung homosexuellen Zusammenlebens.« Fazit: »Die Spannung zwischen dem biblischen Widerspruch gegen homosexuelle Praxis als solche und der Bejahung ihrer ethischen Gestaltung gemäß dem Willen Gottes verschwindet dadurch nicht, kann aber von daher verstanden und ausgehalten werden.« Der etwas windige Ratschlag der EKD: mit Spannungen leben.

Mit dem Aushalten von Spannungen tun sich auch außerhalb des Themas Homosexualität manche Kirchen weiterhin schwer. Die Spannung unterschiedlicher Religionszugehörigkeit jedenfalls will die Evangelische Landeskirche in Württemberg nicht aushalten. Anno 2011 musste die Pfarrvikarin Carmen Häcker sogar ihr Vikariat abbrechen, nachdem sie einen Muslim geheiratet hatte.

Im Sommer 2013 verabschiedete der Rat der EKD eine »Orientierungshilfe« zum Stichwort Familie *Zwischen Autonomie und Angewiesenheit*. Darin heißt es: »Ein Verständnis der bürgerlichen Ehe als ›göttliche Stiftung‹ und der vorfindlichen Geschlechterhierarchie als Schöpfungsordnung entspricht weder der Breite biblischer Tradition noch dem befreienden Handeln Jesu, wie es die Evangelien zeigen.« Durch das biblische Zeugnis klinge als ›Grundton‹ vor allem der Ruf nach einem verlässlichen, liebevollen und verantwortlichen Miteinander. »Somit sind gleichgeschlechtliche Partnerschaften ... auch in theologischer Sicht als gleichwertig anzuerkennen.« Es zähle zu den Stärken des evangelischen Menschenbildes, dass es Menschen nicht auf biologische Merkmale reduziere.

Das Phantombild der christlichen Familie

Das »christliche« Familienbild ist ein Phantom. Jesus selbst ging nach dem Bericht des ältesten Evangeliums, dem des Markus, deutlich auf Distanz zu seiner eigenen leiblichen Familie. Ich zitiere den Evangelisten noch einmal auch in diesem Zusammenhang: »Wer ist meine Mutter und meine Brüder? Und er sah ringsum auf die, die um ihn im Kreise saßen, und sprach: Siehe, das ist meine Mutter und das sind meine Brüder. Denn wer Gottes Willen tut, der ist mein Bruder und meine Schwester und meine Mutter« (Mk 3,33–35). Diese Aussage Jesu, welche die Evangelisten Matthäus und Lukas wiederholen, zeigt im Übrigen, dass der Marienkult der katholischen Kirche ganz unjesuanisch ist.

Das heutige Familienbild ist das Ergebnis nicht zuletzt auch wissenschaftlicher Erkenntnisse der Neuzeit. Noch im 19. Jahrhundert waren nämlich Kinder kleine Erwachsene.

Selbst der von mir hochgeschätzte Theologe Dietrich Bonhoeffer, von dem schon die Rede war, notierte im Sommer 1938: »Der Mann ist das Haupt der Frau und der Familie. Er ist der Priester. Er spricht für die Seinen mit Gott ...« Bonhoeffer muss damals nicht nur ein archaisches Frauen- und Familienbild verinnerlicht, sondern sich zugleich einen sehr hierarchisch denkenden Gott vorgestellt haben, der nicht mit jedermann redet, sondern allein mit dem »Familienoberhaupt«. Das Ganze war damals schon, wie nicht nur Wolfgang Seehaber, der Biograph von Bonhoeffers Verlobter, Maria von Wedemeyer, findet, »beängstigend antiquiert«.[5]

Noch in der zweiten Hälfte des 20. Jahrhunderts war zwar Homosexualität strafbar, nicht aber Vergewaltigung der Frau in der Ehe oder das Verprügeln der Kinder. Letzteres ist sogar bis heute ein Markenzeichen etwa der christlichen Sekte »Zwölf Stämme«.

Die Attacken der Evangelikalen

Die »Orientierungshilfe« der EKD wird seit ihrer Veröffentlichung von den Evangelikalen massiv kritisiert. Die Erklärung des hessen-nassauischen Kirchenpräsidenten Volker Jung, wonach die ablehnende Haltung des Apostels Paulus zur Homosexualität »zeitbedingt und unangemessen« sei, kritisiert der Vorsitzende des evangelikalen »Gemeindehilfsbundes« (vormals Gemeindenotbund), Pastor Joachim Cochlovius, als Anpassung an den Zeitgeist.[6] Ebenfalls als »Anpassung an den Zeitgeist« kritisiert auch der Leiter des größten pietistischen Zentrums in Norddeutschland, des sogenannten Geistlichen Rüstzentrums Krelingen, Martin Westerheide, die Einstellung der EKD zu gleichgeschlechtlichen Partnerschaften.[7]

Der damalige Redaktionsleiter des Zentralorgans *idea.de* der evangelikalen Fundamentalisten, Helmut Matthies, beschimpfte den EKD-Ratsvorsitzenden Nikolaus Schneider persönlich, bezeichnenderweise im katholischen Pendant *kath.net*:⁸ »Er selbst wird in die EKD-Geschichte als jemand eingehen ... als der Kirchenmann, der den christlichen Familienbegriff aufgelöst hat.« Der ehemalige EKD-Ratsvorsitzende Wolfgang Huber, »Bischof des Jahres« anno 2006 bei *idea*, gehörte zu den Kritikern der »Orientierungshilfe«, ebenso wie der Fernsehjournalist Peter Hahne, zu Hubers Zeiten Mitglied des Rates der EKD und bekennender Evangelikaler. Für diesen ist das EKD-Papier »unterstes Niveau«. Der Billy-Graham-Schüler und »Evangelist« Ulrich Parzany bekannte: »Ich schäme mich für meine Kirche.«⁹ Parzany ist für *idea* »einer der führenden Evangelisten in Deutschland«. Bei *idea* herrscht, allem Anschein nach, noch immer das Führer-Prinzip.

Der »Missionswissenschaftler« Professor Peter Beyerhaus behauptete gar, Schneider habe sich »öffentlich den Ordnungen Gottes widersetzt« und solle als Ratsvorsitzender zurücktreten. Der Mief der deutschen Evangelikalen stinkt zum Himmel. Für den Vizepräsidenten der Generalsynode der Vereinigten Evangelisch-Lutherischen Kirche Deutschlands (VELKD), Carsten Rentzing, einen Pfarrer, befindet sich die EKD in einer Krise. Sie habe den theologischen Konsens mit der römisch-katholischen und der orthodoxen Kirche verlassen.¹⁰ Hat das nicht bereits ein gewisser Martin Luther getan? Aber die deutschen Lutheraner wissen das womöglich nicht mehr so ganz genau. Es ist ja auch schon fast fünfhundert Jahre her. Der Direktor für ökumenische Angelegenheiten der »Weltweiten Evangelischen Allianz«, Rolf Hille aus Heilbronn, findet jedenfalls, die evangelikale Bewegung sei der römisch-katholischen Kirche »aufgrund ihrer konservativen Haltung sehr viel näher als die liberale evangelische Volkskirche in Deutschland«.¹¹

»Glaubenstreue Protestanten verlieren geistliche Heimat«, beklagte *idea* schon am 15.7.2013. Die evangelikale Internet-Agentur zitierte den Dominikanerpater Wolfgang Ockenfels (Trier) mit der Behauptung, dass »heute die Ökumene zwischen Katholiken, Orthodoxen und Evangelikalen leichter möglich ist als mit deutschnationalen (sic!) Protestanten vom Schlage der EKD«.¹² Außerdem gab *idea* dem rabiaten Vorsitzenden des Forums Deutscher Katholiken, Hubert Gindert, das Wort: »Wir stellen fest, dass es in Fragen des ungeborenen Lebens, des Lebensschutzes bis zum Tode und bei Ehe und Familie keine Gemeinsamkeiten zwischen der katholischen Kirche und der EKD gibt.«

Die Verbündeten der Evangelikalen

Während der EKD-Ratsvorsitzende Schneider versöhnlich meinte, dass die ökumenische Gemeinschaft eine solche Diskussion aushalten müsse, wetterte Gindert weiter: »Biblische Normen und ethische Grundsätze sind für uns nicht verhandelbar, und wir entscheiden auch künftig selbst, was wir ›aushalten müssen‹.«¹³ Hubert Gindert, der Gründer des Forums anno 2000 als Konkurrenz zum etwas liberaleren Zentralkomitee der deutschen Katholiken, ist Ökonom. Er promovierte an der TU München-Weihenstephan über die betriebswirtschaftliche Stellung des Körnermaisanbaus in den Ländern der Europäischen Wirtschaftsgemeinschaft. Gindert ist also zwar kein Theologe, aber mit Theologen gut vernetzt: Beim Kongress »Freude am Glauben« im Jahr 2002 war der damalige Kardinal Josef Ratzinger, der spätere Papst Benedikt XVI., Zelebrant der Schlussmesse. Anno 2009 würdigte das Forum in einer Resolution die Muslime als »natürliche Verbündete« im Kampf gegen eine »Kultur des Todes«, die von internationaler Geburtenkontrolle, Abtreibung und Gender-Ideologie geprägt sei.¹⁴ Die deutschen Evangelikalen suchen sich genau die richtigen Verbündeten.

Der Rat der EKD hat auf das Geschrei der Fundamentalisten über die »Orientierungshilfe« mit einem Theologischen Symposium Ende September 2013 in Berlin reagiert. Dabei erläuterte neben anderen die Hamburger Neutestamentlerin Christine Gerber den biblischen Befund: »Ein Äquivalent für unseren Begriff ›Familie‹, der die Kernfamilie aus Eltern und Kindern bezeichnet, fehlt in der Bibel. Im Neuen Testament sind nur binäre Beziehungen im Blick, und diese sind entsprechend dem damaligen patriarchalen Konzept stets hierarchisch organisiert: Ehemann steht über Ehefrau, Eltern über Kindern, Herren über Sklaven.« Jesus und seine Jünger erwarteten, dass das Reich Gottes unmittelbar bevorstehe, weshalb »mit der Erwartung des nahen Endes die sozialökonomischen Motive zur Familiengründung entfielen.« Die Familiensprache, so Gerber, wurde umgewidmet »zur Beschreibung der Zusammengehörigkeit von Jesusanhänger/innen bzw. Gemeindegliedern als ›Wahlverwandtschaft‹«.

Homosexualität wird heute als natürliche Anlage einer Minderheit von Menschen – und bereits schon von Tieren, etwa von Gänsen – erkannt, anders als in der Welt, in der die Verfasser der biblischen Schriften lebten. Offen gelebte Homosexualität zu akzeptieren, ist eine weltliche Errungenschaft der zweiten Hälfte des 20. Jahrhunderts – gegen den erbitterten Widerstand der fundamentalistisch bestimmten Kirchen. Und das ist ein globales Problem.

Der angebliche Wille Gottes

Nach US-amerikanischem Vorbild suchen die deutschen Evangelikalen zunehmend politischen Einfluss auch in der Bundesrepublik zu gewinnen. Und Einfluss heißt, eigene Moralvorstellungen durchzusetzen.

Der Christival-Vorsitzende Roland Werner war Gastdozent an einer evangelikalen Theologen-Ausbildungsstätte bei Boston in den USA. Auch er behauptet, Schwulsein sei »nicht dem Willen Gottes gemäß«.[15] Den Willen Gottes kennt kein Mensch, abgesehen von Günther Beckstein, sozialisiert im CVJM, später stellvertretender Synodalpräses der EKD. Er weiß, sein Rückzug als bayerischer Ministerpräsident war »der Wille meines Herrgotts«. Gewöhnliche Sterbliche wissen, aber sie können ja irren, es war der Wille der Wähler und der Rachedurst von Edmund Stoiber, des Vorgängers Günther Becksteins als bayerischer Ministerpräsident.

Man kann das als »Mit Spannungen leben« hinnehmen. Aber die Evangelikalen schicken sich an, *die* Stimme des Protestantismus in Deutschland zu werden. Und sie haben prominente Helfershelfer. Zum Beispiel, wie erwähnt, in Wolfgang Huber. Unter diesem EKD-Ratsvorsitzenden beobachtete auch die Katholische Nachrichtenagentur eine »Annäherung (zwischen) der Evangelischen Kirche in Deutschland (EKD) und den Evangelikalen«.[16] Das Verhältnis sei dank Huber »geschwisterlicher« geworden, bestätigte der neue Vorsitzende der Deutschen Allianz, Michael Diener, zuvor Dekan des pfälzischen Kirchenbezirks Pirmasens.[17] Die Annäherung lässt sich auch sonst belegen. Im September 2009 rühmte sich Huber, es sei gelungen, das Verhältnis zwischen EKD und dem Pietismus zu entspannen. Und auf dem Titelblatt des *Spiegels*[18] vom 16. Mai 2015 stand bereits als Schlagzeile »Evangelikale / konservative Christen erobern Deutschland«. Anno 2016 bekriegen sich »führende« Evangelikale in der Bundesrepublik und ihre »Follower« über ihr Leitmedium *idea*. Ulrich Parzany gegen Michael Diener. Ein Vorwurf des ultra-evangelikalen »Evangelisten« gegen das neue EKD-Ratsmitglied: Relativierung der Bibel in Sachen Homosexualität.

Machtkämpfe unter Anglikanern

Zu einem öffentlich ausgetragenen Machtkampf ist die Frage der Homosexualität in der anglikanischen Weltkirche geworden; den aus der Kirche von England hervorgegangenen, rechtlich selbständigen Kirchen. Ihr Primas ist der anglikanische Erzbischof von Canterbury. Anno 2003 wurde der schwule Priester Gene Robinson zum Episkopal-Bischof in New Hampshire (USA) ernannt. Dies löste unter den traditionellen Anglikanern in aller Welt einen anhaltenden Sturm der Entrüstung aus. Vor allem anglikanische Bischöfe aus Afrika lehnen das ab. Papst Benedikt XVI. erklärte sich sofort bereit, aus diesem Grund abtrünnige Anglikaner in seine Kirche aufzunehmen. Sogar verheiratete anglikanische Priester werden in den Schoß der katholischen Kirche geholt. Allein in der Karwoche 2012 sind rund 220 Anglikaner zur katholischen Kirche übergetreten. Unter ihnen waren 20 Priester. Die Konvertiten wurden in das katholische Personalordinariat »Our Lady of Walsingham« aufgenommen, das damit 1300 Mitglieder zählte, davon etwa 80 Priester. Papst Benedikt XVI. hatte die bistumsähnliche Struktur eines Personalordinariates geschaffen, um anglikanischen Christen die katholische Kirchenzugehörigkeit unter Beibehaltung der anglikanischen Tradition zu ermöglichen.[19] Wie das Personalordinariat im Mai 2012 mitteilte, hatte der Papst ihm umgerechnet 190000 Euro überwiesen. Die Zahl seiner übergetretenen Priester gab »Our Lady of Walsingham« einen knappen Monat später mit etwa 60 an.[20]

Anfang Juli 2008 verabschiedete die anglikanische Generalsynode in England einen Beschluss, nach dem das Amt des Bischofs in der Kirche von England künftig auch Frauen offenstehen soll. Das lehnte jedoch im November 2012 die Synode ab, weil zwar die Mehrheit der Priester und der Bischöfe dafür, die Mehrheit der Laien-Delegierten aber dagegen war. Im Juli 2014 hat dann die Generalsynode mit der notwendigen Mehrheit dafür gestimmt, künftig Frauen zum Bischofsamt zuzulassen.

Das derzeitige geistliche Oberhaupt der Anglikaner, Erzbischof Justin Welby (London), der zum »evangelikalen Flügel« der »Kirche von England« zählt, pflegt übrigens das – sonst unter Pfingstlern übliche – psychopathologische »Zungenreden«. *Idea* zitiert ihn mit dem Satz: »Das gehört zu meiner geistlichen Routine – man will sprechen und hört sich in einer Sprache reden, die man nicht kennt. Es geschieht einfach so.«[21]

Die US-Anglikaner sind inzwischen noch viel liberaler als die Briten geworden. Anfang Dezember 2009 wählte die Episkopalkirche in Los Angeles die bekennende Lesbierin Mary Glasspool, die seit Ende der 1980er-Jahre mit einer Frau zusammenlebt, zur Bischöfin. Im Mai 2008 hat dagegen die

Glaubenskongregation des Vatikans die Priesterweihe von Frauen unter automatische Exkommunikation gestellt. Exkommuniziert ist damit sowohl derjenige, der eine Frau zur Priesterin weiht, als auch die Frau selbst. Damit folge die Kirche dem Willen ihres Gründers Jesus Christus, so Erzbischof Angelo Amato, der Sekretär der Kongregation.[22] Und Bischof Franz-Josef Overbeck aus Essen behauptet: »Das Priestertum des Mannes ist mit der Offenbarung Christi verbunden.«[23]

Tatsächlich gab es in der Kirchengeschichte auch geweihte Priesterinnen. Äbtissinnen nämlich, Kloster-Vorsteherinnen, waren geweiht wie Bischöfe. Der katholische Kirchenhistoriker der Universität Münster und – was für seine wissenschaftliche Qualifikation spricht – Leibniz-Preisträger Hubert Wolf weist darauf hin, dass bereits Papst Gregor der Große im 6. Jahrhundert ausdrücklich von einer *Ordinatio* gesprochen habe, »und zahlreiche mittelalterliche Sakramentare kennen den Ritus der *Ordinatio abbatissae*, der eng an das Formular der Bischofsweihe angelehnt war«.[24]

Fromme Gewalt

Im Umgang ihrer Kirchen mit Gewalt, den bei den Pietisten besonders ausgeprägten Gruppenzwang eingeschlossen, machen Christen so ihre eigenen Erfahrungen. Im Alten Testament finden sich die im 4. bis 3. vorchristlichen Jahrhundert abgeschlossenen sogenannten (aber nicht von diesem jüdischen König stammenden) »Sprüche Salomos«. Einer dieser Sprüche hat bis heute insbesondere in fundamentalistischen christlichen Gemeinschaften nachhaltige Wirkung: »Wer seine Rute schont, der haßt seinen Sohn; wer ihn aber lieb hat, der züchtigt ihn beizeiten« (Spr 13,24). Mit dieser Begründung erlauben 21 Bundesstaaten der USA in ihren Schulen körperliche Züchtigung der Kinder durch die Lehrer. Eine Untersuchung des Kriminologischen Forschungsinstituts Niedersachsen in Hannover an 45 000 Neuntklässlern im Alter zwischen 14 und 17 Jahren aus 61 deutschen Städten und Landkreisen ergab dies:[25]

Das Risiko für Schüler, als Kind mindestens einmal massiv misshandelt zu werden, war mit großem Abstand am größten, wenn die Eltern Mitglied einer evangelikalen Freikirche waren und Religion für sie eine »sehr wichtige« Rolle für die Erziehung gespielt hatte. Jeder fünfte Schüler dieser Gruppe war davon betroffen. Bei den »schlicht evangelischen« Eltern (so Studienleiter Christian Pfeiffer), die Religion als sehr wichtig für die Erziehung ansahen, war noch ungefähr jeder Sechste ein Opfer der Eltern. Die Misshandlung von Kindern und Jugendlichen in evangelischen Heimen in den 50er- und 60er-Jahren in Deutschland erklärt der Historiker am stadtgeschichtlichen Theodor-Zink-Museum in Kaiserslautern, Jens Stöcker, als Ergebnis eines entsprechenden Verständnisses von christlicher Nächstenliebe, das körperliche Züchtigung und psychischen Druck akzeptiert habe.[26]

Auch Papst Franziskus hält Gewalt als Mittel der Erziehung für vertretbar, solange die Würde der Kinder gewahrt bleibe. Ein guter Vater müsse in der Lage sein, sein Kind »mit Bestimmtheit zu korrigieren«. Das sagte Franziskus bei einer Generalaudienz am 4.2.2015 im Vatikan.[27] Als Beispiel nannte er einen Vater, der ihm gesagt habe: »Ich muss manchmal meine Kinder ein bisschen schlagen, aber nie ins Gesicht, um sie nicht zu demütigen.« »Wie schön«, findet der Papst, »Er muss sie bestrafen, aber er tut es gerecht und geht dann weiter.« »Schlagen, aber mit Würde« – so wurde der Papst als eine Pappmaché-Figur daraufhin im rheinischen Karneval 2015 verspottet.

Man kann den gewaltsamen Väter-Glauben in den Kirchen psychoanalytisch deuten, wie bereits vor einem halben Jahrhundert der schon erwähnte Neurologe und Psychoanalytiker Alexander Mitscherlich. »Gerade die patriarchalen Strukturanteile unserer Gesellschaft sind eng mit dem magischen Denken verbunden. In seiner Weltauslegung ist das Macht/Ohnmacht-Verhältnis zwischen Vater und Sohn, Gott und Mensch, Herrscher und Beherrschtem das ›natürliche‹

Ordnungsprinzip. Die historische Entwicklung ist jedoch durch ein Erstarken der Bewusstseinsleistungen gekennzeichnet, die das Macht/Ohnmacht-Verhältnis relativieren, etwa in kritischer Einsicht.«[28]

»Es gibt weder christliche Physik noch christliche Moral«

»Eine christliche oder muslimische Moral gibt es so wenig wie eine christliche Physik oder eine muslimische Algebra.« So formuliert es der Philosoph und Neurowissenschaftler Sam Harris von der Stanford Universität in den USA.[29] Vielmehr könne die Wissenschaft Fragen der Ethik zu entscheiden helfen, »weil sie traditionsunabhängig und kulturübergreifend nachweisen kann, dass beispielsweise Gewalt destruktiv ist, dass Rache und Prügel dem Wohlergehen des Einzelnen wie der Gemeinschaft schaden«. Allerdings will ich an dieser Stelle noch einmal darauf hinweisen, dass die Moralvorstellungen einer aufgeklärten Welt, wie sie etwa der Menschenrechtscharta der Vereinten Nationen von 1948 zugrunde liegen, starke jesuanische Wurzeln haben, auch wenn der Vatikan die Charta nicht anerkannt hat.

Für sexuelle Gewalt an jungen Menschen gibt es überhaupt keine, und schon gar keine »christliche« Rechtfertigung. Und doch war sie in zahlreichen katholischen Einrichtungen weltweit bis ins 21. Jahrhundert quasi Gewohnheitsrecht der Priester, verschwiegen und vertuscht von ihrer Obrigkeit. Der Jesuitenpater Klaus Mertes vom Canisius-Kolleg in Berlin machte anno 2010 den Missbrauch an seiner Anstalt publik – und wurde daraufhin von seinem Orden in die Provinz versetzt. Ihre Mitwirkung an einer umfassenden wissenschaftlichen Aufarbeitung durch unabhängige Experten des renommierten Kriminologischen Instituts Niedersachsen haben die katholischen Bischöfe abgebrochen.[30]

Die Frage der Glaubwürdigkeit

Desto härter wird jetzt die eigene Unmoral der Kirchen und ihres Personals von der Gesellschaft verurteilt. Die »Marken« *Papst* und *Vatikan* sind womöglich irreversibel beschädigt, weil das Wohl der Kirche wichtiger war und vermutlich sogar geblieben ist als das Wohl ihrer Opfer. Ich schreibe bewusst »Marke«, ein Begriff aus der Wirtschaft. Seit den 1990er-Jahren hat man einen Zusammenhang zwischen Kaufentscheidungen und der ethischen Integrität einer Marke nachweisen können. »Mit der Allgegenwärtigkeit der sozialen Medien« werde die Glaubwürdigkeit einer ethisch motivierten Markenloyalität »auf eine harte Probe gestellt«. Denn der Dialog mit den sozialen Medien finde rund um die Uhr statt. So beschreibt es Tim Leberecht, Mitglied des *Global Agenda Council on Values* des Weltwirtschaftsforums.[31] Diese Erkenntnisse kann man auch auf die Kirchen als Institutionen anwenden. Ihre »ethische Integrität« ist mehr als nur angefochten. Und ich meine, es ist auch kein Zufall, dass binnen kürzester Zeit die Verbrechen an schutzbefohlenen jungen Menschen und die Reaktionen der kirchlichen Hierarchie darauf weltweit bekannt werden. Gewiss, den Missbrauch junger Menschen gab es auch an nichtkirchlichen Einrichtungen, Stichwort Odenwaldschule. Doch der Fokus ist nicht zufällig auf die Kirchen gerichtet. Eines der Opfer als Schüler des katholischen Berliner Canisius-Kollegs, die 2010 die sexuelle Gewalt durch Priester öffentlich machten, Matthias Katsch, erklärt den Fokus auf die Kirchen so: Die Religion ist »das Einfallstor für den Täter, ... weil kaum ein anderer Täter so mächtige Helfer auf seiner Seite hat wie den lieben Gott und seine irdischen Stellvertreter«.[32]

XXI. Die Kirche, die Aufklärung und deren Feinde

Einst sorgte Martin Luther dafür, dass in den evangelischen Landen für die Kinder Schulen gebaut wurden: ein Bildungsimpuls, dessen Folgen bis heute noch nachweisbar sind. Die Kirche der Reformation begann mit dem Alleinstellungsmerkmal als eine Kirche der intellektuellen Aufklärung. Heute ist sie das leider nicht mehr. Die Intellektuellen stehen großenteils der Kirche fern. Und der Staat muss dafür Sorge tragen, dass die allgemeine Schulpflicht und die staatlichen Lehrpläne auch für die Kinder bildungsarmer christlicher Fundamentalisten gelten. Ich werde darauf noch zurückkommen.

Die Angst vor der Zugluft

In Deutschland hat jeder evangelische Pfarrer und jeder katholische Priester Theologie studiert. Aufgabe der Theologie sei es, so Rudolf Bultmann 1961, die naive Gläubigkeit zu erschüttern. Tatsächlich beobachtet man, dass zwar gewiss nicht nur, aber doch vor allem die naiv Gläubigen unter den Christen sonntags in die Kirche gehen. Sie tun dies sicher nicht mit dem Ziel, in ihrer naiven Gläubigkeit erschüttert zu werden. Und die wenigen Pfarrer, die dies versuchen, haben es in ihren Gemeinden eher schwer. Eine »Erziehung zur Kritik« hat offensichtlich bei den wenigsten Pfarrern stattgefunden und wird von diesen folglich auch nicht eben häufig wirksam vermittelt. Das ist kein Zufall. Nachdem seinerzeit Rudolf Bultmann seine Erkenntnisse über die Notwendigkeit einer »Entmythologisierung« des Christentums veröffentlicht hatte, bekam er zunächst den Beifall des Theologen und Widerstandskämpfers gegen Adolf Hitler, Dietrich Bonhoeffer. Dieser schrieb 1942, Bultmann habe mit seiner Theologie »gewagt zu sagen, was viele in sich verdrängen (ich schließe mich ein) ... Nun muss Rede und Antwort gestanden werden.« Bonhoeffer schrieb, er selbst wolle sich »der Zugluft, die von ihm (Bultmann) kommt, gerne aussetzen. Aber das Fenster muss dann wieder geschlossen werden. Sonst erkälten sich die Anfälligen zu leicht.«

Das Fenster wurde geschlossen und bis heute nicht wieder geöffnet. Die Angst der Kirchen vor den unabsehbaren Folgen ist zu groß. Und die Anzahl der kritischen Theologen ist selbst im Land der Reformation und der Aufklärung verschwindend klein geworden. In den Kirchen und ihren Gremien haben sie ohnedies nichts zu melden. Dort haben vor allem die Ideologen das Sagen, denn Fundamentalisten sind machtbewusst.

Immerhin darf aber nicht unerwähnt bleiben, was die Synode der EKD am 7.11.2012 als »Kundgebung: Theologische Impulse auf dem Weg zum Reformationsjubiläum 2017« beschlossen hat: »Angesichts der anhaltenden Faszination menschenverachtender Ideologien, von zunehmendem Fundamentalismus in den Religionen wie auch von hier und da zu beobachtender Vernunftverdrossenheit in Kultur, Bildung und Politik wissen wir uns den Errungenschaften der Aufklärung verpflichtet. ... Wir suchen in Forschung und Wissenschaft den Dialog mit allen, die sich bemühen, diese Welt zu verstehen und zu gestalten. Wenn Vernunft und Glaube Geschenke Gottes an den Menschen sind, kann es einen grundsätzlichen Gegensatz zwischen beiden nicht geben. Sehr wohl aber kann es Grenzen menschlicher Einsicht geben.« Ich verstehe dieses Buch ebenso wie meinen Disput mit dem Ratsvorsitzenden der Evangelischen Kirche, Nikolaus Schneider, auch als Antwort auf diese »Kundgebung«.[1]

In Analogie zu den drei Regeln unflexibler Verwaltung: Das haben wir immer schon so gemacht, oder: Das haben wir noch nie so gemacht, oder: Da könnte ja jeder kommen, kann man die heutige kirchlich-fundamentalistische Glaubensmentalität mit einem Satz so beschreiben: Das haben wir immer schon so geglaubt. Und somit wird jede historisch-kritische Analyse überflüssig.

Wenn der Mensch einmal etwas erkannt zu haben meint, lässt er sich kaum mehr davon abbringen. Diese konservative Welteinstellung ist wie die unbewusste Auswahl der Fakten, die unser Gehirn trifft, eine Sparmaßnahme. Unser Kopf wäre hoffnungslos überfordert, jeweils alles neu bedenken zu müssen. Und so macht er sich beziehungsweise uns das Leben leicht.

Ganz besonders leicht machen es sich die Kirchen in unserer Zeit. Das Fazit von Wolfgang Kessler, dem Chefredakteur der Zeitschrift Publik-Forum Anfang 2012 aus Anlass des vierzigjährigen Bestehens des unabhängigen kritisch-christlichen Blattes lautete: »Und die Kirchen kreisen um sich selbst«. Rainer Hank schrieb in einem Leitartikel in der *Frankfurter Allgemeinen Sonntagszeitung* am 27.11.2011 über »Das katholische Weltbild«: »Die Kirche ist eine Art Mischkonzern, dessen Waren- und Dienstleistungsangebot über die Jahrhunderte zusammengewürfelt wurde. Nichts passt zusammen.«

Die Entwicklung Dietrich Bonhoeffers

Dietrich Bonhoeffer hat nach dem Attentat auf Adolf Hitler am 20. Juli 1944 seine im Gefängnis gereiften Erkenntnisse über die Situation der Kirche für ein Buch zusammengetragen, das er nicht mehr vollenden konnte. Aber einige seiner Gedanken sind erhalten geblieben und zeigen auch seine Entwicklung weg vom geschichtslosen Denken eines Karl Barth. An seinen Freund Eberhard Bethge schrieb Bonhoeffer: »Gott als moralische, politische, naturwissenschaftliche Arbeitshypothese ist abgeschafft, überwunden; ebenso aber als philosophische und religiöse Arbeitshypothese (Feuerbach!). Es gehört zur intellektuellen Redlichkeit, die Arbeitshypothese fallen zu lassen bzw. sie so weitgehend wie irgend möglich auszuschalten. Ein erbaulicher Naturwissenschaftler, Mediziner etc. ist ein Zwitter ...«

Zum Thema Kirche schrieb er seinem Freund: »Die Kirche muß aus ihrer Stagnation heraus. Wir müssen auch wieder in die freie Luft der geistigen Auseinandersetzung mit der Welt. Wir müssen es auch riskieren, anfechtbare Dinge zu sagen, wenn dadurch nur lebenswichtige Fragen aufgerührt werden. Ich fühle mich als ein ›moderner‹ Theologe, der noch das Erbe der liberalen Theologie in sich trägt, verpflichtet, diese Fragen anzuschneiden.« Das vermeidet die Kirche, was die eigene Lehre angeht, bis heute weitgehend.

Bezeichnend war die Reaktion von Karl Barth auf die letzten Erkenntnisse Bonhoeffers. Ferdinand Schlingensiepen schreibt dazu in seiner Biographie Bonhoeffers:[2] »Viele Kommentatoren, darunter selbst Karl Barth, haben nach dem Zweiten Weltkrieg die neuen theologischen Gedanken Bonhoeffers auf den Haftschock zurückführen wollen; aber der lag weit hinter ihm, als er sich daran machte, seine neuen Erkenntnisse auszusprechen.«

Die Angst vor der Vernunft

Unter den evangelischen Fundamentalisten sind die Begriffe *Emanzipation* und *Aufklärung* mittlerweile zu Schimpfworten degradiert worden. Pfarrer Dieter Müller, Vorstand der »Kirchlichen Sammlung um Bibel und Bekenntnis« der evangelisch-lutherischen Kirche in Norddeutschland, beklagte vor Beginn des Evangelischen Kirchentags 2013 in Hamburg gegenüber der evangelikalen Nachrichtenagentur *idea*:[3] »Der Kirchentag ist perspektivisch nicht auf Christus zentriert, der von Sünde, Tod und Teufel erlöst, sondern auf den sich emanzipierenden Menschen, der die Welt gestalten will. Er ist geprägt vom Geist des aufgeklärten Relativismus in Bibelauslegung, interreligiösen Dialogen, ökumenischer Kommunikation.« Ach Gott, die Kirche!!!

Die Angst vor Erkenntnis ist unter den Evangelikalen geradezu ein Markenzeichen. Und die besonders Ängstlichen sind vereint in sogenannten *Sammlungsbewegungen*. Deren Anführer setzen wie die Ameisen auf die *Schwarmintelligenz* der *Follower*. Diese werden via Missionierung und Neuevangelisierung, wenngleich mit mäßigem Erfolg, auch aus den Amtskirchen abgeworben.

Diese Angst vor den Bemühungen um Erkenntnis drückt zum Beispiel der Vorsitzende der »Kirchlichen Sammlung um Bibel und Bekenntnis« in der »Nordkirche«, der Pastor Ulrich Rüß so aus: »Der Kniefall vor der Vernunft fällt deutlich tiefer aus als die Ehrfurcht vor Gott und seinem Geheimnis.«[4] Die katholischen Fundamentalisten sind da kaum anders. So war im Organ der Katholischen Akademie in Bayern »zur debatte« im Jahre 2012 zu lesen: »Die Aufklärung war das Gegenteil von Vernunft, es war reine Propaganda gegen das Christentum.«[5] Und selbst der Kardinal Walter Kaspar findet, die mit der Aufklärung verbundene Selbstbefreiung habe ihre Verheißungen nicht erfüllt.[6]

Die bequemere Lebensweise

Warum können diese Leute nicht die menschliche Vernunft als gottgegeben verstehen und sich daran freuen? Das hat wohl damit zu tun, dass die ganz besonders Schlicht-Frommen von dieser Gabe selbst zu wenig abbekommen haben. Da sie aber viel Lärm machen, wird Christentum leicht verwechselt mit dem christlichen Fundamentalismus. Umso wichtiger wäre es, dass die christliche Kirche sich um ihre verlorenen Söhne und Töchter, die Intellektuellen, bemühte. Das dürfte nicht eben leichtfallen, wenn man in den Kirchen nach dazu fähigen Leuten Ausschau hält, gar in den Spitzenpositionen der EKD. Vor allem aber fehlt das kirchliche Interesse daran.

Den Verstand außen vor zu lassen, ist freilich die bequemere Lebensweise. Axel Springer hätte mit BILD nicht auch Jahrzehnte nach seinem Tod einen so großen Erfolg, würden dessen Macher nicht weiterhin gnadenlos die Beobachtung des Verlegers nutzen, »dass der deutsche Leser eines auf keinen Fall wollte, nämlich nachdenken«.[7] Das wird, wie mir scheint, auch dem Kirchgänger unterstellt, indem man seinen Glauben nicht durch die Konfrontation mit den Erkenntnissen der Wissenschaften erschüttern mag.

Bereits in meiner Kindheit vor über siebzig Jahren wurden die allzu simplen Predigten damit verteidigt, man dürfe die alten Leute nicht verwirren. Natürlich kann zur Begründung – wie für fast alles – auch ein Bibelwort herhalten. In den Jesus zugesprochenen »Seligpreisungen« findet sich der Satz: »Selig sind, die da geistlich arm sind, denn ihrer ist das Himmelreich« (Mt 5,3). Den »Aberglauben alter Frauen« beklagte einst bereits Marcus Tullius Cicero. Die »alten Frauen« sind heute weder ausschließlich alt noch ausschließlich Frauen.

In den evangelischen Kirchenleitungen herrscht heute spürbar die Angst vor Veränderungen. Aufklärung wird nicht als befreiend angesehen. Dabei könnte sie tatsächlich frei machen von den in den fundamentalistischen Gemeinden (in allen Religionen) zu beobachtenden seelischen Verkrüppelungen (Beispielhaft für diese Verkrüppelungen ist die Beschreibung der Evangelikalen im hessischen Hinterland von Oliver Rezec: »Eine Frau in Jeans ist des Teufels. Ein Mann hat seine Kinder zu züchtigen. Und das Ende ist nah.«[8]).

Der Schriftsteller Salman Rushdie beklagt, dass Wissenschaftler und Künstler, die sich in der islamischen wie in der christlichen Welt gegen religiöse Orthodoxie oder Bigotterie wenden, heute als »Volksverhetzer« gelten würden anstatt als Helden wie die Intellektuellen der französischen Aufklärung.[9] In Deutschland beklagen fundamentalistische katholische Feuilletonisten, wie zum Beispiel Peter Seewald und Markus Günther, »Die Medien« wollten den Menschen »den Glauben austreiben«.[10] Manche jener Feuilletonisten fühlen sich gar, wie Matthias Matussek, einst beim *Spiegel*, als Christen verfolgt, wenn sie wegen ihrer kruden Gedanken mal ausgelacht werden.

Die lauten Frommen

»Die Evangelikalen in Europa sind am frömmsten«, bejubelt *idea* das Ergebnis einer Studie der Bertelsmann-Stiftung.[11] Polemisch kann man freilich auch sagen: Je dömmer, desto frömmer!, und trifft damit wohl den Kern. Unreflektierte Frömmigkeit ist vor allem eine Folge von Einfältigkeit und Bildungsarmut. Der Bildungsforscher Marcel Helbig vom Wissenschaftszentrum Berlin berichtete der *Zeit* über seine Beobachtungen: »Wir haben auch die Religiosität der Kinder gemessen. Da hat sich gezeigt, dass Religiosität und Bildung negativ miteinander verbunden sind. Je religiöser, desto weniger gebildet.«[12] Dort, wo religiöse Einfältigkeit gezielt angezapft wird, kann das zu einem sehr erfolgreichen Geschäftsmodell führen, wie sich vor allem in den USA zeigt, aber nicht nur dort.

Die *Zeit* meldete im Herbst 2015: »Brasilianische Unternehmer entdecken einen krisenfesten Wachstumsmarkt: Produkte für evangelikale Kirchgänger in ganz Lateinamerika.«[13] Die Erklärung: »Viele Kirchen predigen eine Theologie des Wohlstands: Gott will, dass du möglichst viel Geld verdienst und der Kirche zehn Prozent davon abgibst! Manche evangelikale Superkirche ist auf diese Weise zu einem Milliardenkonzern geworden – allen voran die brasilianische, aber inzwischen weltweit operierende ›Universalkirche‹.« Sie wurde 1977 von dem selbsternannten Bischof Edir Macedo, einem ehemaligen Lotterieangestellten(!), gegründet. Deutscher Hauptsitz ist Berlin. Theologisch leitet sich das fromme Gewinnstreben im Protestantismus ab von den Vorstellungen des Reformators Johannes Calvin, auch »Vater des Kapitalismus« genannt. Er glaubte an die göttliche Vorherbestimmung (*prädestinatio*) des menschlichen Schicksals, dass nämlich Gott »den einen schenkt, was er den anderen verweigert«.[14] Dabei unterschied Calvin sich nicht fundamental von Martin Luther. Dieser sprach freilich viel netter von Gottes »Gnade«.

Das Prinzip des Spendens für die Kirche ist freilich ein

überkonfessionelles Geschäftsprinzip und hat, wie ich gezeigt habe, seine Wurzeln bereits im Alten Testament. Der Apostel Paulus schuf das dazu passende Motto (2. Kor 9,7): »... einen fröhlichen Geber hat Gott lieb.«

In der evangelischen Kirche erheben vorzugsweise die Konservativen (die man zwar nicht immer, jedoch sehr oft mit den Fundamentalisten gleichsetzen kann) die Stimme. Einer Kirche der Aufklärung würden sie möglicherweise fernbleiben, auch mit finanziellen Konsequenzen. Das heißt, die Kirche würde schlimmstenfalls ihre vier Prozent Kirchgänger und viele Kirchenfunktionäre an die katholische Kirche oder an die Freikirchen verlieren – ohne zu wissen, wie viele der 96 Prozent Kirchensteuerzahler und zugleich Nichtkirchgänger sie zurückgewinnen könnte. Doch sie würde meiner Meinung nach ihre verloren gegangene Kraft zurückgewinnen.

XXII. Was ist und was bleibt?

Ich habe immer wieder als meine persönliche Weltdeutung angemerkt, dass die Hoffnung bleibe. Als Naturwissenschaftler versuche ich zu überprüfen, was die Kirchen aus der »frohen Botschaft Jesu« gemacht haben. Und zwar mit der Methode, die der Philosoph und Wissenschaftstheoretiker Karl Popper (1902–1994) für alle Theorien vorgeschlagen hat: durch Falsifizieren. Die Theologen verstehen die Theologie unbestritten als Wissenschaft. Wie jede wissenschaftliche Theorie kennen auch die christlichen Lehren Basissätze. Wenn sich die aus den christlichen Lehren deduzierten *Folgerungen* nicht bestätigen, können damit die Lehren falsifiziert werden. Verifizieren lassen sie sich nicht. Allerdings gibt es selbst in den Naturwissenschaften Hypothesen, die sich prinzipiell auch nicht falsifizieren lassen. Etwa die Aussage: »Es gibt mindestens einen Himmelskörper außerhalb der Erde, auf dem intelligentes Leben existiert.«

Natürlich lassen sich die christlichen Dogmen als solche nicht falsifizieren (und verifizieren schon gar nicht). Es lässt sich die Existenz eines Gottes, der die Welt geschaffen habe, nicht widerlegen. Aber die ihm zugeschriebenen Aktivitäten in der Welt widersprechen den Naturgesetzen, können deshalb *so* nicht stattfinden. Wir können die Dogmen also nicht nur im Lichte historischer Erkenntnisse aus ihrer Entstehungsgeschichte deuten, wie dies seit über hundert Jahren geschieht und was die christlichen Fundamentalisten seither und immer noch erschreckt. Wir können die Dogmen auch im Lichte naturwissenschaftlicher Erkenntnisse überprüfen.

Das heißt, wir wissen, welche Vorgänge im Kopf uns von Offenbarungen sprechen lassen. Wir wissen, welche Vorstellungen, die zu Dogmen wurden, den Naturgesetzen widersprechen. Etwa eine leibliche Auferstehung posthum oder die Möglichkeit der Vergottung eines Menschen. Und wir müssen das alles mit Ockhams Rasiermesser bearbeiten. Das versuche ich.

Als eine sehr bizarre Alternative hat Papst Benedikt XVI. in einer Rede an der Universität Regensburg[1] die Idee einer »Ausweitung unseres Vernunftbegriffs« ins Spiel gebracht. Vernunft und Glaube könnten »auf neue Weise zueinander finden, wenn wir die selbstverfügte Beschränkung der Vernunft auf das im Experiment Falsifizierbare überwinden und der Vernunft ihre ganze Weite wieder eröffnen«. Mit der Verwendung des Wortes »falsifizierbar« bezieht sich der Papst offensichtlich auf Karl Popper. Mit seiner *Ent*schränkung des Begriffs Vernunft begibt sich Josef Ratzinger allerdings zurück in die Vor-Aufklärung.

Das Prinzip Hoffnung

Nun kann man freilich leicht sagen, dass dennoch die Hoffnung bleibe. Auch dafür fehlt die Begründung. Man kann, wie seinerzeit der Philosoph Ernst Bloch, »Das Prinzip Hoffnung« kreieren; die Hoffnung, dass aus Tagträumen, aus Fantasien Wirklichkeiten werden. Das ist hier jedoch nicht gemeint. Das Wort Hoffnung kommt in der Bibel 83 Mal vor, hoffen 75 Mal. Verzweifeln und verzweifelt zusammen viermal, zweifeln, Zweifel und Zweifler zusammen 15 Mal. Die biblischen Autoren finden zum Teil starke Formulierungen für ihre Hoffnung; etwa im »Hohen Lied der Liebe«, dem ersten Brief des Apostels Paulus an die Korinther (13,13): »Nun aber bleiben Glaube, Hoffnung, Liebe, diese drei; aber die Liebe ist die größte unter ihnen.« Oder im Brief des Paulus an die Römer (8,24): »Denn wir sind zwar gerettet, doch auf Hoffnung.«

Die Verfasser der Psalmen verwenden immer wieder die Formulierung: »Mein Gott, ich hoffe auf dich«, aber auch »Du bist meine Hoffnung von meiner Jugend an«. Der Philosoph Jürgen Habermas hat Recht, wenn er die »säkulare Gesellschaft« auffordert, dass sie »einen Sinn für die Artikulationskraft religiöser Sprachen bewahrt«.² Schon recht, aber bitte mit einem Sinn für die Geschichte: Joseph Goebbels forderte, wie schon erwähnt, in seiner berüchtigten Rede im Berliner Sportpalast die Menschen auf, in den »totalen Krieg« zu ziehen, »wie in einen Gottesdienst«. Er bediente sich erfolgreich religiöser Sprache.

Allerdings können selbst noch so eindringliche Worte unbegründet sein. Als Naturwissenschaftler hoffe ich freilich auch auf zukünftige Erkenntnisse, die meiner Hoffnung Berechtigung geben. Der Theologe Perry Schmidt-Leukel formulierte es so: »Wir wissen nicht, ob es überhaupt eine göttliche Wirklichkeit gibt. Möglicherweise haben unsere atheistischen Brüder und Schwestern recht. Aber auch das lässt sich nicht beweisen. ... Ein Atheist wird notwendigerweise sagen, dass die Welt im Nichts versinkt, dass alle Errungenschaften in ihr bestenfalls temporäre Bedeutung haben ... Wenn es aber Gott gibt, besteht Grund für die Hoffnung, dass das menschliche Bewusstsein und alle von ihm hervorgebrachten Phänomene nicht im Nichts verschwinden.«³

Fundamentalistischer Glaube macht unfrei

Wie ist die Hoffnung auf Gott entstanden? In der Frühzeit der Menschheit waren, wie bereits dargestellt, die Kräfte der Natur Gottheiten zugeordnet; Antworten auf die natürliche Frage nach dem Warum. Man kann sich vorstellen, dass die Evolution nicht grundlos den Menschen in seinem Glauben auf einen Gott hin hat entstehen lassen. Zu glauben, tut den Menschen offensichtlich gut, wofür es viele empirische Belege gibt, aber eben leider keine objektiven Hinweise für die Existenz eines Grundes. Fundamentalistischer Glaube macht allerdings unfrei im Denken und im Handeln.

Ich habe darauf hingewiesen, dass der Mensch keinen Sinn für den Zufall, wohl aber ein ausgeprägtes Deutungsbedürfnis hat. Wir können erstaunlicherweise die Gesetze der Natur mit Hilfe der Mathematik beschreiben. Auch die Gesetze der Wahrscheinlichkeit. Offenkundig aber macht es uns Angst zu glauben, etwas sei »reiner Zufall«. Zeitliche und räumliche Koinzidenzen werden eben leicht als kausal missverstanden.

Es gibt vielerlei Erklärungen dafür, dass Hoffnung dem Menschen guttut. Hoffnungslosigkeit dagegen ist der Anfang vom Ende – sogar des Lebens. Aber Hoffnung ist eben nicht Gewissheit, und für Gewissheit gibt es keinen Grund. Freilich ist es sehr dürftig, wenn der christliche Glauben lediglich ein paar plausible psychologische Begründungen findet. Dabei geht es dem jüdischen und dem islamischen Glauben nicht besser. Und dies einzugestehen, könnte sich wohl keine Glaubensgemeinschaft erlauben. Insofern gibt es quasi natürliche Grenzen für die Diskussion *in den Kirchen* über die Lehren der Kirchen. Historisch gesehen, gab es allerdings eben diese Diskussion bereits. Nämlich zwischen dem Laien Jesus von Nazareth und den Schriftgelehrten seiner Zeit. Jesus lehnte den jüdischen Fundamentalismus ab, der von den Schriftgelehrten und den Mitgliedern einer religiösen Partei, den Pharisäern, propagiert wurde. Auch da ging es um die buchstäbliche Erfüllung »gottgegebener« Gesetze.

Nachdem Jesu frohe Botschaft, welche die Menschen von den Zwängen der menschenfeindlichen Gesetze befreite, feste Strukturen bekam, nämlich zur christlichen Kirche wurde, war es aus mit der Freiheit. Unter Androhung von Höllenstrafen entstand die christliche Moral. Davon war bereits die Rede.

Die Kirchen sind nicht jesuanisch, sondern dogmatisch

Bis heute sind die Kirchen, wenn ihnen schon zu den Zweifeln an ihren Lehren nichts mehr einfällt, Moralprediger geblieben. Fast alles, wozu Kirchenfunktionäre sich äußern – und sie äußern sich, von ihren Lehren abgesehen, zu fast allem – sind Moralfragen. Das wäre wunderbar, wenn sie dabei Jesus zum Maßstab nähmen, wie das bereits Martin Luther forderte. Aber das trifft in den seltensten Fällen zu. Denn die Kirchen sind nicht jesuanisch, sondern »christlich« oder das, was sie darunter verstehen.

Außer den Moralisten bestimmen die Dogmatiker das Bild der Kirche. Das sind diejenigen Theologen, welche die »höchstmögliche Bestimmtheit«[4] der zentralen Aussagen des christlichen Glaubens anstreben. Für Außenstehende erscheinen manche Fragen der Dogmatiker heute allerdings reichlich bizarr. Ein Beispiel: Nachdem im August 2012 die US-Sonde *Curiosity* auf dem Mars gelandet war, um dort nach Spuren von Leben zu suchen, veröffentlichte Radio Vatikan eine Frage, die den Dominikanerpater Jacques Arnould umtreibt, Beauftragter für ethische Fragen am französischen Zentrum für Raumfahrt-Forschung CNES: »Kann Gott, der Schöpfer, noch andere Menschheiten erschaffen außer der unseren? Und davon ausgehend stellt sich dann dogmatisch die Frage: Brauchen auch andere Kreaturen, wenn sie intelligenzbegabt sind und ein Gewissen haben, Erlösung? Und Erlösung durch wen?«[5]

Dogmatische Theologie ist spekulative Theologie. Und die entbehrt oft nicht der Komik. So antwortete der katholische Priester und Leiter des Instituts für Theologische Zoologie in Münster, Rainer Hagencord, auf die Frage des *Spiegels*: »Herr Hagencord, hat der Wurm eine Seele?«: »Für den Wurm gilt das unbedingt.«[6] Beim Menschen freilich haben die Naturwissenschaftler, jedenfalls bisher, keine Seele entdecken können.

Die EKD hat neben vielen anderen »Kammern« auch eine »Kammer für Theologie«. Deren Aufgabe wäre es eigentlich, eben das, was ich in diesem Buch fordere, zu realisieren: für eine den Erkenntnissen unserer Zeit angemessene kirchliche Lehre zu sorgen. Doch dieser Kammer fehlt der Sachverstand. Ihre Mitglieder sind überwiegend Dogmatiker, also systematische Theologen, dazu ein einziger Alttestamentler, ein Neutestamentler, zwei Kirchenhistoriker, ein paar Kirchenfunktionäre. Als jemand, der noch vor Erfindung des sozialen

Wohnungsbaus aufgewachsen ist, denke ich bei »Kammer« an das wunderbare Gedicht von Matthias Claudius, worin es heißt: »Wie ist die Welt so stille / [...] /als eine stille Kammer/ wo ihr des Tages Jammer/verschlafen und vergessen sollt.« Mir scheint, das ist auch kein ganz falsches Bild der »Kammer für Theologie«.

Diese Kammer und damit der Rat der EKD hat Ende März 2015 mal wieder einen Grundlagentext vorgelegt: ›Für uns gestorben, Die Bedeutung von Leiden und Sterben Jesu Christi.‹[7] Auf 186 Seiten wird da sehr liebevoll »Das Kreuzgeschehen als Erkenntnis- und Realgrund der Liebe Gottes« gedeutet oder behauptet »Der Weg des Gekreuzigten ist der Weg, den der dreieinige Gott geht«, oder »Sühne als Gabe des Lebens« betrachtet. Mit den Erkenntnissen kritischer Theologen, etwa über den Opferkult, beschäftigt man sich allerdings gar nicht erst.

In dieser Kammer und zu dieser Thematik hätten zum Beispiel Neurowissenschaftler zugezogen werden müssen und, ja, ich meine das ganz ernst, vielleicht sogar auch ein Zauberkünstler. Die Zauberkünstler wissen nämlich, wie sie die Illusion schüren, sie verfügten über paranormale Fähigkeiten, indem sie sehr geschickt die Erkenntnisse der Wissenschaften anwenden.

Über die »Auferstehung« Jesu gibt es ausschließlich die Jahrzehnte später verfassten deutenden Berichte der Evangelisten über die österlichen Erlebnisse von Jüngern Jesu. Ich habe bereits ausführlich dargestellt, wie Bilder in unseren Köpfen entstehen und dass dies kein Beleg dafür ist, dass die Naturgesetze manchmal doch nicht gelten. Zauberkünstler machen die Erfahrung, dass ihre bewusste Irreführung der Zuschauer, denen sie falsche Bilder suggerieren, erfolgreich ankommt. So glauben dafür anfällige Zuschauer der Illusion, der »Magier« verfüge tatsächlich über übersinnliche Kräfte.

Zunehmende Unbestimmtheit

Ursprünglich bedeutet Dogma *Meinung*. Bei den Protestanten ist die Dogmatik Teil der systematischen Theologie. In der katholischen Kirche wacht das »Lehramt« über die Meinungen ihrer Dogmatiker. Ein Dogma kann allein der Papst deklarieren, wie zuletzt Pius XII. 1950 das Dogma der leiblichen Himmelfahrt der Maria. Der berühmteste Dogmatiker der Protestanten ist der mehrmals erwähnte Schweizer Karl Barth, dessen Kirchliche Dogmatik in den Jahren 1932 bis 1967 erschien und 9000 Seiten umfasst. Anders als die Katholiken, haben die Protestanten jedoch die Freiheit, sich selbst ihre Meinung zu bilden. Davon mache auch ich Gebrauch.

Die höchstmögliche Bestimmtheit von Glaubensaussagen, das Ziel dogmatischer Formulierungskunst, weicht, wie ich zu zeigen versuche, im Lichte zunehmender Erkenntnis zunehmender Unbestimmtheit. Und das macht das Predigen heute so schwer, wenn nicht unmöglich. Besonders problematisch ist für mich, wenn biblische Erzählungen aus einer bestimmten Zeit (oder gar als Mixtum zu verschiedenen Zeiten komponiert) zur Grundlage einer Predigt gemacht werden. Zum Beispiel die Berufung des Jeremia zum Propheten durch Gott selbst im alten Israel. Seit dem Jahre 1901 wissen die Theologen, dass das Buch Jeremia zu weniger als einem Viertel von diesem selbst verfasst sein könnte. Dazu gehört *nicht* die Berufungsgeschichte im ersten Kapitel. Über diese (Jer 1, 4–8) predigte der EKD-Ratsvorsitzende Präses Nikolaus Schneider am 5.7.2012 anlässlich der Olympischen Spiele in London im Deutschen Haus.

»Und des HERRN Wort geschah zu mir. Ich kannte dich, ehe ich dich im Mutterleib bereitete. Und sonderte dich aus, ehe du von der Mutter geboren wurdest ...«

Auch den Ratsvorsitzenden irritiert der Gedanke, »dass Gott mein Leben schon vor meiner Geburt vorgeplant haben könnte. Dass alle meine Entscheidungen nur Teil seines großen Plans wären. Dass meine Freiheit nur eine Illusion ist. ...« Das »entspricht nicht meinem Gottesbild«. Dem kann ich nur zustimmen. Die Lehre von der Prädestination, dem Vorherbestimmtsein des individuellen Lebens, ist, wie schon angesprochen, insbesondere von den Schweizer Reformatoren Calvin und Zwingli in die Welt gesetzt worden. Sie dient zum Beispiel reichen Christen zur Rechtfertigung ihres Reichtums als gottgewollt.

Die Frage der Geschichtsmächtigkeit

Nikolaus Schneider hat seine Predigt fortgesetzt mit der Aussage: »Und doch ist das Bekenntnis für den christlichen Glauben unverzichtbar. ... Gott hat die Macht, in die Geschichte der Welt und in die Geschichte meines Lebens wirkmächtig einzugreifen.«

Das ist freilich eine Meinung, für die es keinen Beleg gibt. Man weiß vielmehr heute dank theologischer Forschung sehr genau, wie jene »Zeugnisse« im Buch Jeremia zustande gekommen sind. Sicher als Glaubenszeugnisse der Verfasser, die sie jedoch mit wenig Rücksicht auf die Fakten fleißig konstruiert und zu Herzen gehend ausgemalt haben, vieles davon erst im Nachhinein, was so nicht gewesen ist. Die Aussage Schneiders ist allenfalls eine Hoffnung – doch nach aller Erfahrung der Menschheit in ihrer Geschichte übt Gott diese ihm zugedachte Macht zumindest nicht erkennbar aus. Die Vorstellung ist offensichtlich zu schlicht. Und damit ist auch der Glaube, für den diese Vorstellung »unverzichtbar« ist, zu simpel.

Schon im Buch Hiob des Alten Testaments wird die Frage gestellt, warum Gott das Böse in der Welt zulässt (*Theodizee* heißt der gelehrte Name dafür), und sie bleibt bis heute unbeantwortet. Nach zwei Weltkriegen und insbesondere nach Auschwitz wirkt es makaber, von der Macht Gottes zu sprechen, in die Geschichte der Welt einzugreifen.

Papst Benedikt XVI. formulierte übrigens ähnlich wie Präses Schneider. Benedikt sagte es so:[8] Der HERR ist anwesend, »er hat die Regierung der Welt in der Hand«.

Präses Schneider hat seine Predigt dann mit einer sehr weitgehenden Nutzanwendung des Jeremia-Textes abgeschlossen: »Denn in seinem lebendigen Wort Jesus Christus spricht Gott heute auch zu uns: Fürchte dich nicht vor den Reaktionen von Menschen und Medien ...«

Diese Art der Bibelauslegung, bei der Gott »heute« zum Medienkritiker wird, ist zwar üblich, wie viele Bemühungen um eine »Aktualisierung« der alten Texte, aber nach meiner Meinung nicht in Ordnung. Der Präses darf und soll die »Menschen und Medien« kritisieren, wenn er das begründen kann. Aber das hat weder mit Gott noch mit Jesus noch mit Jeremia zu tun.

Solche Art des Predigens führte schon in meiner Jugend zum Spott in den Gemeinden. Etwa indem man biblische Sätze, die nichts miteinander zu tun haben, miteinander verband, nach der Art:

»Judas ging fort und erhängte sich« (Mt 27,5). Und: »So geh hin und tue desgleichen!« (Lk 10,37). Damit wird das »Glaubenszeugnis« im Witz als Leichtgläubigkeit entlarvt. Oder indem man sich dies erzählte: Während einer Bibelstunde verblättert sich die Vorleserin. Es geht um die Schöpfungsgeschichte, wo es heißt (1. Mose 2,7): »Da machte Gott der HERR den Menschen aus Erde vom Acker« ... Die fromme Leserin blättert nun zu weit und gerät in die Geschichte von der Arche Noah, merkt es aber nicht und liest weiter: »... und verpiche ihn mit Pech von innen und außen« (1. Mose 6,14). Sie stutzt zunächst, kommt dann aber auch hier zu dem so oft gehörten Schluss: »Das müssen wir jetzt einfach glauben.«

Vieldeutig wie Kunstwerke

Wissenschaftliche Texte sind eindeutig, jedenfalls wenn sie in der Sprache der Mathematik formuliert sind. Die biblischen Texte dagegen sind vieldeutig wie Kunstwerke, etwa Gedichte. Das erklärt ihre anhaltende Bedeutung und auch

Deutbarkeit. Menschen können sie seit zweitausend Jahren jeweils aktuell verstehen. Aber doch eher wie Gedichte, nicht als gerade aktuelle Weisungen.

Die den Göttern zugeschriebenen Hinweise für die Menschen waren schon immer vieldeutig, etwa die Orakel der Seherinnen von Delphi. In dem Apolloheiligtum in Griechenland wurde – nachweisbar seit dem 9./8. vorchristlichen Jahrhundert – von der Orakelpriesterin, der Pythia, die Zukunft gedeutet. Der Überlieferung zufolge soll am Eingang des Tempels von Delphi die Inschrift »Erkenne dich selbst« angebracht gewesen sein. Das verdeutlicht das Ziel einer Auflösung individueller Probleme und Fragestellungen durch die Auseinandersetzung mit der eigenen inneren Persönlichkeit. Die Erkenntnis der »Innenwelt« diente damit, wie 2700 Jahre später in der Psychoanalyse, als Zugang zur Problemlösung in der Außenwelt. Delphi war zugleich Hüterin einer moralischen Tradition mit Maximen wie: Bezeuge, was göttlichem Recht entspricht! Hüte dich vor ungerechten Taten! Leiste keinen Eid! Beherrsche den Zorn! Beherrsche die Lust! Tue, was gerecht ist! Und: Halt fest an der Bildung! Heute ist Letzteres eine vergebliche Hoffnung der Bildungspolitiker.

Vieldeutige Texte müssen ausgelegt werden. Die Empfänger der Orakel von Delphi waren dabei anscheinend weitgehend sich selbst überlassen. Krösus, der sprichwörtlich reiche letzte König von Lydien zum Beispiel befragte das Orakel, bevor er anno 546 v. Chr. gegen den Perserkönig Kyros II. zu Felde zog, und erhielt die Antwort: *Wenn Krösus den Halys überschreitet, wird er ein großes Reich zerstören.* Krösus bezog diese Weissagung auf das Perserreich, es war aber sein eigenes.

Die Technik protestantischer Lehre ist bis heute, die Bibel »aktuell« auszulegen nach dem Motto: Gott spricht auch heute. Denkende Menschen fragen allerdings nach einer Begründung für diese Art des Auslegens. Tatsächlich ist der Beliebigkeit der *Verkündigung*, auch mit dem Kunstwort *Kerygma* bezeichnet, ein breites Tor geöffnet.

Wenn Gott nur wenige Jahrhunderte der jahrhunderttausendelangen Menschheitsgeschichte zu einigen wenigen Menschen, nämlich zu den Autoren der biblischen Texte, gesprochen hat, warum spricht er seither nicht mehr direkt wenigstens zu dem einen oder anderen Menschen? Und warum legt er gar nicht Wert darauf, eindeutig verstanden zu werden, sondern bevorzugt eine derart missverständliche Ausdrucksweise? Wenn die Erkenntnis der Physik, wie erklärt, allgemeingültig ist und Wirklichkeit und Information gleichzusetzen sind, dann ist es um die Wirklichkeit Gottes, wie sie die Kirchen deuten, schlecht bestellt.

Man nennt es Stalking

Es gibt freilich auch intensive Bemühungen um einen angemessenen christlichen Glauben. Bereits im Alten Testament steht, was den Evangelisten zufolge auch Jesus als wichtigstes Gebot ansah: »Du sollst den HERRN, deinen Gott, liebhaben von ganzem Herzen, von ganzer Seele und mit all deiner Kraft« (5. Mose 6.5) und: »Du sollst deinen Nächsten lieben wie dich selbst (3. Mose 19,18). Das Letztere ist zwar schwer zu verwirklichen, jedoch als ethische Maxime unumstritten. Wie kann man aber Gott lieben? Liebe ist mit Kommunikation verbunden, verbal und nonverbal. Sie hat mit Beziehung zu tun. Es gibt allerdings auch das einseitige »Anbeten« einer oder eines Unbekannten. Man nennt es Stalking. Der Stalker deutet sich eine nicht vorhandene Gegenliebe.

Theologen suchen heute nach Erkenntnis auch in nichtchristlichen Religionen, ja sogar in der areligiösen Welt. Voraussetzung dafür ist der wohltuende Wunsch, »dass keine Religion oder Weltanschauung ihre detaillierte Sicht absolut setzt«, so der evangelische Systematiker Hans-Martin Barth.[9] Die Konsequenz für den Theologen: »Der Glaube ist damit in gewisser Weise unanschaulich geworden.« Allerdings geht Hans-Martin Barth weiterhin aus von einer »Kirche, die sich zur Wirklichkeit und zum Wirken des dreieinen Gottes bekennt.« Das heißt, er ist sogar weit entfernt von den allerersten Erkenntnissen historisch-kritischer Theologie, die bereits die Vorstellung eines trinitaren Gottes als historisch bedingt ablehnte.

Religiös ohne Erkenntnis

Der katholische Theologe Hubertus Halbfas plädiert, wie ich meine zu Recht, für einen »Abschied von der zweigeteilten Welt« also der Vorstellung einer der irdischen Welt übergeordneten himmlischen Welt. Halbfas: »Das Wort Gott dient nicht dem empirischen Erfassen der Wirklichkeit, sondern der Interpretation der menschlichen Existenz im Angesicht der Wirklichkeit.«[10] Halbfas führt allerdings die zweigeteilte Welt gleich wieder ein: »Gibt es Gründe, religiös zu sein, so unterstehen sie keinen wissenschaftlichen Erkenntnissen oder Beweisführungen.«

Das Problem ist, dass Fragwürdiges der christlichen Lehren nicht in Frage gestellt, dies aber nicht rational begründet wird. Dies geschieht vielmehr in einem Zirkelschluss. Ein jiddischer Witz drückt das so aus:

Ein frommer Jude: »Wie kannst du es wagen, über einen Rabbi zu lachen, dem sich Gott selber jeden Freitagabend offenbart?« Ein Skeptiker: »Woher weißt du das?« Der Fromme: »Er hat es mir selbst erzählt.« Der Skeptiker: »Vielleicht hat er gelogen?« Der Fromme: »Was fällt dir ein! Wird denn ein Mensch lügen, dem Gott sich offenbart?«

Man kann das Fragen aber auch auf biblische Weise zu Ende bringen, ohne weiter auf Antwort zu dringen: Wer dürfte mit Gott rechten? Der unschuldig ins Unglück gestürzte Hiob fragt seinen Gott nach dem Warum. Er wird von seinem HERRN hart zurückgewiesen (Hiob 38, 4–5): »Wo warst du, als ich die Erde gründete? Sage mir's, wenn du so klug bist! Weißt du, wer ihr das Maß gesetzt hat oder wer über sie die Richtschnur gezogen hat?« Das ist natürlich keine Antwort, sondern für die Verfasser des Buchs Hiob der Versuch einer Antwort auf die Frage, warum es *keine* Antwort gibt. Damit ist aber die Aussage »Gott spricht noch heute« bestenfalls eine Hoffnung.

XXIII. Die Zukunft der Kirche

Seit über zweihundert Jahren leuchtet als modernes Menetekel eine Schrift an der Kirchenwand mit nur einem Wort. Es heißt: *Aufklärung*.
Michael Gorbatschow hat 1986 vergebens zu Offenheit (*Glasnost*) und Umbau (*Perestroika*) des Sozialismus aufgerufen. Das hat die damals Verantwortlichen nicht interessiert. Vier Jahre später gab es die DDR nicht mehr und kurz danach auch nicht mehr die Sowjetunion und den »Ostblock«.
Ebenso wenig wie die Herrscher der DDR einst fähig waren, *Glasnost*, also Offenheit, als Chance zu erkennen, sind die Kirchen heute bereit, Offenheit zu wagen. Die DDR feierte noch kurz vor ihrem Untergang, am 7. Oktober 1989, das 40-jährige Jubiläum ihrer Gründung. Am 31. Oktober 2017 will die Evangelische Kirche in Deutschland den 500. Jahrestag ihrer Begründung feiern. Aber auch die Kirche der Reformation sieht offenbar nicht »die Zeichen der Zeit« (Mt 16,3). Sie sollte das 2500 Jahre alte biblische und ebenfalls zum Sprichwort gewordene »Menetekel« bedenken. Der babylonische König Belsazar bekam, so berichtet das Buch Daniel, während eines Festes die schriftliche Prognose *Mene mene tekel u-parsin*: Ausgezählt, gewogen und zu leicht befunden, Ende (Daniel 5, 25–27). Kann man diesen mythologischen Bibelspruch auch als aktuelles Votum verstehen?
In diesem Buch habe ich mit vielen Beispielen die Blindheit meiner eigenen Kirche beklagt. Und zwar, weil mir diese Kirche am Herzen liegt, ja, weil ich diese Kirche der Reformation für »alternativlos« halte, um einen in der jüngsten Welt-Finanzkrise modisch gewordenen Begriff zu verwenden. Umso mehr freue ich mich über jegliche innerkirchliche Selbsterkenntnis. Immer wieder überrascht nämlich die EKD auch mit wichtigen Einsichten. So im bereits zitierten ›Grundlagentext, 500 Jahre Reformation 2017‹: »Bildung und ein dadurch beförderter ›denkender Glaube‹ war und bleibt

ein reformatorisches Anliegen: Fundamentalismus jedweder Prägung ist diesem Sachanliegen zutiefst fremd. Der in der Königsberger Aufklärung des 18. Jahrhunderts wiederholte Imperativ des antiken Dichters Horaz, *Sapere aude*, ›wage zu denken‹, beschreibt ein genuin protestantisches Anliegen: Die Reformation will zu gebildetem Glauben führen.«

Ich fände das wunderbar, bekomme aber so meine Zweifel und finde trotz mancher überzeugender Sätze so wenig Selbstzweifel bei der Kirche. Die von mir wiederholte Aufforderung zum Denken sollte doch mehr sein als die Werbebotschaft »Denk mit« einer Drogeriemarkt-Kette. Die Erfinder solcher Botschaften bezeichnen sich selbst als Kreative, als »Schöpferische«. Wenn die Kirche selbst zum Denken auffordert, sollte das etwas anderes sein als »kreative« Wortmalerei. Ich entdecke bei genauerem Studium ihrer Botschaften zu viele unreflektierte Formulierungen.

Spiel mit alten Bildern

Da heißt es zum Beispiel in dem »Grundlagentext«: »Gott hat die Geschöpfe geschaffen aus dem Willen heraus, seine Liebe weiterzugeben.« Oder: »Er erhält die Schöpfung durch sein Wort.« Bei diesen Aussagen haben sich die Damen und Herren Autoren vielleicht etwas gedacht, jedoch fernab von unserem heutigen Welt-Wissen. Bildung ist eben kein Glasperlenspiel mit alten Bildern, sondern setzt angemessene Kenntnisse voraus. Ich meine, die Kirche muss sich und ihre Grundlagen selbst in Frage stellen. Das heißt, nicht Bekenntnisse sind gefragt, sondern Begründungen, die auch die wirklich Gebildeten überzeugen und nicht nur jene, die ohnedies »alles glauben« müssen, um noch einmal Marie von Ebner-Eschenbach zu zitieren.

Die Kirche braucht den Disput. Der Historiker Heinz Schilling verweist darauf, dass Martin Luther selbst und seine Gegner »den Grundstein für die neuzeitliche Kontrovers- und

Streittheologie« gelegt haben, »die vor allem in Deutschland die Sprach- und Schreibkultur bis weit ins folgende Jahrhundert tief beeinflussen sollte«.[1] Luther komme der Ruhm zu, »die spiritualistischen und populistischen Strömungen im eignen Lager, die Religion und Bildung zu Gegensätzen erklärten, in die Schranken verwiesen zu haben. Vor allem gelang es ihm mit seinen flammenden Bildungsappellen, Obrigkeiten und Eltern in die Pflicht zu nehmen ...«.

Heinrich Heine rühmte anno 1834 Martin Luther so: »Indem Luther den Satz aussprach, daß man seine Lehre nur durch die Bibel selber oder durch vernünftige Gründe widerlegen müsse, war der menschlichen Vernunft das Recht eingeräumt, die Bibel zu erklären, und sie, die Vernunft, war als oberste Richterin in allen religiösen Streitfragen anerkannt. Damals entstand in Deutschland die sogenannte Geistesfreiheit oder, wie man sie ebenfalls nennt, die Denkfreiheit. Das Denken war ein Recht, und die Befugnisse der Vernunft wurden legitim.«[2]

Alles vergessen? Wenn das der Fall sein sollte, dann hätte die evangelische Kirche keine Zukunft, welche über die eines Sozialvereins hinausgeht.

Die katholische Kirche bleibt natürlich als weltweit agierender Sozialverein gefragt. Die Chance, dass sie vom archaischen Wunderglauben ablässt und speziell vom unbiblischen Marienkult, sind derzeit nicht groß. In ihrem Aberglauben konkurriert sie mit den Orthodoxen sowie den evangelischen Fundamentalisten. Die evangelische Kirche sollte damit nicht in einen Wettbewerb treten.

Niemand will die evangelische (oder irgendeine andere christliche) Kirche daran hindern, soziale Aufgaben zu erfüllen. Sie kann sich dabei auf das Jesus zugeschriebene Gleichnis vom Barmherzigen Samariter beziehen (Lukas 10, 30–37). Der hannoversche Landesbischof Ralf Meister definiert eine Synode als »Glaubensgemeinschaft mit öffentlichem Auftrag«.[3] Und der Ratsvorsitzende der evangelischen Kirche, Nikolaus Schneider, erklärte, noch weiter gehend, am 24.1.2014: »Auftrag und Geschichte unserer Kirche verpflichten uns, auch in aktuellen politischen Fragen Beiträge zur Debatte zu leisten und unsere Position öffentlich darzulegen.« Das ist, wie ich meine, eine metaphysische Überhöhung von Lobby-Arbeit. Diese ist freilich in einer Demokratie durchaus legitim.

Der »Auftrag« kann sich nur auf den schon erwähnten, Jesus zugeschriebenen, an das Matthäus-Evangelium angehängten und von Martin Luther »Matthäi am Letzten« genannten Satz beziehen (Mt 28, 19–20): »Darum gehet hin und machet zu Jüngern alle Völker: Taufet sie auf den Namen des Vaters und des Sohnes und des Heiligen Geistes und lehret sie halten alles, was ich euch befohlen habe.« Martin Luther gab dem Satz die Überschrift »Taufbefehl«, und das Wort zeitigte seine eigene historische Wirkung.

Mit Sicherheit handelt es sich hier aber nicht um einen »Befehl« Jesu. Vielmehr ist der Text erst in einer Zeit, als Taufe und Mission frühchristliche Praxis waren und die Idee einer Trinität Gottes erfunden war, ins Evangelium gekommen. Das heißt, die Aussage bei Matthäus ist Ergebnis einer längeren Geschichte der Reflexion.

Das darf aber nicht daran hindern, weiter zu reflektieren. Der 87-jährige Tübinger systematische Theologe Jürgen Moltmann wünscht sich heute allerdings »eine Wiederentdeckung des Missionarischen«. Der Dogmatiker findet nämlich: »Das Dialogische ist so langweilig.«[4] Eine monologische Kirche, welche »die Wahrheit« verkünden will, hat nun freilich in einer aufgeklärten Welt keine Chance. Und übrigens auch nicht in einer unaufgeklärten Welt, in der mittlerweile fast jedermann in der ganzen Welt zu allem und jedem via Internet seinen Kommentar abgibt.

Der Sprung in der Schüssel

Moltmann vermutet, »dass die Zukunft der Kirche eine freiere und freiwilligere sein wird. ... Kirche funktioniert auch ohne Landeskirchenämter und die vielen Referenten.« Das lässt den evangelikalen Internetdienst *idea* jubeln: »Die Zukunft der Kirche ist freikirchlich.« Ich übersetze es so: Dies ist dann eine »Kirche für Dummies« – und eben davor will ich mit diesem Buch die evangelische Kirche warnen. Es genügt bereits als Begründung, gelegentlich zu erfahren, was so auf den Veranstaltungen etwa der Evangelischen Allianz getrieben wird. Zitat von einer »Allianzgebetswoche«:[5] »Je größer der Sprung in der Schüssel ist, desto besser kann das Licht Gottes hineinscheinen.« Das sollte Probleme wie Gedächtnisverlust im Alter relativieren. Ich hoffe, es war nicht programmatisch gemeint. Immerhin drückte sich der antiintellektuelle Impetus auch in jenem (auf den Geist Gottes hoffenden, was immer er sein möge) Satz aus: »Hirn haben viele – und die Welt zu dem gemacht, was sie heute ist.«

Entweder die Kirche der Reformation erinnert sich daran, auch der Aufklärung verpflichtet zu bleiben, oder sie hat keine Zukunft. Doch vor der Aufklärung nach außen steht die Aufklärung nach innen. Natürlich muss die Kirche versuchen, die Christen auf einem Weg in die Aufklärung mitzunehmen, wenn sie ihn denn geht. Doch das setzte voraus, dass die Kirchenleitungen ein solches Ziel hätten. Das ist aber nicht der Fall, im Gegenteil: Nicht einmal die EKD-Leitungsbeamten erkennen eine solche Notwendigkeit.

»Die Gruppe der Konfessionslosen übertrifft mittlerweile im Bundesgebiet die Gruppe der Deutschen mit jeweils katholischer oder evangelischer Konfessionszugehörigkeit.« Das ist ein Ergebnis der am 6. März 2014 in Berlin vorgelegten 5. EKD-Erhebung über Kirchenmitgliedschaft. Interessant ist, dass die kirchentreuen Protestanten nur wenig an ihrer Kirche auszusetzen haben, anders als die mittlerweile Konfessionslosen: »Außerhalb ihrer Mitgliedschaft ist das Bild der evangelischen Kirche also ziemlich negativ und nicht selten hoch emotional gefärbt«, heißt es in der Erhebung. Insofern ist »Innere Mission« zur Rückgewinnung der Verlorenen (der verlorenen Schafe oder der verlorenen Söhne, um an Gleichnisse Jesu zu erinnern, was durchaus eine jesuanische Begründung dafür wäre) zum Scheitern verurteilt, wenn die

Kirche nicht auf diesen Zorn eingeht, der ja das Gegenteil von Gleichgültigkeit ist.

Ein aufgeklärtes Christentum zu propagieren, erfordert also viel Mut. Die evangelische Kirche ist nun einmal die Kirche der Aufklärung. Und, woran sich die Hochschul-Theologen doch bitte wieder erinnern sollten: »Die Reformation hatte ihren Ursprung in der Universität.«[6] Mit diesem schon fast verlorenen Pfund gilt es zu wuchern.

Martin Luther hieß die Bürger Schulen bauen

Eine jesuanisch orientierte Kirche ist die Kirche, die sich für die Außenseiter und Benachteiligten der Gesellschaft, für die Armen einsetzt. Das wollen im Prinzip alle Christen. Aber die Armen sind immer die Dummen und umgekehrt. Armut und damit auch leichte Verführbarkeit zu Gewalt haben mit Unbildung zu tun. Die evangelische Kirche hat bereits von Martin Luther einen Bildungsauftrag mitbekommen. Der Reformator hat im Jahre 1524, wie erwähnt, ein Schreiben »An die Bürgermeister und Ratsherren aller Städte in Deutschen Landen« gerichtet, mit durchschlagendem Erfolg. Luther setzt sich darin auch mit den »Schwärmern« seiner Zeit auseinander, die etwa ohne sprachwissenschaftliche Kenntnisse meinten, predigen zu dürfen. Er kommt zu dem Schluss, der den Evangelikalen in den Ohren klingen sollte: »Obwohl also der Glaube und das Evangelium durch schlichte Prediger ohne Sprachen (gemeint ist die Kenntnis des Lateinischen, Griechischen und Hebräischen) gepredigt werden kann, so erscheint es doch gebrechlich und schwach, und man wird seiner zuletzt müde und überdrüssig ...«

Martin Luther verlangte von den Kommunalpolitikern seiner Zeit, »die allerbesten Schulen für Knaben und Mädchen an allen Orten einzurichten«. Man solle sie »Sprachen und andere Wissenschaften« lehren, Geschichte und »Musik samt der ganzen Mathematik«. Die Bürgermeister und Ratsherren sollten dazu »gute Bibliotheken oder Bücherhäuser«

schaffen. Bibliotheken mit allen erreichbaren Büchern aus Wissenschaft und Kunst; Werke aller »Dichter und Redner, ohne Rücksicht darauf, ob sie Heiden oder Christen sind«. In seiner Einführung zu dem Aufruf Luthers[7] berichtet der Göttinger Theologe Dietz Lange: »Die Belebung des akademischen Studiums und die neue Blüte der höheren Schule (ab 1530) gehen u. a. auf diese Schrift zurück, ebenso wie die allgemeine Schulpflicht durch sie mit vorbereitet worden ist.«

Der Alphabetisierungsrad in den deutschen Landen stieg bis zum Jahre 1600 von einem auf zehn Prozent. Natürlich nicht bei den Katholiken. Denn die hatten ja im Jahre 1564 den *Index librorum prohibitorum*, den Index der verbotenen Bücher, eingerichtet. Jüngste Untersuchungen von Bildungsforschern belegen, dass seither immer noch ein Unterschied in der Bildung zwischen Protestanten und Katholiken zugunsten der Evangelischen nachweisbar ist. Noch heute, so Ludger Wößmann vom ifo-Institut für Wirtschaftsforschung in München, haben hierzulande die Protestanten ein höheres Bildungsniveau, »im Durchschnitt fast ein ganzes Bildungsjahr mehr«.[8]

Ausbildung zu Fundamentalisten

Die fundamentalistischen Religiösen sind auch in Deutschland zunehmend mit eigenen Schulen und Hochschulen auf dem Markt. Anno 2014 gab es in Deutschland 97 evangelikale Bekenntnisschulen an 95 Standorten.[9] Auch die katholischen Fundis sind aktiv. So unterhält zum Beispiel die Piusbruderschaft in Deutschland eine Reihe von Schulen, von der Grundschule über die Realschule bis zum Gymnasium, jeweils auch staatlich subventioniert. In diesen herrscht noch immer ein längst überholter Zeitgeist, der Geist aus uralten Zeiten: der Steinzeit-Geist.

Die *Freie Theologische Hochschule Gießen* ist durch das Wissenschaftsministerium in Hessen akkreditiert worden. Sie erhält allerdings keine staatlichen Zuschüsse. Diese evangelikale Einrichtung bekennt sich zur »göttlichen Inspiration der Heiligen Schrift, ihrer völligen Zuverlässigkeit und höchsten Autorität in allen Fragen des Glaubens und der Lebensführung.« Der Evangelisch-Theologische Fakultätentag, die Interessenvertretung der protestantischen Hochschul-Fakultäten, hat allerdings im September 2010 beschlossen, Examina an akkreditierten freikirchlichen und evangelikalen Hochschulen grundsätzlich nicht anzuerkennen.

Die Bevormundung der Hochschul-Theologie

Konkordat und Kirchenverträge hebeln die grundgesetzlich garantierte Freiheit von Forschung und Lehre an den deutschen Universitäten und Hochschulen aus. Und da es sich beim Konkordat um einen völkerrechtlich gültigen Vertrag handelt, ist das im Bezug auf die katholische Kirche auch rechtens. Es musste erst der Wissenschaftsrat kommen, um neuerdings zumindest die *Forderung* aufzustellen, die – im Grundgesetz garantierte – Freiheit von Forschung und Lehre vor kirchlicher Bevormundung durch Konkordat und Kirchenverträge zu sichern. Jede Bundesregierung könnte freilich das Konkordat kündigen. Mit seinen Empfehlungen zur Neuordnung der Theologie an den Universitäten verfolgt der Wissenschaftsrat diesen Zweck: Eine Integration »konfrontiert die Religionsgemeinschaft mit der Aufgabe, ihren Glauben unter sich wandelnden Wissensbedingungen und -horizonten immer neu auslegen zu müssen. Dies kann am besten unter den an Universitäten geregelten Bedingungen wissenschaftlicher Kommunikation und Erkenntnisproduktion gelingen«.

Die Entwicklung geht in eine andere Richtung. Besonders drastisch zeigt sich das auf katholischer Seite. Seit einem Jahrzehnt geht es mit der katholischen Theologie in Deutschland auch quantitativ bergab. Das belegt eine von der Bischofskonferenz in Auftrag gegebene und im Frühjahr 2012 vorgelegte Studie. Die Anzahl der Professuren ist in fünf Jahren um 19 Prozent zurückgegangen, die Anzahl der Studenten mit Theologie im Hauptfach innerhalb von 15 Jahren um die Hälfte auf nur noch 2200. Auf evangelischer Seite sind es 4500 Hauptfach-Theologiestudenten, wobei auch hier die Anzahl der Studenten wie die der Pfarramtskandidaten rückläufig ist. Ein Unterschied ist bemerkenswert: Frauen interessieren sich so gut wie gar nicht mehr für das Studium der katholischen Theologie. Dagegen beklagt die evangelische Kirche eine »Verweiblichung« des Pfarrberufs.[10] Für beide Konfessionen gilt: Konsequenzen der »sich wandelnden Wissensbedingungen« für die theologische Lehre werden nicht gezogen: Die Fundamente werden brüchig, und die Kirchen, so scheint es, merken es nicht einmal.

Das »Wort« stand immer im Mittelpunkt des Protestantismus. Es ist zur elektronischen Nachricht mutiert bei mittlerweile gigantischen Möglichkeiten, diese weltweit zu kommunizieren, zu diskutieren oder als Handlungsanweisung zu nutzen. Die Konsequenzen sind nicht abzusehen.

Savant nennt man einen Menschen, der sich zum Beispiel alles merkt, was er je gesehen oder gelesen hat. Es fehlt der Filter im Gehirn, der normalerweise dabei hilft, den »Informationsmüll« auszusondern. Deshalb sind Savants mit ihren verblüffenden Gedächtnisleistungen oft lebensuntüchtig. Seriöser Journalismus versteht seine Arbeit bis heute so, durch die Auswahl der Nachrichten sowie ihre Kommentierung bei der Weltdeutung zu helfen. Dies ist – meine ich – eine zeitlos wichtige Aufgabe, auch dort, wo der Mangel an Informationen einem Übermaß gewichen ist.

Eine zweifelhafte Studie

Die Religion ist in Europa nur mehr für eine Minderheit wichtig. Und zwar ist sie insbesondere dann gefragt, wenn es gilt, Krisensituationen zu bewältigen. Eine Mehrheit dieser Minderheit der Menschen, denen die Religion wichtig ist, reflektiert die eigene religiöse Einstellung häufig. Die Verfasser des Religionsmonitors der Bertelsmann-Stiftung[11] deuten die gegenwärtige Situation in Deutschland so: »Auch dass Theologie in den wissenschaftlichen Diskurs eingebunden bleibt und religiöse Bildung an den Schulen einen hohen Stellenwert hat, führt dazu, dass Religiosität im gesellschaftlichen Leben und öffentlichen Austausch ihren Platz behält. Religion wird auf diese Weise ›zivilisiert‹: Sie muss sich in der Öffentlichkeit artikulieren, bleibt der Kritik und Korrektur ausgesetzt und kann sich nicht in obskure Winkel zurückziehen. Ihr Selbstreflexionsgehalt steigert sich beständig. In einem solchen Klima dürften es fundamentalistische Bestrebungen schwer haben, größere Teile der Bevölkerung zu begeistern, denn sie leben gerade davon, dass sie sich der öffentlichen Auseinandersetzung entziehen können.« Diese Deutung ist aus meiner Sicht einerseits erfreulich, andererseits aber anzuzweifeln. Denn Selbstreflexion ohne Offenheit für neue Informationen findet sich wohl auch im Fundamentalismus.

Ich behaupte allerdings, dass in Deutschland weder die Theologie nennenswert in den »wissenschaftlichen Diskurs eingebunden« ist, noch dass »religiöse Bildung an den Schulen einen hohen Stellenwert hat«. Letzteres widerlegt zum Beispiel das grandiose Scheitern der Aktion »pro Reli« an den Berliner Schulen im April 2009. Ein Volksbegehren sollte im Land Berlin den Religionsunterricht aufwerten. Dort gilt seit 2006 für die Klassen sieben bis zehn das neu eingeführte Fach Ethik als ordentliches Lehrfach, während seit 1948 der Religionsunterricht der verschiedenen Konfessionen und Weltanschauungsgemeinschaften zusätzlich freiwillig besucht werden kann. Per Volksbegehren sollte stattdessen eine Wahlpflichtfachgruppe Ethik/Religion von der ersten Klasse an durchgesetzt werden. Bei der Abstimmung wurde nicht nur das notwendige Zustimmungsquorum von 25 Prozent der Wahlberechtigten verfehlt. Eine Mehrheit der am Begehren Teilnehmenden stimmte obendrein noch mit »Nein«. Allerdings sind die Verhältnisse in den einzelnen Bundesländern unterschiedlich, und die Verhältnisse in Berlin sind keineswegs typisch für Deutschland.

Staatliche Schulen wie Hochschulen müssen sich damit auseinandersetzen, dass es die Konkurrenz der religiösen Privatschulen gibt. Die Ursachen für ihren Erfolg sind wohl im Lehrermangel und den großen Klassen der öffentlichen Schulen zu finden. Allerdings auch in der Tatsache, dass der Staat Schulen in kirchlicher Trägerschaft finanziell besser stellt als eigene Einrichtungen. Außerdem herrschen bei den Privaten sozial homogenere Verhältnisse: Die meisten Eltern, die ihre Kinder in eine Privatschule schicken, haben so viel Geld, dass sie sich das leisten können. Hier dürften religiöse Fragen nicht entscheidend sein. Denn, auch das geht aus der Bertelsmann-Studie hervor: »Religion ist für eine große Zahl von Menschen zu einem Bereich des Lebens geworden, dem man nach Belieben Aufmerksamkeit schenken kann – oder eben nicht.« Dieser Trend lasse sich »seit vielen Jahren verfolgen«. Das Nachdenken über Religiosität »kommt zwar vor ... hat aber offenbar für das Profil christlicher Religiosität keine zentrale Bedeutung«.

Schlachtruf Ökumene

Im Zeichen des Reformationsjubiläums wird auch die Ökumene, die Gesamtheit aller Christen, beschworen, insbesondere die zwischen Protestanten und Katholiken. Nach dem Zweiten Weltkrieg, 1948, ist mit großen Hoffnungen der Ökumenische Rat der Kirchen gegründet worden, dem mittlerweile 349 Kirchen aus 120 Ländern angehören, bezeichnenderweise aber nicht die katholische Kirche, die dort nur »Gast« ist. Wie erwähnt, ist für den Vatikan auch die Evangelische Kirche in Deutschland keine »Kirche«. Dennoch will der Vorsitzende der katholischen Deutschen Bischofskonferenz, Kardinal Reinhard Marx, aus Anlass des Jubiläums »unsere Einheit im Glauben« sichtbar werden lassen, wie er dem EKD-Ratsvorsitzenden Heinrich Bedford-Strohm schrieb.[12] Nach der Einladung der EKD an die Bischofskonferenz, aus Anlass des Reformationsjubiläums gemeinsam ein »Christusfest« zu feiern, einigten sich Marx und Bedford-Strohm im Juni 2015 auf die »Ausgestaltungen«. Vorgesehen ist zum Beispiel am 14. September 2017 ein »ökumenischer Gottesdienst« von EKD und Bischofskonferenz »anlässlich des Festes der Kreuzeserhöhung«. Um welchen Glauben geht es da?

Nach einer Legende hat Helena, die Mutter des Kaisers Konstantin, um das Jahr 326 in Jerusalem Ausgrabungen veranlasst, wobei der Ort des Grabes Jesu und dortselbst wundersamerweise auch Reste des Kreuzes gefunden worden sein sollen, an das Jesus gehängt worden war. Nach dem Bericht des Evangelisten Markus hatte der Ratsherr Josef von Arimathäa bei Pilatus die Herausgabe des Leichnams Jesu erwirkt und diesen in einem Felsengrab bestattet. Davon, dass das Kreuz dazugelegt worden sei, ist natürlich nicht die Rede.

Als man den angeblichen Kreuzesfund der Helena übergab, war der Reliquienkult in der christlichen Welt bereits weit verbreitet und ein wichtiger Geschäftszweig geworden. Helena lies das Holzstück teilen, beließ ein Stück in Jerusalem, andere Teile ließ sie nach Rom und nach Konstantinopel bringen. Im Laufe der Zeit vermehrten sich die Splitter. Martin Luther spottete einst, es gebe »vom Heiligen Kreuz so viele Stücke, daß man ein Haus daraus bauen könnte«.

Das Jerusalemer Teilstück wurde jedenfalls Anfang des siebenten Jahrhunderts von dem Perserkönig Chosrau II. geraubt und in die Nähe von Bagdad gebracht. Nachdem der oströmische Kaiser Heraklius die Perser besiegt hatte, brachte er den Schrein mit der Kreuz-Reliquie zurück nach Jerusalem. Seither feiert die Kirche jeweils am 14 September das Fest der »Erhöhung des heiligen Kreuzes«. Martin Luther erklärte bereits 1529 in seinem Großen Katechismus allgemein, was für Protestanten vom Reliquienkult zu halten sei: »Ob wir gleich aller heiligen Gebeine oder heilige und geweihte Kleider auf einem Haufen hätten, so wäre uns doch nicht damit geholfen, denn es ist alles totes Ding, das niemand heiligen kann.« Und er wetterte 1546 in einer Predigt in Halle gegen den »Reliquien Kram« des Erzbischofs Albrecht. Dennoch lässt sich der Lutheraner Bedford-Strohm auf solche Ökumene des Aberglaubens ein.

Plädoyer für eine Bildungsoffensive

In einer neuerdings von den Protestanten betonten »Ökumene der Gaben« sollte nach meiner Vorstellung die evangelische Kirche nicht mit Papst Franziskus darin wetteifern, vom eigenen Reichtum den Armen abzugeben. Vielmehr sollten die Protestanten eine Bildungsoffensive starten, und zwar mit viel Geduld, denn eine »Offensive« verpufft, dieses aber muss ein lange andauernder Prozess sein. Zunächst einmal sollte die Kirche ihre Lehren so reformieren, dass sie für Intellektuelle nicht mehr abschreckend hinterwäldlerisch erscheinen müssen. Bei Ärzten, Psychotherapeuten, Lehrern und in vielen anderen Berufen ist heute Fortbildung selbstverständlich. Es gibt auch kirchliche Fortbildungszentren. Aber sie schmoren gewissermaßen im eigenen Saft. Das heißt, dort werden nicht jene Erkenntnisse vermittelt, die Glaubenslehren relativieren oder gar umwerfen.

Über eine katholische »Bildungsoffensive« kann man wenigstens lachen. So wurde aus Köln in der Vorweihnachtszeit 2015 dies gemeldet: »Die katholische Kirche will die Ausbildung von Qualitäts-Nikoläusen vorantreiben und bietet dafür eintägige Schulungen an.«[13] Daraus sei zu schließen, kommentierte die *Süddeutsche Zeitung* in einem »Streiflicht«, dass »es auch im Nikolauswesen über kurz oder lang zu einem Exzellenzcluster kommen könnte«.[14]

Ernsthaft gesprochen, meine ich, dass nur theologisch gebildete, reflektierte Bischöfe eine Kirche leiten sollten. Doch eben daran fehlt es. Friedrich Wilhelm Graf beklagt, dass »die beiden großen Kirchen im Lande ihre internen Entscheidungsprozesse eher theologiefern und nicht selten auch reflexionsresistent gestalten: Man weiß, was man will, ist an Machterhalt, Einflusssicherung und Weltbild-Marketing interessiert, interveniert in politische Prozesse und legitimiert all dies dadurch, dass man sekundär ein paar mehr oder minder triviale religiöse Formeln als sogenannte ›theologische Begründung‹ in Anspruch nimmt.«[15] Auf einen unierten Ratsvorsitzenden der EKD muss ein Lutheraner folgen. Die Qualifikation für dieses Amt ist sekundär.

Die kirchlichen und die außerkirchlichen Milieus sind einander fremd. Und auch deshalb ist Toleranz eher eine Pflichtübung, als dass sie aus Überzeugung kommt: aus dem Wissen nämlich, dass uns allen die ganze Wahrheit verborgen bleibt und unser Gott, von dem wir nur ein Bild haben, ein »Gott der Hoffnung« (Römer 15,13) ist, nicht mehr, aber auch nicht weniger. Bestätigt sehe ich mich auch insofern in meiner Sorge, dass nach weitgehender Überzeugung der zur evangelischen Kirchenmitgliedschaft (5. EKD-Erhebung) Befragten »feste Glaubensüberzeugungen intolerant machen«. Das hat meines Erachtens mit dem Ausfransen der Kirche in die bereits genannten weltweit 45 000 Denominationen zu tun.

Der Kirche verdanken wir die Bibel, der Reformation die Aufklärung, den vielen Spezial-Konfessionen aber den Fundamentalismus und einen zunehmenden Aberglauben. Bildung muss vor allem als ein Instrument dazu dienen, religiöse Gewalt, die in allen Religionen von den eher Ungebildeten, aber aufgehetzten Menschen ausgeht, zu dämpfen.

Im größten Teil der Welt ist heute ein archaischen Weltbildern entsprechender Aberglaube vorherrschend. Der langjährige *Spiegel*-Korrespondent in Asien, Tiziano Terzani, hat in seinem nach umfangreichen Recherchen 1995 entstandenen Buch *Fliegen ohne Flügel*[16] gezeigt, dass selbst die Eliten in Asien davon bestimmt sind. Als am 8. März 2014 ein Passagierflugzeug der *Malaysian Airlines* mit 239 Menschen an Bord nach dem Start in Kuala Lumpur spurlos verschwunden war, traten am Flughafen Magier auf, die mit lautem Gedöns das Flugzeug orten oder gar retten wollten. Gleichzeitig suchten am selben Flughafen Experten nach Funkdaten; Spuren, die ohne Kenntnis der Gesetze der modernen Physik nicht zu deuten wären. Eine moderne Schizophrenie, gegen die ich anschreibe.

Die Notwendigkeit von Ideologie-Kritik und -Selbstkritik

Wenn Bildung das Alleinstellungsmerkmal der evangelischen Kirchen, jedenfalls in der Alten Welt, noch immer wäre, dann gehörte dazu Ideologie-Kritik. Zunächst den eigenen Lehren gegenüber, als Voraussetzung für einen adäquaten Diskurs mit den anderen christlichen Religionen. Das wäre ein Dienst, den der Protestantismus einer sogenannten Ökumene erweisen könnte. Ideologie-Selbstkritik ist aber andererseits auch die Voraussetzung für die unabwendbare Auseinandersetzung mit dem Islam.

Die Politik und die Werbung, die Kunst und natürlich auch die Medien (um das nur eben anzudeuten) brauchen wie die Wissenschaften Bilder, um sich verständlich zu machen, um zu kommunizieren. Gleichzeitig sind Wörter als »Bilder« nicht eindeutig. Die Literatur, aber auch das Kabarett lebt davon. Und nicht zuletzt die Wahlkampfparolen nutzen das aus. Begriffe wie *Sprachregelung* oder auch *Totschlagargumente* (in diesem Buch etwa das Etikett *Relativismus*) machen die negative Seite deutlich und zeigen, dass dies auch ein Machtinstrument sein kann. Je deutlicher Ideologien als solche erkannt werden, desto besser, ja auch angemessener für die Demokratien. Doch wo Ideologien angeprangert werden, stößt das naturgemäß, also auch in den Demokratien, auf den Widerstand der Ideologen. Ich habe das in diesem Buch an vielen Beispielen der Auseinandersetzung mit dem christlichen Fundamentalismus gezeigt.

Offensichtlich nimmt in unserer Zeit der Fundamentalismus in allen Religionen zu und wird in Verbindung mit Nationalismus zunehmend bedrohlich. Charakteristisch ist, dass überall die intellektuellen Gegner dieses Fundamentalismus angegriffen werden. In Indien regiert die nationalistische Hindu-Partei BJP. Dort wurde, um nur ein Beispiel zu nennen, Ende August 2015 der religionskritische Publizist Malleshapa Kalburgi ermordet. Er hatte sich kritisch mit der Götzenverehrung im Hinduismus auseinandergesetzt, und damit Fundamentalisten in ihren »religiösen Gefühlen« verletzt. Die Ähnlichkeit mit der Reaktion von Islamisten auf religionskritische Karikaturen in westlichen Medien ist offensichtlich. Nationalreligiöse Feinde jeglicher Aufklärung haben in vielen Ländern Regierungsmacht oder wachsenden politischen Einfluss: die nationalreligiösen Parteien in Israel, die nationalreligiösen orthodoxen Christen unter dem Putin-treuen Patriarchen Kyrill I. in Moskau, die nationalreligiösen Katholiken der Partei »Recht und Gerechtigkeit« des Jaroslaw Kaczynski in Polen, die evangelikalen Republikaner der Tea Party in den USA, die nationalreligiösen Muslime der Regierungspartei AKP in der Türkei. Und die Schiiten bereits, seit Ruhollah Khomeini 1979 im Iran einen »Gottesstaat« ausrief. Traditionell haben auch die Religionsführer der wahhabitischen Sunniten entscheidenden Einfluss auf das Königshaus in Saudi-Arabien. Religion und antiaufklärerische Gewalt hängen weltweit zusammen, wofür das schrecklichste Beispiel der sogenannte Islamische Staat (IS) ist. Für den IS waren die Terrorakte im November 2015 in Paris ein »gesegneter Angriff«.

Es gilt, die Wurzeln des eigenen Fundamentalismus zu erkennen, um redlich gegen den Fundamentalismus auch der anderen Religionen anzugehen. Das gelingt nicht mit Gewalt, sondern nur mit Geduld und eigener Glaubwürdigkeit. Erst (und auch) mit dem Wissen, das die modernen Naturwissenschaften anbieten, wie ich es in diesem Buch, soweit in diesen Zusammenhängen sinnvoll, ausgebreitet habe, sollte das möglich sein.

Die Fähigkeit, sich Weltbilder zu schaffen in Religion, Kunst und Wissenschaft, hat den Menschen zu einem *Homo sapiens*, zu einem Kulturwesen gemacht. Die Aufforderung »Erkenne dich selbst« am Apollo-Tempel in Delphi ist bereits etwa zweieinhalb Jahrtausende alt. Der Grad der möglichen Selbsterkenntnis und das Ausmaß der praktizierten Dummheit haben freilich heute eine zuvor unerreichte Spannweite erreicht. Ich habe erklärt, dass und warum wir »von gestern« sind und es zumeist unser Leben lang bleiben. Und weil das mit den Institutionen, den Schulen und den Kultusverwaltungen, den Kirchen und den Kirchenverwaltungen auch nicht anders ist, kommt ein Fortschritt bestenfalls dahergekrochen – oder heute völlig unerwartet.

Wohl erstmals in der Geschichte des *Homo sapiens* ist den jüngeren Menschen von Kindheit an eine »Sprache« vertraut, die sie *nicht* von den Eltern und Großeltern gelernt haben. Die modernen Kommunikationstechniken sind oder waren ihren Eltern fremd. Die jungen Leute haben sie sich untereinander beigebracht. Sie kommunizieren weltweit und beeinflussen die Welt, vom »Arabischen Frühling« über die Ereignisse in der Ukraine bis zum Konflikt mit dem »Islamischen Staat« (IS).

Offensichtlich gelingt den Kirchen keine »Sinnstiftung«, die sich via Blogs, Twitter und Facebook vermitteln lässt, und dies schon gar nicht mit Botschaften, die als nicht zeitgemäß verstanden werden. Sinnstiftung passiert mittlerweile ganz woanders. Ich zitiere noch einmal Tim Leberecht: Wenn sinnstiftende Marken Bedeutung schaffen wollen, brauchen sie vier Elemente: »Überraschung, Seltenheitswert, soziale Intelligenz und Transzendenz. Die Überraschung durchbricht eingefahrene Denk- und Erfahrungsmuster. Bedeutung lebt aber auch von einem Seltenheitswert, der die Grundlage für das soziale Moment bildet, eine bedeutende Erfahrung mit anderen zu teilen. Die Transzendenz wiederum überhöht das Erlebnis des Einzelnen, indem es auf etwas hindeutet, das größer ist als der Einzelne oder die Marke ...«.[17]

Eine neuerliche Reformation der Kirche, die vor lauter Fixierung auf das 500-jährige Jubiläum anno 2017 noch nicht begonnen hat, bliebe, wenn sie doch erst einmal beginnen würde, ein sehr langwieriger Prozess. Und er benötigte zum heute so genannten *Faktencheck* ein Werkzeug, das dem Menschen eigen ist, das auch schon Martin Luthers Aufruf von 1524 eingefordert hat: »Laßt uns doch endlich einmal die Vernunft gebrauchen.«

XXIV. Konsequenzen

Mein Glaube

Für mich sind dies die Konsequenzen unseres heutigen Wissens: Jesus war keine Chimäre (»wahrer Gott und wahrer Mensch«), und er ist auch kein Teil einer Göttergemeinschaft (»Vater, Sohn und Heiliger Geist«). Er war ein ganz besonderer Mensch. Sein Gottesbild hat sich über zweitausend Jahre lang im Leben und Sterben der Christen bewährt. Natürlich war auch Jesus ein Kind seiner Zeit, geprägt von den Vorstellungen seines jüdischen Glaubens und der antiken Welt.

Das uns vermittelte Gottesbild von Jesus hat auch Irrtümer ausgehalten, so das fälschlich angekündigte nahe Ende der Welt (Parusie) mit dem jüngsten Gericht Gottes. Meine Hoffnung hat ein prominentes Vorbild: Selbst Jesus hat seinen Gott *nicht* verstanden (»Mein Gott, mein Gott, warum hast Du mich verlassen?«) – und trotzdem auf IHN seine Hoffnung gesetzt.

Wir haben nicht mehr als das Bild Gottes, wie es uns Jesus vermittelt hat – und zweitausend Jahre Erfahrung mit dieser Gottessicht. Sie ermöglicht eine individuelle Sinngebung des menschlichen Lebens. Anders als für Jesus ist allerdings die Existenz eines Gottes heute nicht mehr selbstverständlich, sie ist vielmehr unvorstellbar – wie allerdings auch SEINE denkbare Nichtexistenz. Das Letztere vergessen Atheisten leicht.

Die kosmologischen und biologischen biblischen Vorstellungen stehen im Widerspruch zu den heutigen naturwissenschaftlichen Erkenntnissen. Deren Zuverlässigkeit zeigt sich darin, dass sie in sich widerspruchsfrei sind und richtige Prognosen erlauben oder andernfalls korrigiert werden. Gleichzeitig sind allerdings die in der Sprache der exakten Naturwissenschaften eindeutig beschreibbaren Erkenntnisse unvorstellbar, es gibt keine Bilder dafür.

Offenbarungen, die Quelle aller Religionen, sind kreative Einfälle. Diese Einfälle ermöglichen dem Menschen schöpferische Gedanken und Tätigkeiten, sie sind Ausdruck seiner »Gottähnlichkeit«. Ergebnis dieser Kreativität ist zum Beispiel das Konzept der Mathematik als künstliches, aber zutreffendes Mittel der Beschreibung von Naturgesetzen. Das gilt auch für die von Jesus vorgelebten und erklärten Lehren. Allerdings: Nicht alle Vorstellungen des Wanderpredigers Jesus von Nazareth sind heute noch lebensnah. Und nicht alles, was mathematisch möglich ist, ist auch Abbild einer Wirklichkeit.

Meine Hoffnung ist, dass der kreative Einfall »Gott« eine wenn auch unvorstellbare Wirklichkeit spiegelt, deren Ausmalungen in allen Religionen freilich auch die große Vielfalt menschlichen Aberglaubens zeigen. Die Deutungen und Umdeutungen des jüdischen Gottesbildes durch Jesus sind die Voraussetzung für einen aufgeklärten, nichtfundamentalistischen Glauben.

Die christliche Hoffnung, dass der Tod nicht das Letzte sei, habe auch ich. Ich weiß, dass es dafür keinen erkennbaren Grund gibt. Ich stimme Heiner Geißler zu, wenn er sagt, »die Kirchen sollten ehrlich sein und sagen: Wir wissen nicht, ob es ein Leben nach dem Tod gibt, aber wir hoffen darauf ...«.[1] Jesus ist bekanntlich ebenfalls gestorben, und sein Grab war drei Tage später auch nicht wieder leer, wie die seriösen forschenden Neutestamentler, im Widerspruch zu Evangelisten und Aposteln, längst wissen, aber nur ganz leise sagen (dürfen). Mit dem Tod geht alles verloren, was unser Gehirn gespeichert hat. Eine »externe Speicherplatte« dieser »Dateien«, welche die jüdische und die christliche Tradition »Buch des Lebens« nennt (zum Beispiel 2. Mose 32,32, Off. 3,5), ist – nach heutigem Wissen – unvorstellbar.

Nach heutigem Wissen, wie es zum Beispiel die Forschungsergebnisse am Allen Institute for Brain Science in Seattle nahelegen, ist Bewusstsein »integrierte Information« (Giulio Tononi). Das heißt, Bewusstsein entsteht, wenn Daten auf eine bestimmte komplexe Weise vernetzt werden.

»Die Fähigkeit zu Bewusstsein ist eine Grundeigenschaft jeder Materie«, so Tononi.[2] Dabei spielt eine zeitliche Synchronisation der Aktivitäten, die sich zu »Teams« zusammenschließen, die entscheidende Rolle für die ganzheitliche Natur unserer Wahrnehmung.

Ich vermute, in nicht zu ferner Zukunft lässt sich experimentell beweisen, dass der qualitative Sprung vom tierischen, eventuell vor-bewusstseinsfähigen zum bewusstseinsfähigen menschlichen Gehirn experimentell wiederholt werden kann und künstliches Bewusstsein von Apparaten nicht nur, wie bereits jetzt, simuliert, sondern ermöglicht wird. Voraussetzung wären sowohl eine extrem hohe Dichte künstlicher »Nervenzellen« als auch die Fähigkeit dieser »Neuronen«, auf unterschiedlichste Weise miteinander zu kommunizieren.

Das Entsetzen der »Geisteswissenschaftler«, wenn das tatsächlich passieren sollte, kann ich mir schon heute ausmalen. Es wäre aber auch ein ganz vager Hinweis dafür, dass das Bild vom »Buch des Lebens« neu gedacht und bedacht werden könnte. Hier ist allerdings neben den Neurowissenschaften vor allem die Physik gefragt, nicht die Theologie.

Meine Kirche

Die Kirche, die ich weiter »meine Kirche« nennen möchte, muss sich grundlegend wandeln, wenn sie nicht noch mehr in den Fundamentalismus abrutschen und in ihrer Lehre ernst genommen werden will. Vor allem muss sie jesuanisch werden, statt »katholisch« zu sein. Sie sollte also keine weltliche Macht mehr sein, welcher Konfession, welchen »Bekenntnisses« auch immer. Jesus selbst hat keine Kirche gegründet. Erst mit dem Aufbau kirchlicher Strukturen entstand die Zweiteilung der Gläubigen: Hier die »heiligen« Kleriker, dort die »sündige« Gemeinde, hier die Macht im Namen Gottes, dort die Ohnmacht im Namen der Erbsünde. Die erste theologische Verwendung des Begriffs »katholische Kirche« wird dem Bischof Ignatius von Antiochia (frühestens um 110–117) zugeschrieben.

Eine jesuanische, das heißt nicht vorgeblich »im Namen Gottes« auftretende, sondern unser aller Nicht-Wissen »bekennende« Kirche muss, nach dem Vorbild Jesu, die Menschen lieben und sich für sie engagieren. Dann kann sie durchaus eine geistige Macht sein.

Allerdings muss die Kirche wagen, ihre Lehre dem heutigen Stand des Wissens entsprechend weiterzuentwickeln, und dabei auch von geliebten Vorstellungen Abschied nehmen. Dazu gehört vor allem die »Sündenopfertheologie« des Apostels Paulus. Eine aufgeklärte Moral ist in Deutschland vorwiegend gegen die Kirchen durchgesetzt worden. Dennoch sind diese vorzugsweise öffentliche Moralprediger geblieben, ihrer eigenen Unmoral zum Trotz.

Mit christlicher Lehre meine ich das, was die Pfarrer und die Religionslehrer zunächst selbst im Studium lernen und dann lehren. Dazu müsste freilich die im Grundgesetz garantierte Freiheit von Forschung und Lehre für die Hochschultheologie gelten. Der Staat muss dafür sorgen, dass die Erkenntnisse der Wissenschaften an öffentlichen und privaten Universitäten und Hochschulen wie an öffentlichen und privaten Schulen vermittelt werden. Das ist bisher weithin nicht der Fall. Dazu müssten Kirchenverträge und Konkordat geändert werden.

Selbstverständlich soll der Pfarrer einem Kranken oder gar Sterbenden nicht die Erkenntnisse historisch-kritischer Forschung predigen, sondern ihn begleiten. Und ihn begleiten auch vorher im Leben, etwa bei Taufe und Hochzeit und in schwierigen Lebenssituationen. Allerdings wird das Predigen am Sonntag auf der Kanzel immer gestriger. Einst war die gute Predigt das Markenzeichen der Protestanten. Damals verstand sich auch die Theologie an den Universitäten noch als die Königin der Wissenschaften. Jetzt ist sie eine Randerscheinung. Der heutige Wissensstand macht das Predigen für den wirklich gebildeten Pfarrer immer schwieriger. Und das Schwätzen ist überflüssig. Das wusste schon Jesus. Er prophezeite sogar, Schwätzer müssten vor dem jüngsten Gericht Rechenschaft geben »von jedem nichtsnutzigen Wort, das sie geredet haben« (Mt 12,36).

Von Jesus kann und soll die Kirche reden, von Gott müssen wir alle schweigen. Das heißt, Sätze wie »Gott ist« oder »Gott will« sind obsolet. Bereits im Alten Testament gibt es Hinweise darauf: »Du sollst dir kein Bildnis machen« – dann nämlich, wenn man »Bildnis«, wie in diesem Buch, im allgemeinen Sinne versteht. Das alttestamentliche Bilder-Verbot ist allerdings versteckt unter einer Fülle von Geboten und Verboten »im Namen Gottes« sowie geschichtsdeutenden Legenden einerseits und unglaublich weisen Gedanken etwa von Psalmisten und Propheten andererseits.

Das heißt, die Bibel und die Geschichte müssen weiter erforscht werden. Es darf deshalb, so meine ich, keine Ein-für-allemal-Lehrsätze oder »Bekenntnisschriften« (sie sind für die lutherischen Kirchen maßgeblich), keine Dogmen geben, auch wenn sie aus der Bibel abgeleitet wurden.

Meine Kirche, die Evangelische Kirche in Deutschland, hat über 500 Jahre trotz schrecklicher Irrwege in ihrer Geschichte, etwa in der Zeit der Hexenverbrennungen oder der des Nationalsozialismus, ihren guten Ruf behalten. Das gilt nicht für alle ihre Abkömmlinge in der Welt, wie man an deren »Glaubenspraxis«, nämlich den »unter Furcht oder Hoffnung genötigten Handlungen« (Immanuel Kant) erkennen kann. Die »Frommen« oder die »Religiösen«, das sind mittlerweile in allen drei »Offenbarungsreligionen« Bezeichnungen für die Ewig-Gestrigen, gar für gemeingefährliche Gruppierungen von Fundamentalisten geworden – mit all den Ausnahmen, die solche Verallgemeinerungen haben. Die Kirche ist keine göttliche, sondern eine (manchmal allzu!) menschliche Institution.

XXV. Ein sehr persönliches Nachwort

Der Leser, der den Überlegungen des Autors bis hierher gefolgt ist, will vielleicht wissen, warum dieser sich so engagiert mit der nach seinen Beobachtungen als »Kirche der Aufklärung im Ruhestand« dahinsiechenden Institution auseinandersetzt. Natürlich hat das mit der eigenen Biographie zu tun. Und deshalb will ich diesen Zusammenhang erklären.

Meine Kirche hat mich mein Leben lang begleitet. Geboren im Evangelischen Johannesstift in Berlin-Spandau, der Vater Theologe, die Mutter Pfarrerstochter, beide Eltern aktiv in der (anti-nationalsozialistischen) Bekennenden Kirche, der Großvater Pfarrer, zusammen mit Albert Schweitzer bereits in Straßburg Studentenvertreter der angehenden Theologen, der Bruder Pfarrer, die Ehefrau Religionspädagogin ...

Manchmal geben Eltern ihrem Kind bereits mit der Namensgebung unbewusst auch einen Auftrag. Etwa wenn sie es Axel *Cäsar* Springer nennen oder auch Martin, in Erinnerung an den Reformator. Vielleicht war es bei mir so.

Ich war im Kinder-Kirchenchor, in der Jungen Gemeinde, dann in der Studentengemeinde, später in den Gremien des Evangelischen Kirchentags aktiv. Bereits als Gymnasiast hat mich ein älterer Mitschüler für die Astronomie begeistert. Das war der Grund für das Studium der exakten Naturwissenschaften. Danach wissenschaftliche Arbeit als Diplom-Physiker, bis zur Erkenntnis, kein Spezialist sein zu können und zu wollen. Darauf folgte ein Kontrastprogramm, das mein ganzes weiteres Berufsleben prägen sollte: Zeitungsvolontär, Redakteur, Gründer und Leiter der SZ-Wissenschaftsredaktion, Buchautor. Hinter allem steht das Bemühen, die Welt zu verstehen, und die Lust, das Verstandene zu beschreiben.

XXV. Ein sehr persönliches Nachwort

Frühe Erfahrungen

Im Frühjahr 1945 geriet ich mit meiner Mutter im sächsischen Pirna in einen Fliegerangriff der Alliierten. Wir flüchteten in einen Luftschutzkeller. Während ich angstvoll bei jedem Bombeneinschlag in der Nähe, der die Kellerwände erschütterte, zusammenzuckte, blieb meine Mutter völlig gelassen, ja sie zeigte sich geradezu irritiert von der Angst des Achtjährigen.

Als meine Mutter 48 Jahre später im 90. Lebensjahr im Sterben lag, war sie auch ohne jede Angst. Ihr Glaube gab ihr, wie im Leben so auch im Sterben, Sicherheit und Geborgenheit. Diese vertrauensvolle Hoffnung habe ich übernommen, wenngleich viel reflektierter und deshalb auch viel stärker von Zweifeln bestimmt. Und ich versuche, mich dabei nicht für dumm verkaufen zu lassen.

In der Weihnachtszeit 1942 oder 1943 saß ich als kleiner Junge mit meinem Bruder in der Dämmerung zu Hause auf dem Sofa neben meiner Patentante. Plötzlich überraschte sie uns mit der Mitteilung: »Jetzt ist gerade ein Engelchen durchs Zimmer geflogen.« Ich protestierte, denn das hätte auch ich sehen müssen. Bis heute ärgert mich diese zwar gut gemeinte, aber tatsächliche, damals noch nicht so genannte, Verarschung.

Schon lange bevor mir das Worte-Machen zum Beruf wurde, beschäftigten mich merkwürdige Worte und Sätze, die ich vernahm und mit Hilfe von allerlei Assoziationen zu deuten versuchte. Aus heutiger Sicht tat ich unbewusst nichts anderes als der Pfarrer bewusst und natürlich kenntnisreicher, wenn er seine Predigt über einen Bibeltext ausarbeitet.

Als Fünf- oder Sechsjähriger hörte ich, angerührt durch die gewaltige Einleitungsmusik von Franz Liszt (*Les Préludes*), im »Volksempfänger« Weltkriegs-Sondermeldungen. So auch einmal Adolf Hitler mit dem Satz: »Tausend Tonnen haben wir versenkt!« Ich kannte nur unsere Regenwassertonne im Garten und wunderte mich über die versenkten tausend Tonnen.

Zu Hause war ich als Jugendlicher zuständig für das Schmücken des Christbaums. Einen dazu aus dem Adventslied *Macht hoch die Tür* stammenden Satz fand ich schon damals besonders albern: »Die Zweiglein der Gottseligkeit, steckt auf mit Andacht, Lust und Freud.« Ich steckte doch immer nur Tannen- oder Fichtenzweige auf.

Im Kinderchor der Spandauer Kantorei, sonntags auf der Kirchenempore, freuten wir uns noch lange darüber, dass endlich einmal passiert war, was passieren musste: Der Pfarrer zitierte das Weihnachtslied *Ich steht an deiner Krippe hier* bis zu der Stelle »Und weil ich nun nicht weiter kann, bleib ich anbetend stehen.« Er konnte tatsächlich nicht weiter ...

Vor einigen Jahren erlebte ich in einer Münchner Kirche einen Gottesdienst am Heiligen Abend. Die Pfarrerin klagte, der Christbaum stehe »entfremdet« neben dem Altar, um zu ihrem Stichwort »Entfremdung« zu kommen. Wenn man seit 2000 Jahren immer wieder dasselbe predigen muss, kann es auch mal albern werden, nicht immer, aber immer öfter.

Mein Vater, Rudolf Urban, war ein promovierter evangelischer Theologe, beinamputiert nach einer Verwundung im Ersten Weltkrieg. Er durfte deshalb nicht Pfarrer werden, weil im 3. Buch Mose steht, dass jemand, »an dem ein Fehler ist«, kein Priester (der Hebräer!) sein dürfe.

Vor über 80 Jahren, im Mai 1934, hat mein Vater gegen das Aufkommen der Völkisch-Religiösen angeschrieben.[1] Wie heute immer noch für manchen mystikbegeisterten Pfarrer, war auch für den Nazi-Ideologen Alfred Rosenberg (*Der Mythus (sic!) des 20. Jahrhunderts*) Meister Eckhart (1260–1328) ein Kronzeuge. Mein Vater kritisierte dies als Fehldeutung ebenso wie »die Gefahr der Aufspaltung unseres Lebens in eine weltliche und eine geistliche Sphäre«, der »die protestantische Frömmigkeit zum großen Teil schon sehr früh erlegen« sei. »Diese unlutherische Haltung hat sich später nicht nur im Pietismus siegreich durchgesetzt ..., sondern sie hat sich bis in die Gegenwart hinein behauptet.« Meine heutige Kritik einer Aufspaltung von Glauben und Wissen kommt dem nahe. Die Schrift meines Vaters erreichte übrigens im selben Jahr, 1934, bereits eine Auflage von 8000. Der Kirchenkampf wurde damals zunächst tatsächlich als ein öffentlicher Disput geführt. Und bei einem Disput sollte es bleiben, meine ich, auch wenn aus dem damaligen Kampf um die »Weltanschauung« mit sehr zeitbedingten Argumenten heute vor allem eine mich erschreckende Gleichgültigkeit der christlichen Lehre gegenüber, sowohl beim Kirchenpersonal als auch unter den Frommen im Lande geworden ist.

Ende Juni 1954 trat im Berliner Olympiastadion der Evangelist Billy Graham auf. Meine Mutter und wir drei Söhne waren dabei, der Vater war schon sechs Jahre tot. Am Ende seines Sprechmarathons forderte »das Maschinengewehr Gottes« die vielleicht 80 000 Zuhörer auf, sich zu erheben und damit zu Jesus Christus zu bekennen. Meine Mutter und wir Söhne standen selbstverständlich auf, wie alle anderen in unserer Umgebung – fast alle. Zwei Menschen in der Nähe blieben sitzen. Ich habe mir von Billy Grahams Reden nichts gemerkt, aber das Sitzenbleiben der zwei, trotz der frommen Massen-Erregung um sie herum, hat mir bis heute anhaltenden Respekt eingeflößt.

Als Schüler im Kant-Gymnasium in Berlin-Spandau hielt ich im Religionsunterricht einen Vortrag: »Warum der Mensch nicht vom Affen abstammt.« Ich bekam die begeisterte Zustimmung unseres Lehrers, eines Pfarrers. Noch heute kann sich einer der damaligen Klassenkameraden daran erinnern. Und noch heute ist es mir peinlich.

Von Anfang an versuchten wir wenigen, die wir die Chance dazu hatten, in den 1960er-Jahren den Wissenschaftsjournalismus in Deutschland durchzusetzen, uns an den großen Wissenschaftlern des 20. Jahrhunderts wie Werner Heisenberg oder Carl-Friedrich von Weizsäcker zu orientieren: Beide waren nicht nur bedeutende Forscher, sondern darin beispielhaft, einer breiten Öffentlichkeit ihre Erkenntnisse zu vermitteln, über Fachdisziplinen hinaus Zusammenhänge zu sehen und zu zeigen sowie Fehldeutungen zu benennen.

Die Max-Planck-Gesellschaft hatte mit dem Ziel, Zusammenhänge zu studieren, für Weizsäcker ein eigenes Institut »zur Erforschung der Lebensbedingungen der wissenschaftlich-technischen Welt« geschaffen – es aber nach dessen Ausscheiden rasch wieder geschlossen. Zu riskant erschienen die politischen Implikationen. Aus der gleichen Angst heraus hatten auch die Veranstalter der jährlichen Tagungen der Nobelpreisträger in Lindau am Bodensee nicht gewagt, Naturwissenschaftler etwa mit Literatur- oder Friedens-Nobelpreisträgern zusammenzubringen. Es hätte die Sponsoren aus der Industrie irritieren können.

Zusammenhänge aufzuzeigen, versuche ich in diesem Buch. Und auch hier habe ich es mit der Angst zu tun, diesmal mit der Angst der Kirchen vor Erkenntnissen der Wissenschaften. Erkenntnissen, die mich im Laufe meines Berufslebens, das von der Vermittlung von Erkenntnissen geprägt ist, zu den kritischen Überlegungen geführt haben, die dieses Buch ausmachen. Ein paar Schritte dahin will ich andeuten.

Meine Klage über die Kirche

Nicht lange vor seinem Tod im Jahre 2007 setzte sich Carl-Friedrich von Weizsäcker, mit dem ich in früheren Jahren viel hatte diskutieren dürfen, bei einem Empfang in der Evangelischen Akademie in Tutzing neben mich. Ich sprach ihn auf eine Erkenntnis an, die mich seinerzeit sehr bewegte und die ich später in meinem Buch ›Die Bibel, Eine Biographie‹ im Einzelnen erläutert habe: »Die Bibel zeigt uns die Evolution des Gottesbildes.« Weizsäcker stimmte zu meiner Freude sofort zu. Ergänzend muss ich heute sagen: Die Evolution verläuft nicht geradlinig, auch nicht die biblische. Deshalb ist es nötig, die »Heilige Schrift« mit kritischem Blick auf ihre komplexe Entstehungsgeschichte zu lesen.

Im Jahre 2000 erschien das Buch des bereits zitierten, in Kalifornien forschenden Neutestamentlers Burton L. Mack:

›Wer schrieb das neue Testament?‹[3] Niemals zuvor ist mir die Ideologisierung von Leben und Sterben des Jesus von Nazareth bereits in den biblischen Texten deutlicher geworden.

Zur selben Zeit, als ich Mack studierte, schrieb ich an dem Buch ›Wie die Welt im Kopf entsteht‹.[4] Mir war nämlich klar geworden, wie fundamental die 2000 Jahre alte Entdeckung des griechischen Philosophen Epiktet geblieben ist: »Nicht die Dinge selbst beunruhigen die Menschen, sondern ihre Urteile und Meinungen über sie.« Das heißt zum Beispiel: Viele fromme Christen haben seit 2000 Jahren nicht etwa Angst vor dem Sterben, sondern Angst vor der »Hölle«; Angst, die ihnen die Kirche mit archaischen Vorstellungen einredet. So ist insbesondere die »Bilderlehre« der »Offenbarung des Johannes« zur Quelle christlicher Ängste geworden und in fundamentalistischen Kreisen bis heute geblieben. Allerdings, und das muss ich dazusagen, verkündet die Kirche seit 2000 Jahren auch Hoffnung. Und deshalb lohnt es, wie ich meine, sich ein ganzes Buch wie dieses hindurch mit der Kirche zu beschäftigen.

Üblicherweise überlegt der Pfarrer, wenn er auf der Kanzel steht und »Gottes Wort« im Neuen Testament auslegt, nicht, in welchem Evangelium dieses Wort steht und warum. Dass diese Gleichgültigkeit nicht angemessen ist, macht Burton L. Mack klar: Jede der biblischen Schriften weist »ein anderes Verständnis Jesu auf, eine besondere Haltung gegenüber dem Judentum, eine eigene Vorstellung vom Reich Gottes, eine ihr eigentümliche Heilsvorstellung. Der vom Neuen Testament erweckte Eindruck, es handle sich um eine einheitliche Sammlung apostolischer Dokumente, die allesamt ›Zeugnis‹ für einen einzigen Komplex anfänglicher Ereignisse ablegen, ist somit irreführend.«[5] Alle Verfasser der biblischen Schriften des Alten und des Neuen Testaments sind von ihren jeweils eigenen Ideologien geprägt. Das hat sie nicht daran gehindert, und das soll bei aller Kritik nicht vergessen werden, über Gott und die Welt so zu schreiben, dass uns dies auch heute noch betrifft. Die Bibel ist auch für mich das »Buch der Bücher« geblieben.

Freilich ist sie, trotz aller im Laufe der Jahrtausende »volkstümlich« gewordenen Passagen und als Quelle sehr vieler sprichwörtlicher Weisheiten, ein schwer zu verstehendes Buch, dessen Deutung zu keinem Ende kommen kann. Kompetenz ist nötig, um die Bibel, wie im Übrigen analog auch den Koran, angemessen zu verstehen. Deshalb darf, wie ich zu erklären versucht habe, die Begründung »bibeltreuer« Christen für ihr Weltbild »Es steht in der Bibel« ebenso wenig ein nicht hinterfragtes Argument bleiben wie die unreflektierte Aussage frommer Muslime »Es steht im Koran«.

Den Osterhasen habe ich bereits erwähnt, ich könnte auch den Weihnachtsmann nennen. Daran *nicht* mehr zu glauben, ist ein starker Hinweis darauf, dass ein Kind erwachsen geworden ist und seinen Kinderglauben überwunden hat. Wir wissen mittlerweile genug, um einen erwachsenen Glauben zu leben, voller Zweifel selbstverständlich. Doch wir haben es bei der Evangelischen Kirche mit einer Institution zu tun, in der zwar auch Belege für einen erwachsenen Glauben, aber noch stärkere für einen unerschütterlichen Kinderglauben zu finden sind. Das Sagen haben zumeist die mit dem Kinderglauben. Der Philosoph der Logik, Ludwig Wittgenstein, polemisierte einst: »Seltsamer Zufall, daß alle die Menschen, deren Schädel man geöffnet hat, ein Gehirn hatten.« Möglicherweise hatte er aufgrund von Erfahrungen mit seinen einfältigeren Mitmenschen etwas Anderes vermutet.

Um den Aberglauben zu bekämpfen, ist es wichtig zu verstehen, wie unser Gehirn in der Kommunikation sowohl mit der Außenwelt als auch mit sich selbst funktioniert. Dabei wird zugleich auch deutlich, was die Einzigartigkeit des Menschen ausmacht: seine Kreativität nämlich, sein Bemühen um Erkenntnis, darum zu »wissen, was gut und böse ist« (1. Mose 3,5), das heißt die bereits in der Bibel so verstandene Gottähnlichkeit des *Homo sapiens*. Dieses Buch soll helfen, die richtigen Konsequenzen daraus zu ziehen. Die Kirche der Reformation muss ihren Fundamentalismus überwinden und wieder die Kirche der Aufklärung werden.

Quellennachweis

I. Eine hoffentlich falsche Prognose
1 Brief an Willibald Pirckheimer, 25.12.1518
2 Die Zeit, 16.4.2015
3 idea, 27.10.2015
4 idea, 7.11.2013
5 Woody Allen im SZ-Interview, 4.12.2014
6 Der Spiegel, 18/2008
7 idea, 1.6.2015
8 idea, 24.4.2014

II. Wir sind alle Ideologen – und wir sind alle von gestern
1 vgl. Martin Urban, Warum der Mensch glaubt, Eichborn, Berlin 2005
2 vgl. Manuela Lenzen Gehirn & Geist, 4, 2013
3 FAZ, 17.9.2014
4 Werner Schneider, Gehirn & Geist, 4, 2013
5 Manuela Lenzen, Gehirn & Geist, 4, 2013
6 FAZ, 25.9.2000
7 Psychologie heute, Oktober 2004
8 Paul Watzlawick, Wie wirklich ist die Wirklichkeit, Piper, München, 1976
9 Alexander Mitscherlich, Auf dem Weg zur vaterlosen Gesellschaft, Piper, 1963
10 Vilayanur Ramachandran und Diane Rogers-Ramachandran, Gehirn & Geist, 11/2006
11 Dietrich Dörner, Die Logik des Misslingens, Rowohlt 1989
12 SZ, 23.12.2011
13 Der Spiegel, 21, 2012
14 epd, 11.9.2008
15 Mario Gmür, Die Unfähigkeit zu zweifeln, Klett-Cotta, Stuttgart, 2006
16 SZ, Weihnachten 2009
17 sueddeutsche.de, 27. Juni 2008
18 sueddeutsche.de 16.3.2012
19 sueddeutsche.de, 4.11.11
20 Spektrum der Wissenschaft, Oktober 2004
21 Focus, 26, 1993
22 Der Spiegel, 6, 2015
23 The Debunking Handbook, SZ, 1.2.2012

III. Wie der Geist im Kopf entsteht
1. Gerhard Roth, Wie einzigartig ist der Mensch? Spektrum, 2010
2. sueddeutsche.de, 25.4.2006
3. Im Netz der Neuronen, Zeit Philosophie, Die Zeit, 13.6.2013
4. faz.net, 20.4.2015
5. Max Planck Forschung, 1, 2014
6. Spektrum der Wissenschaft, Juli 2008
7. Lisa Randall im Gespräch mit Tobias Hürter und Max Rauner, Die Zeit, 3.5.2012
8. 4. Auflage 1995, S. 284, zitiert nach kreuz.net
9. Zeit-Magazin, 2.4.2009
10. Vortrag vor der Bayer. Akademie der Wissenschaften, 3.12.2011
11. 3sat, 8.4.2008
12. Albert Einstein, Mein Weltbild, Herausgegeben von Carl Seelig, Ullstein, 1955

IV. ... und niemand geht hin
1. SZ, 18./19.7.2015
2. idea, 30.10.2015
3. Die Welt, 20.4.2012
4. Hörzu, 28.10.2015
5. FAZ.net, 26.9.2012
6. zitiert nach Friedrich Wilhelm Graf, Abschiedsvorlesung, LMU, 28.1.2014
7. idea, 25.2.2014
8. Studie des Marktforschungsinstituts GfK, Spiegel online, 21.2.2014
9. SZ, 30.4./1.5.2014
10. Die Zeit/Christ und Welt, 43/2011
11. epd, 19.2.2009
12. Radio Vatikan, 27.1.2012

V. Das Konzept Gott
1. Das Wesen des Christentums, 1841
2. C.G. Jung, Bild und Wort, Walter-Verlag, Olten, 1977
3. Wikipedia, 2015
4. SZ Magazin, 29.5.2015
5. Sprüche in Reimen, Der Pantheist
6. VELKD, 12.3.2012
7. Tractatus logico-philosophicus, fertiggestellt 1918
8. Tagesspiegel, 19.4.2012
9. idea, 29.1.2015
10. Dokumentiert von evangelisch.de
11. idea, 5.2.2015
12. idea, 12.2.2015
13. idea, 7.4.2015

14 Jan Christian Gertz (Hg.), Grundinformation Altes Testament, Vandenhoeck&Ruprecht, Göttingen, 2007
15 idea, 19.2.2015
16 FAZ, 18.2.2015
17 Welt am Sonntag, 9.8.2015
18 Friedrich Wilhelm Graf, Kirchendämmerung. Wie die Kirchen unser Vertrauen verspielen, C.H. Beck, München 2011
19 Die Zeit, 19.4.2012
20 Kurt Flasch, Warum ich kein Christ bin, C.H. Beck, München, 2013
21 Publik-Forum, 13/2015
22 idea, 3.8.2015

VI. Falsche Hoffnungen

1 evangelisch.de, 5.6.2012
2 Israel Finkelstein, Neil A. Silberman, Keine Posaunen vor Jericho, C.H. Beck, München, 2003
3 dito
4 R. Rendtorff/H.H. Henrix (Hg.), Die Kirchen und das Judentum, Dokumente von 1945–1985, Paderborn-München, 1988
5 Die Zeit, 5.11.2015
6 epd, 11.11.2015
7 Zeit-Magazin, 12.1.2012
8 epd, 10.3.2012

VII. Jesu Tod und die Folgen

1 Udo Schnelle, Theologie des Neuen Testaments, Vandenhoeck & Ruprecht, Göttingen, 2007
2 Zitiert nach Hohlspiegel, Der Spiegel, 15, 2008
3 Die Zeit, 22.8.1998
4 idea, 19.4.2014
5 SZ, 9.4.1996
6 chrismon, 6, 2012
7 SZ, 10.6.2013
8 Martin Luther, Der kleine Katechismus
9 Jens Schröter, Nehmt – esst und trinkt, 2010, Verlag Katholisches Bibelwerk, Stuttgart
10 Klaus-Peter Jörns, Notwendige Abschiede, Auf dem Weg zu einem glaubwürdigen Christentum, Gütersloher Verlagshaus, Gütersloh, 2004
11 Klaus-Peter Jörns, Mehr Leben, bitte! Zwölf Schritte zur Freiheit im Glauben, Gütersloher Verlagshaus, Gütersloh 2009
12 SZ, 3.7.2012
13 3.7.2012
14 Gerd Theißen, Die Religion der ersten Christen, Chr. Kaiser/Gütersloher Verlagshaus, Gütersloh, 2003

15 Burton L. Mack, Wer schrieb das Neue Testament? Die Erfindung des christlichen Mythos, C.H. Beck, München, 2000

VIII. Die Begründung der Fundamente
1 Jan Christan Gertz (Hg.), Grundinformation Altes Testament, Vandenhoeck & Ruprecht, Göttingen, 2007
2 ders.
3 idea, 12.12.2012
4 Marburger Jahrbuch Theologie XXV, Leipzig, 2013
5 Die Zeit, Christ und Welt, 29.4.2015
6 Reinhard Bingener, FAZ, 21.4.2015
7 Karl Heussi, Kompendium der Kirchengeschichte, J.C.B. Mohr, Paul Siebeck, Tübingen, 1960
8 zitiert nach Slenczka, Marburger Jahrbuch Theologie XXV, Leipzig 2013
9 SZ, 12./13. Juli 2008
10 FAZ, 14.4.2012
11 Griechische Denkelemente im frühen Christentum – »Hellenisierung« des Christentums?, Philosophisch-Theologische Hochschule Sankt Georgen, Frankfurt am Main, Virtueller Leseraum
12 EKD, 22.5.2015
13 Rudolf Bultmann, Jesus Christus und die Mythologie, Furche, Hamburg, 1964
14 epd, 18.3.1998
15 Kurt Flasch, Warum ich kein Christ bin, C.H. Beck, München, 2013

IX. Historisch-kritische Forschung – und Gegenbewegungen
1 ders.
2 Der heilige Zeitgeist, Mohr Siebeck, Tübingen, 2011
3 epd, 1.8.2014
4 Rolf-Ulrich Kunze, Theodor Heckel 1894–1967, Eine Biographie, Kohlhammer, Stuttgart, 1997
5 Ernst Klee, »Die SA Jesu Christi«, Fischer Taschenbuch Verlag, Frankfurt a.M., 1989
6 Die Zeit, 31.4.11
7 Der Spiegel, 15, 2015
8 idea, 12.11.14
9 Lernort Gemeinde, Heft 4/2002, Luth. Verlagshaus, Hannover, 2002
10 Der Klapperstorch und die Theologie, Metanoia-Verlag, 2003

X. Der Pfarrer auf der Kanzel
1 EKD-Ratsbericht, 11. Synode 2014
2 Die Zeit, 3.5.2012
3 Albert Einstein, Zitate, Institut für Theoretische Physik, Universität Frankfurt

4 EKD-Mitteilung, 17.9.2010
5 EKD-Videoübertragung
6 idea, 10.4.2015
7 idea 19.11.2015
8 epd, 28.10.2008
9 KNA, 14.12.2007
10 epd, 13.7.2015
11 epd, 15.5.2007
12 SZ, 11./12.7.2015
13 epd, 7.8.2009
14 epd, 19.2.2010

XI. Der Glaube der Fundamentalisten
1 epd, 2.5.2008
2 SZ, 29.8.2008
3 epd, 30.7.2009
4 epd, 22.5.2009
5 KNA, 16.10.08
6 SZ, 7. und 16.11.2012
7 SZ, 16.11.2012
8 Der Spiegel, 15, 2015
9 idea, 3.8.2012
10 Die Zeit, 2.10.2013
11 Die Zeit, 14.11.2013
12 idea, 25.7.2012
13 idea, 28.10.2015
14 Materialheft zur Interkulturellen Woche, 2013
15 Der Spiegel, 9, 2015
16 Sonja Angelika Strube, Stellungnahme zu idea, medrum, der Internetseite der Deutschen Evangelischen Allianz DEA (www.ead.de) und den Vorwürfen der DEA
17 idea, 26.2.2015
18 idea, 23.2.2015

XII. Die Angst vor der Evolution
1 sueddeutsche.de, 8.10.2012
2 idea, 6.11.2015
3 Piper, München, 1971
4 Otto Borst, Alltagsleben im Mittelalter, Insel Taschenbuch 513, Frankfurt a.M., 1983
5 idea, 23.11.2012
6 KNA, 11.9.2008
7 Pressemitteilung der Akademieunion vom 27.6.2006
8 epd, 19.3.2009
9 Vortrag vor der Bayer. Akademie der Wissenschaften, 3.12.2011

XIII. Verblichene Hoffnungen
1. British Journal of Psychiatry, Bd. 153, S. 607, 1988
2. Caryle Hirshberg, Marc Ian Barasch, Unerwartete Genesung, Droemer Knaur, München, 1995
3. Carsten Könneker (Hg.), Wer erklärt den Menschen? Fischer Taschenbuch Verlag, Frankfurt am Main, 2006
4. Gerd Gigerenzer, Bauchentscheidungen, C. Bertelsmann, München, 2007
5. FAZ, 5.8.2015
6. KNA, 5.1.2009
7. Der Spiegel, 31, 1961

XIV. Schlagworte als Waffen
1. *Spiegel spezial*, 9, 2006, Weltmacht Religion
2. Statistik des Zentrums für Studien der Weltchristenheit am theologischen Gordon-Conwell-Seminar in South Hamilton für 2014, zitiert nach idea, 26.1.2014
3. KNA, 15.8.2007
4. SZ, 6.7.2012
5. Vatican Radio, 27.1.2012
6. epd, 21.5.2010

XV. Die Welt der Naturwissenschaftler
1. Karl Heussi, Kompendium der Kirchengeschichte, J.C.B. Mohr, Paul Siebeck, Tübingen, 1960
2. https://de.wikipedia.org/wiki/Bücherverluste_in_der_Spätantike
3. Hans Kaiser, Wilfried Nöbauer, Geschichte der Mathematik für den Schulunterricht, Verlag Hölder-Pichler-Tempsky, Wien, 1998
4. So der Medizinhistoriker Paul U. Unschuld, SZ 27./28.12.2008
5. Spiegel Online, 19.11.2014
6. SZ, 4.8.2015
7. Geschichte der Kaiser-Wilhelm-Gesellschaft im Nationalsozialismus, hg. von Doris Kaufmann, Wallstein Verlag, Göttingen, 2000
8. Achim Trunk, Zweihundert Blutproben aus Auschwitz, Präsidentenkommission »Geschichte der Kaiser-Wilhelm-Gesellschaft im Nationalsozialismus«, Ergebnisse 12, 2003
9. Ernst Klee, »Die SA Jesu Christi«, Fischer, Frankfurt, 1989
10. Vortrag am 3.12.2011
11. Die Presse, 2.1.2010
12. Profil, 9.8.2012
13. Anton Zeilinger, Einsteins Schleier, Die neue Welt der Quantenphysik, C.H. Beck, München, 2003
14. Zitiert nach Zeilinger
15. An die Freude, 1785
16. Der Spiegel, 9, 2006

17 Anton Zeilinger, Einsteins Schleier, C.H. Beck, München, 2003
18 Martin Bojowald, Zurück vor den Urknall, Fischer, Frankfurt, 2009
19 sueddeutsche.de, 17.5.2010
20 Ulrich Kühne, persönliche Mitteilung
21 Gerhard Börner, Schöpfung ohne Schöpfer?, DVA, München, 2006

XVI. Die Welt des Aberglaubens
1 SZ, 22./23.2.2014
2 *De divinatione*, deutsch in moderner Übersetzung: Cicero, Orakelkunst und Vorhersage, Bibliogr. Institut, Mannheim, 2011
3 Mario Gmür, Die Unfähigkeit zu zweifeln, Klett-Cotta, Stuttgart 2006
4 Joachim Ringelnatz, Zupf dir ein Wölkchen, Hg. von Günter Stolzenberger, dtv, München, 2009
5 EKD, 24.6.2011
6 SZ, 7.9.2012
7 Tagesspiegel, 30.9.2012
8 Ernst Jandl, Zweierlei Handzeichen, 1958
9 Vortrag vor der Bayer. Akademie der Wissenschaften, 3.12.2011
10 Der Spiegel, 50, 2012
11 SZ, 1.3.2013
12 FAZ, 23.5.2015
13 SZ, 7.11.2014
14 30.10.2014
15 SpiegelOnline, 11.10.2012
16 SZ Magazin 44/ 2.11.2012
17 idea, 21.8.2012
18 idea, 21.8.2012
19 Vortrag vor der Bayer. Akademie der Wissenschaften, 3.12.2011
20 KNA, 1.4.2009
21 Diogenes Verlag, Zürich, 2005

XVII. Beleidigungen des Verstands
1 idea, 11.1.15
2 idea, 29.1.2015
3 Die Zeit, 29.1.2015
4 epd, 17.3.2008
5 KNA, 19.11.2008
6 epd, 11.9.2008
7 Erik H. Erikson, Der junge Mann Luther, Szczesny Verlag, München, 1958
8 Tischreden, Blatt 66
9 Die Zeit, 13.8.2015
10 SZ 30.4./1.5.2015
11 SZ, 23.12.2014

XVIII. Das Konzept Kirche
1 Othmar Keel, Die Geschichte Jerusalems und die Entstehung des Monotheismus, Vandenhoeck & Ruprecht, Göttingen, 2007
2 Jan Christian Gertz (Hg.), Grundinformation Altes Testament, Vandenhoeck & Ruprecht, Göttingen, 2007
3 Michael Wolffsohn, Juden und Christen – ungleiche Geschwister, Patmos, Düsseldorf, 2008
4 Taschenlexikon *Religion und Theologie*, Vandenhoeck & Ruprecht, Göttingen, 1974
5 Kluge, Etymologisches Wörterbuch, Walter de Gruyter, Berlin, 1960
6 Religion im Umbruch, Deutschland 1870–1918, C.H. Beck, München, 1988
7 SZ, 8.3.2012

XIX. Die Kirche und die Moral
1 SZ, 8.3.2012
2 epd, 1.3.2010
3 Udo Schnelle, Theologie des Neuen Testaments, Vandenhoeck & Ruprecht, Göttingen, 2007
4 SZ, 2.1.2012
5 *confessio.de*
6 SZ, 20.4.2012
7 Der Spiegel, 29, 2012

XX. Die Kirche und die Familie
1 Die Zeit/ Christ &Welt, 3, 2011
2 SZ, 17.10.2011
3 SZ, 30./31. Juli 2011
4 idea, 25.4.2013
5 Wolfgang Seehaber, Maria von Wedemeyer, Bonhoeffers Verlobte, Brunnen Verlag, Basel, 2012
6 idea, 6.11.2012
7 idea, 12.8.2013
8 25.6.2013
9 idea, 8.7.2013
10 idea, 12.12.13
11 idea, 4.9.2014
12 24.6.2013
13 idea, 24.6.2013
14 *Die Welt*, 14.9.2009
15 So Peter Wensierski im Spiegel, 18, 2008
16 KNA, 28.4.2008
17 evangelisch.de, 19.1.2012
18 Der Spiegel, 21, 2015
19 Osservatore Romano, KNA, 14.4.2012

20 Radio Vatikan, 2.5.2012
21 idea, 4.8.2013
22 KNA, 30.5.2008
23 SZ, 30./31. Juli 2011
24 SZ, 14./15.8.2012
25 SZ, 18.10.2010
26 epd, 19.3.09
27 sueddeutsche.de, 6.2.2015
28 Alexander Mitscherlich, Auf dem Weg zur vaterlosen Gesellschaft, Piper, München, 1963
29 Die Zeit, 3.1.2013
30 SZ, 9.1.2013
31 SZ, 27.1.2012
32 SZ, 28./29.1.2012

XXI. Die Kirchen, die Aufklärung und deren Feinde
1 »Was kann man heute noch glauben?«, Gütersloher Verlagshaus, Gütersloh, 2013
2 Ferdinand Schlingensiepen, Dietrich Bonhoeffer, dtv, München, 2005
3 idea, 26.4.2013
4 idea, 29.9.2013
5 Zitiert nach Friedrich-Wilhelm Graf, Abschiedsvorlesung LMU, 28.1.2014
6 epd, 7.2.2007
7 Zitiert nach SZ, 23./24.6.2012
8 SZ, 18./19./20.5.2013
9 »Wir müssen unsere Stimme erheben«, FAZ, 2.5.2013
10 Credo, Ein Magazin zum Jahr des Glaubens, Juni 2013
11 idea, 25.6.2013
12 Die Zeit, 30.12.2014
13 Die Zeit, 3.9.2015
14 Johannes Calvin, Institutio, 1559

XXII. Was ist und was bleibt?
1 KNA, 12.9.2006
2 Rede zum Friedenspreis des Deutschen Buchhandels, 2001
3 Publik-Forum, 13/2015
4 Taschenlexikon Religion und Theologie, Vandenhoeck & Ruprecht, Göttingen, 1971
5 6.8.2012
6 Der Spiegel, 15, 2015
7 EKD, Für uns gestorben, Die Bedeutung von Leiden und Sterben Jesu Christi, Gütersloher Verlagshaus, Gütersloh, 2015
8 Radio Vatikan, 4.6.2012

9 Konfessionslos glücklich, Auf dem Weg zu einem religionstranszendenten Christsein, Gütersloher Verlagshaus, Gütersloh, 2013
10 Hubertus Halbfas, Schriften zur Glaubensreform, Der Herr ist nicht im Himmel, Gütersloher Verlagshaus, Gütersloh, 2013

XXIII. Die Zukunft der Kirche
1 Heinz Schilling, Martin Luther, Rebell in einer Zeit des Umbruchs, C.H. Beck, München, 2012
2 Zur Geschichte der Religion, Erstes Buch, Heines Werke in fünf Bänden, Aufbau-Verlag, Berlin und Weimar, 1968
3 idea, 22.2.2014
4 idea, 2.1.2014, dort zitiert nach dem Magazin 3E
5 idea, 20.1.2014
6 Heinz Schilling, Martin Luther, C.H. Beck, München, 2012
7 Martin Luther, Ausgewählte Schriften, hg. v. Karin Bornkamm und Gerhard Ebeling, Insel Verlag, Frankfurt a. M., 1982
8 Die Zeit, 23.12.2008
9 idea, 14.10.2014
10 evangelisch.de, 19.2.2012
11 Petra-Angela Ahrens, Claudia Schulz und Gerhard Wegner, Religiosität mit protestantischem Profil, Gütersloh, 2008
12 Der Briefwechsel der beiden über »Ökumenische Planungen für 2017« wurde am 29. Juni 2015 veröffentlicht.
13 Münchner Merkur, 23.11.2015
14 SZ, 23.11.2015
15 Abschiedsvorlesung LMU, 28.1.2014
16 Tiziano Terzani, Fliegen ohne Flügel, Goldmann Verlag, München, 1998
17 SZ, 27.1.2012

XXIV. Konsequenzen
1 SZ Magazin, 29.5.2015
2 Christian Schwägerl, Geo, 1.9.2014

XV. Ein sehr persönliches Nachwort
1 Rudolf Urban, Eine dritte Konfession?, C. Bertelsmann, Gütersloh, 1934
2 Martin Urban, Die Bibel, Eine Biographie, Eichborn, Berlin, 2009
3 Burton L. Mack, Wer schrieb das neue Testament? Die Erfindung des christlichen Mythos, C.H. Beck, München, 2000
4 Martin Urban, Wie die Welt im Kopf entsteht, Eichborn, Berlin, 2002, TB Bastei Lübbe
5 Burton L. Mack, Wer schrieb das neue Testament? Die Erfindung des christlichen Mythos, C.H. Beck, München, 2000

Register

A

Abendmahl 78 f., 81
Aberglaube 15, 74, 120, 127, 130, 155, 159, 162, 169, 173, 236
Albayrak, Halis 63
Allen, Woody 21, 147, 255
Ammianus Marcellinus 140
Antisemitismus 68 f., 89, 101
Arnould, Jacques 213
Auferstehung 10 ff., 51, 73 f., 82, 84, 113, 169, 173, 209, 214
Aufklärung 10, 15, 17, 19, 20, 62, 69, 93, 96 f., 99, 113, 121, 143, 161, 167 f., 170, 184, 201 f., 204 ff., 208, 210, 223 f., 227 f., 236, 238, 247, 253, 263

B

Barasch, Marc Ian 127, 259
Barenboim, Daniel 163
Barth, Hans-Martin 219
Barth, Karl 92, 99 f., 203 f., 215
Bauer, Heinz 87
Bayle, Pierre 158 f.
Beckstein, Günther 193
Bedford-Strohm, Heinrich 19, 25, 65 ff., 93, 103 f., 110, 115, 168, 233 ff.
Beintker, Michael 57, 61
Benedikt XVI., Papst 30, 54, 68, 91, 99, 110, 121 f., 131 f., 134, 137, 160, 165, 167, 171 f., 177, 192, 194 f., 210, 216
Bethge, Eberhard 203
Beyerhaus, Peter 191
Bieneck, Wilhelm 156
Bierbaum, Detlev 115
Bildung 98, 117, 140, 202, 207, 218, 223 ff., 229, 232, 236 f.

Blanke, Olaf 161
Boff, Leonardo 160
Bohr, Niels 145 f.
Bojowald, Martin 149, 260
Bonhoeffer, Dietrich 12, 56, 190, 201 ff., 263
Börner, Gerhard 152, 260
Borst, Otto 120, 259
Broun, Paul 119
Brunner, Arnd 75
Bultmann, Rudolf 68, 93, 105, 201, 258
Buser, Elisabeth 109
Bush, George W. 21
Buße 182

C

Calvin, Johannes 207, 216, 263
Canterbury, Anselm von 147
Cantor, Georg 46
Casoli, Silvana 30
Claudius, Matthias 214
Conzelmann, Hans 74
Cook, John 34

D

Darwin, Charles 25, 40, 142
Delitzsch, Friedrich 98
Descartes, René 40
Deutung 16 f., 23, 28, 41, 45, 61, 71, 75 f., 79, 83, 85, 89 f., 96, 100, 102, 104, 131, 146, 170, 172, 232, 242, 253
Diener, Michael 95, 103, 116, 118, 194
Dreieinigkeit *siehe* Trinität
Dröge, Markus 159
Dummies 49, 63, 64, 97, 227

E

Ebner-Eschenbach, Marie
  von 25, 224
Einstein, Albert 16, 25, 43,
  45, 107, 147, 152, 256, 258,
  260
EKD 5f., 19, 21f., 25, 49f., 53,
  57f., 61, 65–69, 74f., 77, 86,
  87, 90, 93, 95f., 102ff., 108,
  110f., 113, 115, 117, 122, 133,
  158, 168, 188–194, 202, 205,
  213ff., 223, 227, 233, 236, 258,
  261, 263
Entmythologisierung 93, 201
Erdoğan, Tayyip 53
Erikson, Erik 170
Eucharistie 78f., 180
Eugenik 142f.
Evangelikal 21, 61f., 64ff., 77,
  95, 103, 111, 114–117, 119,
  121, 159, 163, 190–196, 204,
  206f., 227–230, 238
Evolution 24, 29, 38ff., 44, 96,
  115, 119, 120ff., 127, 141ff.,
  158, 211, 251

F

Familie 134, 161, 176, 187,
  189f., 192
Felmberg, Bernhard 158
Feuerbach, Ludwig 55
Flasch, Kurt 65, 76, 93, 99f.,
  257f.
Frank, Manfred 38
Franziskus, Papst 110, 133, 160,
  165, 168, 172, 188, 197, 235
Frère Roger 54
Friedrich III., Kurfürst 173
Fundamentalismus 9, 13, 15,
  20f., 28, 77, 95, 99, 103f., 109,
  113–117, 121f., 126, 131, 140,
  159, 162, 165, 188, 190, 192,
  196, 201f., 204ff., 208f., 212,
  224f., 229, 232, 236ff., 242f.,
  245, 252f.

G

Gauck, Joachim 53
Gedächtnis 24, 34, 39, 126, 227,
  231
Gehirn 13, 23, 24, 27f., 35, 37f.,
  40ff., 92, 125, 127f., 165, 170,
  172, 203, 231, 242f., 253, 255
Gellert, Christian Fürchte-
  gott 170
Gertz, Jan 104f.
Geyer, Christian 91
Gigerenzer, Gerd 127, 259
Gindert, Hubert 192
Glasspool, Mary 195
Glaubenszeugen 17, 25, 157
Gmür, Mario 29, 157
Gödel, Kurt 131
Goebbels, Joseph 77, 139, 211
Goethe, Johann Wolfgang
  von 57, 63, 133, 135
Gorski, Horst 76f.
Graf, Friedrich Wilhelm 43, 52f.,
  64, 100, 114, 123, 132, 143,
  160, 163f., 235, 256, 263
Graham, Billy 21, 117, 191, 250
Graham, Franklin 21, 117
Günther, Markus 206
Gürtner, Franz 101
Gustav II. Adolf, König von
  Schweden 183
Gutmann, Hans-Martin 67
Guttenberg, Karl-Theodor zu 32

H

Habermas, Jürgen 44, 210
Häcker, Carmen 189
Hagencord, Rainer 213
Hahne, Peter 191
Hainthaler, Theresia 92
Halbfas, Hubertus 220, 263
Härle, Wilfried 96
Harmsen, Hans 143
Harnack, Adolf von 88, 90f.,
  105, 163
Hartenstein, Friedrich 62

Heckel, Theodor 101, 258
Heiliger Geist 76, 96, 158, 173, 178, 226, 241
Heilsgeschichte 68f., 71
Heine, Heinrich 146, 225
Heisenberg, Werner 56, 144f., 151, 250
Heithuis, Henk 184
Helbig, Marcel 207
Hellenismus 89, 92, 105
Hilberath, Bernd Jochen 74
Hille, Rolf 191
Hirshberg, Caryle 127, 259
Hitler, Adolf 32, 65, 70f., 77, 100, 142, 201, 203, 248
Hoffnung 13, 21, 69, 82, 85, 107, 125, 130, 141, 165, 209–212, 216, 218, 221, 236, 241f., 245, 248, 252
Hollenweger, Walter 106
Homosexualität 115, 187, 188, 190, 193f.
Hoyle, Fred 148
Huber, Wolfgang 74, 104, 111, 113ff., 191, 194
Hutten, Ulrich von 19
Hypatia 139

I

Ideologie 16, 23f., 33, 54, 64, 89, 100, 141, 185, 192, 202, 237, 249, 255
Information 7, 145f., 148, 219, 242
Intelligent Design 119
Irrtumslosigkeit 97, 113f.
Islam 35, 55, 64ff., 81, 109, 116f., 140, 168, 206, 212, 237
Islamismus 64, 123, 139, 167f., 238

J

Jandl, Ernst 159, 261
Jepsen, Maria 109
Jesus von Nazareth 10–13, 15, 25, 30f., 43, 51, 57, 64–67, 69f., 73–86, 88f., 92, 96f., 108f., 111, 113, 117, 120, 126, 128, 132, 134f., 137, 141, 151, 156, 167, 169, 172f., 175–178, 182ff., 188f., 193, 195, 206, 209, 212ff., 217, 219, 225ff., 234, 241–245, 250, 252, 257f., 260, 263
Jonas, Hans 37
Jörns, Klaus-Peter 79, 130, 257
July, Frank Otfried 114
Jung, Carl Gustav 55
Jung, Matthias 27

K

Kalburgi, Malleshapa 237
Kanitscheider, Bernulf 40
Kant, Immanuel 10, 96, 245
Käßmann, Margot 20, 53f., 169
Katholische Kirche 19, 122, 135, 159, 182, 187, 215, 233
Keel, Othmar 55, 175, 261
Kekulé, August 41
Keller, Werner 125
Kessler, Wolfgang 203
Khorchide, Mouhanad 116f.
Kippenberger, Martin 31
Kock, Manfred 86
Kolumbus, Christoph 110
Konzil 16, 92, 177
Kraepelin, Emil 142
Kreationismus 43, 119, 122f., 143, 158, 160
Kreativität 151, 242, 253
Krösus, König von Lydien 218
Kunstmann, Joachim 108
Kurt, Fred 39
Kyrill 139, 238
Kyros II., Perserkönig 218

L

Lamm 76f., 81f.
Lange, Dietz 229
Latzel, Olaf 61ff., 118

Lehmann, Lutz 30
Lehnert, Uwe 60
Lessing, Gotthold Ephraim 32
Lewandowsky, Stephan 34
Linke, Detlef 145
Loftus, Elisabeth 34, 171
Lohlker, Rüdiger 117
Lüdemann, Gerd 73 f., 93
Luther, Martin 19 f., 26, 69, 77, 79, 86, 87, 137, 160, 170, 173, 191, 201, 207, 213, 224 ff., 228 f., 234, 239, 261, 263 f.
Luxenberg, Christoph 172

M
Macedo, Edir 207
Mack, Burton L. 83, 251 f., 257, 264
Mania, Dietrich 33
Marcus Tullius Cicero 156, 173 f., 206, 260
Markschies, Christoph 90
Marx, Karl 21
Marx, Reinhard 187, 233 f.
Mathematik 45 f., 52, 131, 140, 212, 217, 228, 242, 260
Matthies, Helmut 190
Matussek, Matthias 206
Mawick, Reinhard 95
Meisner, Joachim 61
Meister Eckhart 129, 249
Mertes, Klaus 168, 198
Mission 57, 109, 110, 143, 205, 226 f.
Mitscherlich, Alexander 27, 197, 255, 263
Mixa, Walter 179
Moltke, Helmuth James von 70 f.
Moltmann, Jürgen 226
Monod, Jacques 120
Moral 15, 42, 51, 135, 137, 141, 158, 181, 198, 203, 212, 218, 244
Moreau, Jeanne 157
Müller, Dieter 204

Müller, Gerhard Ludwig 43, 79, 180
Murken, Sebastian 29, 169

N
Nahtod-Erfahrungen 126
Naturgesetz 11 f., 32, 42 f., 70, 73, 83, 125 f., 130, 144, 150, 152, 209, 214, 242
Neurowissenschaft 23 f., 26 ff., 38, 40 f., 128, 161, 198, 214, 243
Newton, Isaac 31 f.

O
Ockham, Wilhelm von 129 f., 147, 210
Offenbarung 55, 92, 130, 132, 158 f., 162, 196, 209, 242, 252
Ökumene 58, 158, 191 f., 204, 233 ff., 237
Opfer 10, 12 f., 76 f., 80, 82, 85, 109, 168, 184, 197 f.
Ourghi, Abdel-Hakim 63 f.
Overbeck, Franz-Josef 187, 196
Owen, John 126

P
Paglia, Vincenzo 122
Parapsychologie 125
Parzany, Ulrich 21, 114, 191
Paulus 11 f., 21, 70, 73, 76, 78, 82, 85 f., 89, 97, 108, 133 f., 137, 139, 187, 190, 208, 210, 244
Petersen, Thomas 51
Pfingstgemeinden 41, 160 f.
Pfingstler 158, 160 f.
Pieper, Friedhelm 88
Pius X., Papst 20, 132
Popper, Karl 209 f.
Predigt 17, 61, 63, 67, 89, 105–108, 111, 179, 206 f., 215 ff., 228, 234, 244, 248 f.

R

Randall, Lisa 42, 107, 256
Rassenhygiene *siehe* Eugenik
Ratsvorsitzender 25, 53 f., 58 f., 65 ff., 74 f., 86, 93, 102 ff., 110 f., 113, 115, 133, 168, 190 ff., 194, 202, 215, 225, 233, 236
Ratzinger, Josef *siehe* Benedikt XVI.
Reagan, Ronald 159
Reformation 16, 19 f., 87, 114, 201 f., 223, 227 f., 236, 239, 253
Relativismus 21, 131 f., 134, 204, 237
Relativitätstheorie 16, 43
Rentzing, Carsten 21, 191
Roberts, Glenn 126
Robinson, Gene 194
Rognini, Giulio 161
Romney, Mitt 84
Rosenberg, Alfred 249
Rosenberg, Joel 117
Roth, Gerhard 14, 38, 128, 141, 255
Rüdin, Ernst 142
Rüß, Ulrich 21, 66, 205
Russel, Charles Taze 132

S

Sasse, Martin 69
Schiller, Friedrich 146
Schleicher, Kurt von 71
Schleiermacher, Friedrich 46, 98
Schlingensiepen, Ferdinand 204, 263
Schmidbauer, Wolfgang 81
Schmidt, Helmut 71
Schmidt-Leukel, Perry 66, 211
Schneider, Nikolaus 58 ff., 69, 71, 75, 95, 102 ff., 133, 190 ff., 202, 215 ff., 225, 255
Schnelle, Udo 73, 128, 257, 262
Schraml, Wilhelm 179
Schröder, Gerhard 20
Schröder, Kristina 87
Schröter, Jens 79, 257
Schrott, Raoul 99
Schwärmer 20, 160, 228
Schwarzer, Alice 157
Seehaber, Wolfgang 190, 262
Seele 38, 40, 55 f., 84, 129, 167, 213, 219
Seewald, Peter 206
Shaw, Julia 34
Singer, Wolf 24, 26, 28, 35, 38, 44 f., 55, 92, 171
Slenczka, Notger 88 ff., 258
Smith, Joseph 84
Sosis, Richard 29
Späth, Andreas 66
Springer, Axel 205, 247
Springer, Friede 87
Stalin, Josef 32
Stefanelli, Adriano 30
Stöcker, Jens 197
Stoddard, Ezekiel 162
Stoecker, Adolf 89, 102
Stoiber, Edmund 193
Strube, Sonja Angelika 117
Sünde 11, 61, 76 f., 92, 121, 181 f., 187, 204

T

Taufbefehl 109, 226
Terzani, Tiziano 236, 264
Theoderich, König 178
Theologie 12, 41, 52 ff., 56 f., 59, 62, 64 f., 73, 75, 89 ff., 95, 98 ff., 103 f., 106, 108, 113, 117, 160, 173, 182, 201, 204, 207, 209, 213, 215, 220, 230, 232, 243 f., 257 f., 261 ff.
Tononi, Giulio 242 f.
Treitschke, Heinrich von 102
Trinität 16, 66, 76, 91 ff., 214, 220, 226
Turing, Alan 39

U

Ulrich, Gerhard 57, 181
Universum 46, 148–153
Urknall 37, 148 ff., 260

V

Vernunft 37, 54, 117, 121, 127, 132 f., 202, 204 f., 210, 225, 239
Voland, Eckart 127, 130, 164

W

Watt, James 159
Watzlawick, Paul 27, 255
Weber, Christian 29
Weber, Max 43
Wedemeyer, Maria von 190, 262
Weikum, Gerhard 40
Weinberg, Steven 43, 163
Weizsäcker, Carl-Friedrich von 250 f.
Weizsäcker, Viktor von 32
Wellman, James 163
Wensierski, Peter 21, 118, 262
Werth, Jürgen 114
Whorf, Benjamin Lee 157

Wilckens, Ulrich 74, 77, 121, 187
Wilhelm II., Kaiser 98
Wirklichkeit 27, 56, 60 f., 129, 145–149, 173, 210 f., 219 f., 242, 255
Wittgenstein, Ludwig 60, 253
Wolf, Hubert 196
Wolffsohn, Michael 81, 177, 261
Wörner, Florian 136
Wößmann, Ludger 229
Wunder 42 f., 51, 99, 126, 130, 156, 169, 225

Z

Zahrnt, Heinz 104
Zdarsa, Konrad 179
Zeilinger, Anton 144 f., 147 f., 260
Zeitgeist 15, 21, 135 ff., 190, 229, 258
Zufall 49, 70 ff., 119 f., 122, 144 f., 147, 153, 156, 159, 199, 201, 211 f., 253